Barbara Koelges
Birgit Thoma
Gabriele Welter-Kaschub

Probleme der Strafverfolgung und des Zeuginnenschutzes in Menschenhandelsprozessen – eine Analyse von Gerichtsakten

Herausgegeben von

Herausgegeben von Solwodi e. V.

Boppard 2002

Herstellung: Books on Demand GmbH

ISBN 3-8311-4190-8

Inhalt

Abkürzungsverzeichnis 7
Tabellenverzeichnis 8

Vorwort 9
Lea Ackermann

1. Einleitung
Barbara Koelges

1.1 Ausgangssituation 11
1.2 Situationsanalyse bei Solwodi e. V. 13
1.3 Fragestellung und methodisches Vorgehen 15

2. Rechtliche Problemstellungen
Birgit Thoma

2.1 Definition des Menschenhandels aus dem StGB 18
2.2 Legalisierung der Prostitution und Auswirkungen auf die Verfolgung der Täter
    in Fällen des Menschenhandels 21
2.3 Wenig effiziente Strafverfolgung 24
2.4 Verhältnis zwischen Ausländerrecht und Strafrecht 25
2.5 Polizeiliche Zeugenschutzmaßnahmen 29
2.6 Rechte der Frauen und Zeugenschutz im Strafverfahren 30
2.6.1 Nebenklagebefugnis und -rechte 30
2.6.2 Rechtsbeistand nach § 406f StPO 31
2.6.3 Anwaltlicher Zeugenbeistand nach § 68b StPO 31
2.6.4 Aussage- und Zeugnisverweigerungsrecht 32
2.7 Schutzmaßnahmen 32
2.7.1 Ausschluss des Angeklagten während der Vernehmung nach § 247 StPO ... 32
2.7.2 Ausschluss der Öffentlichkeit zum Schutz der Privatsphäre 33
2.7.3 Videovernehmung 34
2.8 Einziehung der Gewinne der Täter 34

3. Politische Programme und Initiativen
Barbara Koelges

3.1 Bundesrepublik Deutschland 36
3.1.1 Bundesarbeitsgruppe Frauenhandel 36
3.1.2 KOK 37
3.1.3 Kooperationskonzepte 38
3.1.3.1 Kooperationskonzept Rheinland-Pfalz 38
3.1.3.2 Bundesweites Kooperationskonzept 40
3.2 Europa 41
3.2.1 Europol 41

3.2.2 Rahmenbeschlüsse der Europäischen Kommission 2000 43
3.2.3 Daphne- und STOP-Programm der EU 43
3.3 International 44
3.3.1 Zusatzprotokoll Menschenhandel zur OK-Konvention der Vereinten Nationen 44
3.3.2 Southeast European Cooperative Initiative (SECI) 44
3.3.3 Baltic Sea Task-Force on Organized Crime 45

4. Opfer von Menschenhandel als Teil der weltweiten Migrationsbewegungen
Barbara Koelges

4.1 Migrationshintergründe 46
4.1.1 Strukturelle Bedingungen der Migration 48
4.1.2 Individuelle Migrationsentscheidung als Prozess 49
4.2 Von Solwodi e. V. betreute Opfer von Menschenhandel: eine statistische
Auswertung 50
4.2.1 Herkunftsländer der Opferzeuginnen 51
4.2.2 Alter der Opferzeuginnnen bei ihrer ersten Einreise in die Bundesrepublik
Deutschland 53
4.2.3 Familiäre Situation der Opferzeuginnen 54
4.2.4 Schulbildung, Berufsausbildung, Tätigkeit vor der Ausreise 56
4.2.5 Anwerbung und Einreise der Opferzeuginnen 58
4.2.6 Erwartete Tätigkeit in der Bundesrepublik Deutschland 59
4.3 Erfahrungen der Opferzeuginnen in der Bundesrepublik Deutschland 60
4.3.1 Ausländerrechtliche Situation 60
4.3.2 Bestimmung zur Prostitution und Gewalterfahrung 60
4.3.3 Arbeits- und Lebensbedingungen in der Prostitution 61
4.3.4 Geldfrage 62
4.3.5 Emotionale Bindungen 62
4.3.6 Wege aus der Prostitution 63
4.3.7 Verbleib der Opferzeuginnen 64

5. Auswertung der Prozessunterlagen
Barbara Koelges und Gabriele Welter-Kaschub

5.1 Statistische Auswertung aller einbezogenen Urteile 66
Barbara Koelges

5.1.1 Struktur des einbezogenen Datenmaterials 66
5.1.2 Die Gerichte und ihre Zusammensetzung 68
5.1.3 Die Angeklagten 69
5.1.4 Rechtliche Bewertung und Strafzumessung 72
5.1.5 Strafzumessungserwägungen 74
5.1.6 Geständnis- und Prozessverhalten 75
5.1.7 Bedeutung und Glaubwürdigkeit der Zeuginnen 75

5.2 Kurzprotokolle der einzelnen Verfahren 77
Barbara Koelges

5.2.1 Verfahren mit Urteil Menschenhandel 77
5.2.2 Verfahren mit Urteil Zuhälterei 93

5.2.3 Verfahren mit Urteil Vergewaltigung 97
5.2.4 Verfahren mit Urteil Förderung der Prostitution 98
5.2.5 Verfahren mit Urteil Einschleusen von Ausländern 99
5.2.6 Verfahren mit verschiedenen Urteilssprüchen 102
5.2.6.1 Urteil Räuberische Erpressung 102
5.2.6.2 Urteil Beihilfe zum Menschenhandel 103
5.2.6.3 Urteil Verstoß gegen das Ausländergesetz 104

5.3 Analyse ausgewählter Prozesse 104
Gabriele Welter-Kaschub

5.3.1 LG Duisburg 32 KLs 205 Js 1589/00 104
5.3.1.1 Gegenstand des Verfahrens 104
5.3.1.2 Dem Urteil zu Grunde gelegter Sachverhalt, die Mandantin betreffend 105
5.3.1.3 Verurteilungen hinsichtlich der zum Nachteil der Mandantin begangenen Taten 112
5.3.1.4 Verhängte Einzelstrafen sowie Gesamtfreiheitsstrafen 115
5.3.1.5 Anwaltliche Arbeit mit der Mandantin 117

5.3.2 LG Köln 105-4/01 121
5.3.2.1 Gegenstand des Verfahrens 121
5.3.2.2 Dem Urteil zu Grunde gelegter Sachverhalt, die Mandantin betreffend 123
5.3.2.3 Verurteilungen hinsichtlich der zum Nachteil der Mandantin begangenen Taten 128
5.3.2.4 Verhängte Einzelstrafen sowie Gesamtfreiheitsstrafen 129
5.3.2.5 Anwaltliche Arbeit mit der Mandantin 130

5.3.3 LG Oldenburg 1 KLs 1/00 132
5.3.3.1 Gegenstand des Verfahrens 132
5.3.3.2 Dem Urteil zu Grunde gelegter Sachverhalt, die Mandantin betreffend 133
5.3.3.3 Verurteilungen hinsichtlich der zum Nachteil der Mandantin begangenen Taten 136
5.3.3.4 Verhängte Einzelstrafen sowie Gesamtfreiheitsstrafen 138
5.3.3.5 Anwaltliche Arbeit mit der Mandantin 138

5.3.4 Zusammenfassende Wertung 140

6. Opferzeuginnenbetreuung bei Solwodi e. V.
Barbara Koelges

6.1 Bedeutung der Opferzeuginnenbetreuung 149
6.2 Opferzeuginnenbetreuung aus der Sicht der Beraterinnen 149
6.2.1 Kooperationskonzepte und andere rechtliche Grundlagen 149
6.2.2 Kontaktaufnahme 151
6.2.3 Psychosoziale Betreuung 152
6.2.4 Fragen der Unterbringung 153
6.2.5 Berufliche Perspektiven 156
6.2.6 Der Prozess und seine Rolle in der Beratungsarbeit 157
6.2.7 Entwicklung von Zukunftsperspektiven 158
6.2.8 Kosten der Opferzeuginnenbetreuung 160
6.2.9 Anregungen der Beraterinnen 163

7. Ergebnis und Ausblick 165
Barbara Koelges

8. Quellen- und Literaturverzeichnis
8.1 Quellen 169
8.1.1 Gedruckte Quellen 169
8.1.2 Ungedruckte Quellen 169
8.2 Literatur 171

9. Anhang
9.1 Tabelle 24: Kosten der Opferzeuginnenbetreuung 175
9.2 Tabelle 25: Rückzahlungen durch Behörden und Institutionen (1999-2001) 178

Die Autorinnen 179

Abkürzungsverzeichnis

AG	= Amtsgericht
AuslG	= Ausländergesetz
BGB	= Bürgerliches Gesetzbuch
BGH	= Bundesgerichtshof
BIP	= Brutto-Inlandsprodukt
BKA	= Bundeskriminalamt
BMFSJ	= Bundesministerium fürFamilie, Senioren, Frauen und Jugend
BMZ	= Bundesministerium für Wirtschaftliche Entwicklung und Zusammenarbeit
BRAGO	= Bundesrechtsanwaltsgebührenordnung
DV	= Durchführungsverordnung
EDS	= Europol-Drogenstelle
EU	= Europäische Union
GG	= Grundgesetz
GR	= Gericht
IOM	= International Organization of Migration
KOK	= Bundesweiter Koordinationskreis gegen Frauenhandel und Gewalt an Frauen im Migrationsprozess e. V.
LG	= Landgericht
LKA	= Landeskriminalamt
LVR	= Landschaftsverband Rheinland
MfAS	= Ministerium für Arbeit und Sozialordnung
MI	= Ministerium des Innern
MJ	= Ministerium der Justiz
MOE	= Mittel-Ost-Europa
NdsMbl	= Niedersächsisches Ministerialblatt
NGO	= Non Governmental Organization (Nicht-Regierungs-Organisation)
NStZ	= Neue Strafrechtszeitschrift
OK	= Organisierte Kriminalität
RAin	= Rechtsanwältin
RdEr	= Runderlass
SECI	= South East European Cooperative Initiative
SH	= Sozialhilfe
StGB	= Strafgesetzbuch
STOP	= Sexual Trafficking of Persons
StPO	= Strafprozessordnung
STV	= Der Strafverteidiger
UN	= United Nations (Vereinte Nationen)
WUS	= World University Service
ZAR	= Zeitschrift für Ausländerrecht und -politik

Tabellenverzeichnis

Tabelle *1*: Herkunftsländer der Opferzeuginnen 51
Tabelle *2*: Alter der Opferzeuginnen bei ihrer ersten Einreise in die
 Bundesrepublik Deutschland 53
Tabelle *3*: Anzahl der Kinder der Opferzeuginnen 54
Tabelle *4*: Familienstand der Opferzeuginnen 54
Tabelle *5*: Familiäres Umfeld der Opferzeuginnen 54
Tabelle *6*: Schulbildung der Opferzeuginnen 56
Tabelle *7*: Berufsausbildung der Opferzeuginnen 56
Tabelle *8*: Tätigkeit vor der Ausreise 57
Tabelle *9*: Anwerbung der Opferzeuginnen 58
Tabelle *10*: Erwartetete Tätigkeit in der Bundesrepublik Deutschland 59
Tabelle *11*: Verbleib der Opferzeuginnen 64
Tabelle *12*: Verfahrensstand 67
Tabelle *13*: Einbezogene Verurteilungen nach Gerichten 68
Tabelle *14*: Zusammensetzung der Gerichte nach Geschlecht 69
Tabelle *15*: Nationalität der Angeklagten 69
Tabelle *16*: Geschlecht der Angeklagten 70
Tabelle *17*: Anzahl und Art der Vorstrafen der Angeklagten 70
Tabelle *18*: Anzahl der Täter im Verhältnis zur Verurteilung 71
Tabelle *19*: Anzahl der Opfer im Verhältnis zur Verurteilung 71
Tabelle *20*: Urteile 72
Tabelle *21*: Strafen 72
Tabelle *22*: Strafen bei Urteil Menschenhandel 73
Tabelle *23*: Berufungs- bzw. Revisionsverfahren 74
Tabelle *24*: Kosten der Opferzeuginnenbetreuung 175
Tabelle *25*: Rückzahlungen durch Behörden und Institutionen (1999-2001) 178

Vorwort

Lea Ackermann

Der Handel mit Frauen und Kindern ist ein Verbrechen unserer Tage. Kinder und junge Frauen werden wie Ware begutachtet und gehandelt, gekauft, verkauft und benutzt. Dieses Verbrechen, das Leben zerstört, ist noch kaum im Bewusstsein der Öffentlichkeit.

1991 haben Frau Dr. Heine-Wiedemann und ich eine Studie für das Bundesministerium für Familie, Senioren, Frauen und Jugend gemacht und hatten die Gelegenheit, Einblick in 33 Menschenhandelsfälle zu bekommen. Die Polizei hat zu diesem Straftatbestand mit Einsatzgruppen teilweise bis zu zwei Jahren recherchiert. Es kamen aber nur 15 Fälle zur Anklage, nur fünf vor Gericht und nur ein einziger Täter wurde zu mehr als einer Freiheitsstrafe auf Bewährung verurteilt. Der Grund hierfür lag in der Abwesenheit der Zeuginnen. Alle Zeuginnen waren zur Zeit der Verhandlungen längst in ihre Heimat abgeschoben und kaum wieder zu finden oder zur Einreise nach Deutschland für die Aussage zu gewinnen. Die Opfer selber sind jedoch die Einzigen, die helfen können, das Verbrechen öffentlich zu machen und die Täter anzuklagen.

Es ist von größerem öffentlichen Interesse, dass die Opferzeuginnen geschützt werden und Aussagen gegen die Täter machen können, als dass sie abgeschoben werden. Dies passiert leider noch häufig. Die Verbrecher können sich dagegen ungeniert organisieren. Damit ist die Sicherheit in unserem Land gefährdet.

Die Täter verdienen bei diesem „Handel", der die Menschenrechte verletzt, die Würde zerstört und das Leben dieser Kinder und Frauen nachhaltig negativ belastet. Viele der Frauen haben ihren Lebensmut verloren und sind für lange Jahre traumatisiert, wenn sie sich überhaupt noch einmal erholen.

Es scheint, dass Besitz und materielle Werte besser geschützt sind und Attacken gegen diese Werte härter bestraft werden als der Angriff auf Menschen.Ein Täter, der drei Frauen vergewaltigt und mit brutaler Gewalt in die Prostitution zwingt, bekommt beispielsweise zwei Jahre und einige Monate Freiheitsstrafe, die dann auch noch zur Bewährung ausgesetzt wird. Sind allerdings Vermögensdelikte mit im Spiel, kann es ihn teuer zu stehen kommen und er geht für einige Jahre hinter Gitter.

Es war uns ein Anliegen, die Arbeit von Solwodi e. V. im Hinblick auf die Opferzeuginnenbetreuung zu dokumentieren und die Urteile auszuwerten. Die vorliegende Studie dokumentiert diese Arbeit am Beispiel von 91 von Menschenhandel betroffenen Frauen. Probleme in Ermittlungsverfahren und Prozessverläufen und bei der Kooperation von involvierten Behörden und Fachberatungsstellen werden aufgezeigt. Im Ergebnis sollen Vorschläge für eine effektivere Strafverfolgung und eine verbesserte Kooperation zwischen Strafverfolgungsbehörden und NGOs gemacht werden.

Es ist bis jetzt die einzige Studie dieser Art. Viel zu selten werden Statistiken geführt. Die Zahlen im Umlauf sind mehr oder weniger Schätzungen und Vermutungen. Viel zu selten werden Urteile zu diesem Straftatbestand näher betrachtet. Viel zu selten wird dieses Verbrechen öffentlich gemacht.

Menschenhandel ist ein lukratives und immer noch risikoarmes Geschäft, obwohl er so verheerende Folgen für die Opfer hat. Nur wenn wir alle Kräfte bündeln, können wir etwas erreichen im Kampf gegen den modernen Sklavenhandel.

1. Einleitung

Barbara Koelges

1.1 Ausgangssituation

Nach Zahlen der Europäischen Union werden jährlich ca. eine halbe Million Frauen in Westeuropa in die Prostitution gezwungen. Daten zum Delikt Menschenhandel liefern das jährlich erscheinende bundesweite Lagebild Menschenhandel des Bundeskriminalamtes und die Lageberichte Menschenhandel der verschiedenen Landeskriminalämter mit Fallzahlen, Täterprofilen und Entwicklungstendenzen. Auch in der Polizeilichen Kriminalstatistik, die vom Bundeskriminalamt und den Landeskriminalämtern gemeinsam jährlich erstellt wird, sind Angaben und Zahlen zum Delikt Menschenhandel enthalten.

Die Zahl der Opfer ist in den letzten Jahren stetig angestiegen. Dieser Entwicklung hinkt die Strafverfolgung der Täter – trotz verschiedener rechtlicher Nachbesserungen – deutlich hinterher, denn nur wenige Täter werden ermittelt und noch weniger davon verurteilt. Die Verurteilungsquote liegt bei knapp 10 %. Wenn es zur Verurteilung kommt, wird das Strafmaß von zehn Jahren nur selten ausgeschöpft und die Gewinne der Täter werden nicht eingezogen. So erweist sich für die Täter Frauenhandel als lukratives Geschäft mit geringem Risiko.

Oft wird im Verfahren auf einfacher zu handhabende Straftatbestände wie z. B. § 92a AuslG (Schleusung) oder § 180a StGB (Förderung der Prostitution) ausgewichen. Dieses Ausweichen wird jedoch dem Delikt nicht gerecht und verhindert die Aufdeckung von Täterstrukturen. So ist keine effektive Strafverfolgung möglich.

Wo liegen die Gründe für diesen unhaltbaren Zustand?

Das Delikt Menschenhandel ist ein Kontrolldelikt, d. h. Verfahren kommen nur zustande, wenn die Polizei aus eigenen Erkenntnissen ermittelt. Außerdem ist dieses Delikt sehr komplex und schwer nachweisbar; daher ist qualifizierte und engagierte Ermittlungsarbeit notwendig. Die Ermittlungsbeamten müssen sensibilisiert sein für die Problematik.

In Menschenhandelsprozessen haben die Aussagen der Opfer einen entscheidenden Stellenwert für eine effektive Strafverfolgung der Täter, deshalb ist der Verbleib der Opfer in der Bundesrepublik bis zum Abschluss des Verfahrens von großer Bedeutung.

Die Zahl der Ausweisungen und Abschiebungen von Opferzeuginnen hat zwar nach Angaben des Bundeskriminalamtes in den letzten beiden Jahren abgenommen, dennoch wird ein großer Teil der Opferzeuginnen ohne genaue und sprachlich qualifizierte Beratung über ihre rechtlichen Möglichkeiten ausgewiesen.[1]

Die erste polizeiliche Vernehmung ist oft schon entscheidend. Die betroffenen Frauen werden häufig nicht als Opfer behandelt, sondern kriminalisiert, da sie sich ohne Pass, der ihnen in der Regel von den Zuhältern abgenommen wurde, und ohne Aufenthalts- und Arbeitserlaubnis illegal in der Bundesrepublik aufhalten.

Sie werden meist nach der ersten Vernehmung abgeschoben, bevor sie die eigentlichen Täter durch ihre Aussage hinter Gitter bringen könnten. Strafprozesse kommen dann nicht zustande.

Die Aufnahme von Opferzeuginnen in Menschenhandelsfällen in polizeiliche Schutzprogramme ist dagegen die absolute Ausnahme. Im Jahre 2000 wurden nach dem Lagebild Menschenhandel des BKA nur 4,9 % der Opfer in ein staatliches Zeugenschutzprogramm aufgenommen, 1999 waren es sogar nur 3 %.

Das heißt, die meisten Frauen, die als Opferzeuginnen in der Bundesrepublik bleiben, sind finanziell nicht abgesichert, Repressalien seitens der Täter ungeschützt ausgesetzt und in der Regel ohne jede psychosoziale Betreuung. Wirksamer Schutz und professionelle Beratung der Opfer sind jedoch die Grundvoraussetzungen für eine ergiebige Aussage vor Gericht.

Im neuesten Lagebild Menschenhandel wird ein Zusammenhang zwischen einer Opferbetreuung und der Zahl der erhaltenen Duldungen konstatiert. Demnach erhalten betreute Opfer eine deutlich höhere Anzahl von Duldungen und stehen somit den Strafverfolgungsbehörden als Zeuginnen zur Verfügung.[2]

Auf internationaler politischer Ebene wird dem Problem Menschenhandel als Form moderner Sklaverei in den letzten Jahren mehr und mehr Aufmerksamkeit geschenkt.

Das Abschlussdokument der Sondergeneralversammlung fünf Jahre nach der Weltfrauenkonferenz in Peking (Peking plus 5) nennt als wichtige Maßnahmen zur Bekämpfung des Frauenhandels: die strafrechtliche Verfolgung von Tätern und Mittelsleuten, Opferschutz und die Prüfung der Möglich-

---

[1] Laut BKA: 1999: Abschiebung: 31,8 %; Ausweisung 17,3 %. 2000: Abschiebung 32,3 %, Ausweisung: 15,1 % (Lagebild Menschenhandel 2000, S. 15).
[2] Ebd., S. 17.

keiten, auf strafrechtliche Verfolgung wegen illegalen Aufenthalts bei Opfern zu verzichten (104 a-d).

Im Dezember 2000 wurde das Zusatzprotokoll zur OK-Konvention der Vereinten Nationen (UN-Zusatzprotokoll) von der Bundesrepublik Deutschland unterzeichnet. Das Ziel des Protokolls ist die Verhinderung und Bekämpfung des Menschenhandels. Um diesem Ziel näher zu kommen, sind in der Bundesrepublik Deutschland zahlreiche Maßnahmen auf verschiedenen politischen und gesellschaftlichen Ebenen notwendig.

1.2 Situationsanalyse bei Solwodi e. V.

Die Organisation Solwodi (Solidarity with women in distress, zu deutsch Solidarität mit Frauen in Not) e. V. berät und betreut Frauen und Mädchen aus Afrika, Asien, Lateinamerika, Ost- und Mitteleuropa, die als Heirats- oder Arbeitsmigrantinnen, Asylsuchende und als Opfer von Menschenhandel in Deutschland leben. Heute hat Solwodi e. V. sieben Beratungsstellen in verschiedenen Bundesländern. Ziel der Beratung ist, mit den Frauen gemeinsam neue Lebensperspektiven zu entwickeln und sie auf dem Weg in die Eigenständigkeit zu begleiten und zu unterstützen.

Im Jahr 2001 suchten 815 Frauen aus 95 verschiedenen Nationen zum ersten Mal Beratung und Hilfestellung bei Solwodi e. V.

Die Zahl der Frauen, die Opfer von Menschenhandel wurden, ist im Vergleich zum Vorjahr in etwa gleich geblieben. Bei 169 Erstanfragen lag Menschenhandel bzw. Zwangsprostitution vor.

Die Mitarbeiterinnen der Kontaktstelle Solwodi Mainz waren im Jahre 2000 hauptsächlich mit der Betreuung und Prozessbegleitung der 18 Zeuginnen beschäftigt, die sie schon 1999 übernommen hatten. Die Ermittlungsverfahren gestalteten sich auf Grund komplexer Täterstrukturen zunehmend langwierig. 15 Zeuginnen wurden im Jahr 2000 zu 18 oft mehrtägigen Gerichtsprozessen im gesamten Bundesgebiet begleitet. Im Jahr 2001 wurden zehn Frauen neu in das Opferzeuginnenbetreuungsprogramm aufgenommen.

Im Schutzhaus Koblenz von Solwodi e. V. werden ebenfalls Opferzeuginnen untergebracht und betreut. Im Jahre 2001 liefen vier Menschenhandels-Verfahren, zu denen die Beraterinnen die Zeuginnen begleiteten. „In allen Fällen zeigte sich, wie wichtig (trotz aller Ängste und Nöte) die Teilnahme am Prozess und die Urteilsverkündung für die Frauen war."[3]

---

[3] Solwodi: Jahresbericht 2001, S. 13.

Auch bei der Solwodi-Stelle Duisburg liegt der Schwerpunkt der Arbeit bei der Betreuung und Beratung von Frauen, die Opfer von Menschenhandel sind. Im Laufe des Jahres 2000 wurden 31 Frauen im Rahmen polizeilicher Ermittlungen betreut, über 50 % mehr als im Vorjahr. Wie auch 1999 kam die Mehrzahl der Frauen aus Ost- und Mitteleuropa. Bei vier Zeuginnen wurden bis Ende 2000 die Verfahren abgeschlossen.[4] „Angeklagt und verurteilt wurden (schwerer) Menschenhandel, Vergewaltigung, Zuhälterei, Förderung der Prostitution, Körperverletzung, Förderung sexueller Handlungen an Minderjährigen, Verrat von Amtsgeheimnissen, Einschleusung von Ausländern etc. In allen Fällen wurde das Strafmaß nicht ausgeschöpft, teilweise wurden nach Absprachen der Prozessbeteiligten nur Bewährungsstrafen verhängt".[5]

Bei der Beratungsstelle Osnabrück betrafen nahezu alle Beratungs- und Begleitungsprozesse Frauen, die Opfer von Menschenhandel geworden sind. Dies hat sich durch die große Nachfrage nach Betreuungsplätzen seitens der Polizei zum Arbeitsschwerpunkt entwickelt. Im Jahre 2001 wurden 23 Frauen in die Schutzwohnung von Solwodi Osnabrück aufgenommen. Da die Verfahren in der Regel ein bis zwei Jahre dauern, ist auch die Betreuungsarbeit auf eine längere Zeit hin angelegt.

Das von Solwodi e. V. durchgeführte und vom Bundesministerium für Familie, Senioren, Frauen und Jugend geförderte Projekt „Aufbau und Betrieb einer Koordinierungs- und Beratungsstelle für osteuropäische Frauen, die von Frauenhandel betroffen sind" endete im April 2000. Ziel des Projektes war es konkret, Opferzeuginnen in Menschenhandelsverfahren zu beraten und zu begleiten. „Die psychische Stabilisierung, die sichere Unterbringung, Vor- und Nachbereitung der Prozesse waren genauso Teil der Arbeit wie die Verhandlungen mit Behörden und Anwältinnen sowie die Entwicklung von Zukunftsstrategien gemeinsam mit den Klientinnen."[6]

Voraussetzung für dieses Ziel ist der Ausbau von Hilfsangeboten und politischer Lobbyarbeit, um die rechtliche Situation von Opferzeuginnen in der Bundesrepublik zu verbessern. Das Projekt hat darüber hinaus deutlich gemacht, dass ein Etat für Reintegrationshilfe und eine stärkere Auslandsvernetzung nötig sind, um rückkehrwilligen Frauen den Neuanfang im Heimatland zu erleichtern.

Seit März 2001 läuft ein zweijähriges, vom rheinland-pfälzischen Ministerium für Kultur, Jugend, Familie und Frauen gefördertes Projekt, das untersuchen soll, inwieweit das erarbeitete Kooperationskonzept Rheinland-

---

[4] Solwodi: Jahresbericht 2000, S. 26.
[5] Ebd., S. 15.
[6] Ebd., S. 31.

Pfalz[7] sich in der Praxis bewährt, wo eventuelle Schwachstellen liegen und in welchen Punkten noch Verbesserungen notwendig sind.

Seit Frühjahr 2002 liegen in einem Zwischenbericht erste Ergebnisse vor: „In den Fällen, in denen die Fachberatung bereits im Vorfeld von geplanten Razzien eingeschaltet wurde, konnten Vorbereitungen getroffen werden, die den Umgang mit den Frauen deutlich erleichtern."[8] Ein frühes Einschalten der Beraterinnen ermöglicht eher den Aufbau eines Vertrauensverhältnisses zu den Frauen. Auch sind die Zeuginnen bei der Aussage motivierter, wenn den Beraterinnen die Teilnahme an den Vernehmungen ermöglicht wird, da sie sich dann sicherer fühlen.

Je besser die Zusammenarbeit der verschiedenen involvierten Stellen funktioniert, um so eher ist es möglich, die Opferzeuginnen zu stabilisieren und um so leichter erhält man klare, fundierte Aussagen der Zeuginnen.

1.3 Fragestellung und methodisches Vorgehen

Die Erforschung der Rechtslage im Bereich Frauenhandel in den verschiedenen europäischen Ländern ist weit gediehen, wie verschiedene Veröffentlichungen zeigen.[9] Diese Studien beklagen die Missstände wie seltene Verurteilungen wegen Menschenhandel, keine Ausschöpfung des Strafmaßes, häufige Ausweisungen der Zeuginnen vor Prozessbeginn, mangelnder Schutz der Zeuginnen etc. Jedoch fehlen bisher empirische Befunde über die Faktoren, die zu den beklagten Ergebnissen führen. Gerade diese Perspektive kann aber wichtige Rückschlüsse auf nötige Verbesserungen und Initiativen geben.

Die vorliegende Studie will Probleme in Ermittlungsverfahren und Prozessverläufen, bei der Kooperation der involvierten Behörden und Fachberatungsstellen und bei der Opferzeuginnenbetreuung aufzeigen.

Die Erfahrungen der Frauenfachberatungsstelle Solwodi e. V. im Opferzeuginnenschutz und das vorhandene Datenmaterial zu den betreuten Frauen und den abgeschlossenen Prozessen sollen systematisch ausgewertet werden.

Die Studie hat folgenden Aufbau:

Nach einer Einführung in die Rechtslage und in bestehende politische Programme sollen im Kapitel „Migrantinnen" die Opfer von Frauenhandel

---

[7] Näheres siehe Kapitel 3.1.3.1.
[8] Solwodi-Jahresbericht 2001, S. 60.
[9] Ackermann/Heine-Wiedemann 1991. Niesner/Jones-Pauly 2001. Kartusch/Knaus/Reiter 2000. Topan 2000. Mentz 2000.

als Teil der weltweiten Migrationsbewegungen in den Blick gerückt werden. Die Daten von 91 von Solwodi e. V. betreuten Opferzeuginnen werden analysiert, um Hintergründe ihrer Migration, wie etwa Situation in den Herkunftsländern, Motive, familiäres Umfeld und Erfahrungen in der Bundesrepublik aufzuzeigen.

Hier wurde die Methode der Dokumentenanalyse angewandt. Solwodi e. V. dokumentiert die Betreuungsarbeit ausführlich mit den Punkten: Anamnesebogen, Bemühungen im Inland, Bemühungen im Ausland, Rechtsfragen und Prozesse, finanzielle Aufwendungen. Dieses Material wurde systematisch ausgewertet, indem zunächst ein Raster mit den wichtigsten Fragestellungen erarbeitet wurde, das in einem weiteren Arbeitsschritt mit den empirischen Daten gefüllt wurde.

Das Kapitel „Auswertung der Prozessunterlagen" beschäftigt sich mit den Menschenhandelsprozessen, in denen die Frauen als Opferzeuginnen ausgesagt haben. Hier wurden Gerichtsurteile als Quelle untersucht.

Auch bei dieser Quellenanalyse wurde zunächst ein Raster erarbeitet, eine Typologie der zentralen Fragestellungen wie Nationalität der Täter, Strafmaß, Urteil etc. Anschließend werden exemplarisch und ausführlich drei beispielhafte Prozesse und ihr Verlauf dargestellt und juristisch analysiert.

Es schließt sich das Kapitel „Opferzeuginnenbetreuung bei Solwodi e. V." an, dem als Methode qualitative Interviews, so genannte Leitfadeninterviews, zu Grunde liegen. Solwodi-Beraterinnen der verschiedenen Stellen in Mainz, Duisburg, Osnabrück, Boppard-Hirzenach und Koblenz wurden befragt. Die Interviews wurden auf Band aufgenommen und anschließend transkribiert.

Die Interviews wurden anhand eines Leitfadens durchgeführt, der folgende Themenblöcke umfasste: Rechtliche Grundlagen der Beratungsarbeit, Unterkunft, medizinische Betreuung, psychologische Betreuung, Ausbildungs- und Arbeitsmöglichkeiten, juristische Beratung und Vorbereitung auf den Prozess, Verbleib der Frauen nach dem Prozess, Zusammenarbeit der Fachberatungsstelle mit Polizei und zuständigen Behörden.

Ein Leitfadeninterview ist prinzipiell ein „offenes" Interview. Folglich stellt der zu Grunde liegende Leitfaden nur ein grobes Raster dar, eine Richtschnur, welche Fragen und Aspekte besprochen werden sollen. Die Ausführlichkeit der Behandlung von Detailfragen und auch die Reihenfolge, in der bestimmte Themen abgearbeitet werden, ergeben sich während des Interviews. Das Raster stellt die Vergleichbarkeit der Interviews sicher, auch wenn der Verlauf sehr frei ist. Ziel der Interviewerin ist es, flexibel auf die jeweilige Interviewpartnerin einzugehen und so zu einem besseren Fremdverstehen und zu neuen Erkenntnissen zu kommen.

Im Schlusskapitel sollen die Erkenntnisse der Arbeit in Empfehlungen und Verbesserungsvorschläge einfließen.

2. Rechtliche Problemstellungen

Birgit Thoma

2.1 Definition des Menschenhandels aus dem StGB

Zum ersten Mal am Internationalen Frauentag 1988 thematisierten parteiübergreifend 63 Parlamentarierinnen aller Fraktionen Frauenhandel in einer Großen Anfrage im Deutschen Bundestag und werteten ihn als schweren Verstoß gegen die Menschenwürde und die Menschenrechte von Frauen. Die Forderung, die betroffenen Frauen durch straf- und gewerberechtliche Maßnahmen besser zu schützen, hat 1992 dazu geführt, dass der strafrechtliche Tatbestand des Menschenhandels im Strafgesetzbuch neu gefasst wurde (§ 180b, 181 StGB). Ferner gilt der Menschenhandel seit 1992 auch als Delikt der Organisierten Kriminalität, so dass organisatorisch Sonderdezernate bei der Polizei, den Landeskriminalämtern und der Staatsanwaltschaft für die strafrechtlichen Ermittlungen zuständig sind.[10] Grundsätzlich leiten die Staatsanwaltschaften die Ermittlungen (§ 160, 161 StPO). Die Beamten der Polizei und des Landeskriminalamtes sind dabei so genannte Hilfsbeamte der Staatsanwaltschaft. Die Staatsanwaltschaft erhebt, wenn ausreichende Beweise von den Beamten zusammengetragen sind, Anklage bei der für den Frauenhandel zuständigen Strafkammer des Landgerichts am Tatort.

Der gültige Straftatbestand zum Frauenhandel umfasst allgemein den „Menschenhandel" und hat folgenden Wortlaut:

§ 180b StGB (einfacher Menschenhandel)

„(1) Wer auf eine andere Person seines Vermögensvorteils wegen einwirkt, um sie in Kenntnis einer Zwangslage zur Aufnahme oder Fortsetzung der Prostitution zu bestimmen, wird mit Freiheitsstrafe bis zu fünf Jahren oder mit Geldstrafe bestraft. Ebenso wird bestraft, wer auf eine andere Person seines Vermögensvorteils wegen einwirkt, um sie in Kenntnis der Hilflosigkeit, die mit ihrem Aufenthalt in einem fremden Land verbunden ist, zu sexuellen Handlungen zu bringen, die sie an oder vor einer dritten Person vornehmen oder von einer dritten Person an sich vornehmen lassen soll.

---

[10] Dies ist in Nr. 2.3 der Anlage E der Richtlinien zum Straf- und Bußgeldverfahren (RiStBV) festgelegt.

(2) Mit Freiheitsstrafe von sechs Monaten bis zu zehn Jahren wird bestraft, wer
1. auf eine andere Person in Kenntnis der Hilflosigkeit, die mit ihrem Aufenthalt in einem fremden Land verbunden ist, oder
2. auf eine Person unter 21 Jahren
einwirkt, um sie zur Aufnahme oder Fortsetzung der Prostitution zu bestimmen, oder sie dazu bringt diese aufzunehmen oder fortzusetzen.
(3) in den Fällen des Absatzes (2) ist der Versuch strafbar."[11]
§ 181 StGB (Schwerer Menschenhandel)
"(1) Wer eine andere Person
1. mit Gewalt, durch Drohung mit einem empfindlichen Übel oder durch List zur Aufnahme oder Fortsetzung der Prostitution bestimmt,
2. durch List anwirbt oder gegen ihren Willen mit Gewalt, durch Drohung mit einem empfindlichen Übel oder durch List entführt, um sie in Kenntnis der Hilflosigkeit, die mit ihrem Aufenthalt in einem fremden Land verbunden ist, zu sexuellen Handlungen zu bringen, die sie an oder vor einer dritten Person vornehmen oder von einer dritten Person an sich vornehmen lassen soll, oder
3. gewerbsmäßig anwirbt, um sie in Kenntnis der Hilflosigkeit, die mit ihrem Aufenthalt in einem fremden Lande verbunden ist, zur Aufnahme oder Fortsetzung der Prostitution zu bestimmen,
wird mit Freiheitsstrafe von einem Jahr bis zu zehn Jahren bestraft.
(2) In minder schweren Fällen ist die Freiheitsstrafe von sechs Monaten bis zu fünf Jahren."
Juristisch setzt sich der Straftatbestand des Menschenhandels aus mehreren so genannten Tatbestandsmerkmalen zusammen. Sie alle müssen vorliegen, d. h. erfüllt sein, damit eine so genannte „objektive Strafbarkeit" vorliegt. Ferner muss der Täter subjektiv strafbar sein, d. h. mit Vorsatz gehandelt haben, so die juristische Diktion. Bei der Strafverfolgung müssen die Ermittlungsbehörden deshalb gewissenhaft prüfen, ob genügend Anhaltspunkte vorhanden sind, welche die einzelnen Tatbestandsmerkmale des Menschenhandels aus §§ 180b, 181 StGB ausfüllen und ob die Täter vorsätzlich gehandelt haben. Die Kriterien, die hierfür vorliegen müssen, legt die Rechtsprechung fest. Sie sind in den einschlägigen juristischen Kommentaren zum Strafgesetzbuch nachzulesen.
Der Unterschied zwischen dem einfachen und schweren Menschenhandel ist, dass nur beim schweren Menschenhandel die in § 240 StGB genannten qualitativen Nötigungsmittel Gewalt und Drohung mit einem empfindlichen Übel vorliegen müssen (§ 181 StGB), während beim einfachen Menschen-

---

[11] Hier und im Folgenden zit. nach Fischer: StGB. 50. Aufl. 2001.

handel auf die Person lediglich wegen eines Vermögensvorteils eingewirkt werden muss (§ 180b StGB), d. h. es muss intensiv Einfluss auf die betreffende Person ausgeübt worden sein. In Frage kommt jedes Drängen, Überreden und Versprechungen (z. B. ein Heiratsversprechen), das Wecken von Neugier, der Einsatz von Autoriät, Einschüchterung, nicht aber physische oder psychische Einwirkungen, um den Willen zu beeinflussen, denn dann greift § 181 StGB (schwerer Menschenhandel). Nach § 180b Abs. 2 Nr. 2 kommt es bei Frauen unter 21 Jahren auch nicht auf das Erlangen eines Vermögensvorteils an. Hier genügt allein das Einwirken, um den Tatbestand des einfachen Menschenhandels zu erfüllen.

Diese Unterscheidung ist im Verfahren wichtig, denn es ist zu beachten, dass es sich juristisch nur beim schweren Menschenhandel um ein Verbrechen, beim einfachen Menschenhandel dagegen lediglich um ein Vergehen handelt. Als Verbrechen gelten nur Straftaten, die mit einer Mindeststrafe von einem Jahr bedroht sind (vgl. § 12 StGB). Diese Unterscheidung zeigt nicht nur eine unterschiedliche Bewertung des Unrechts und der Schuld zwischen schwerem und einfachem Menschenhandel auf, sondern wirkt sich auch auf das Verfahrensrecht aus. So kann das Verfahren beim einfachen Menschenhandel auch unter Erteilung von Auflagen an den Beschuldigten nach § 153a StPO eingestellt werden, was beim schweren Menschenhandel nicht möglich ist. Es könnte der Eindruck entstehen, dass häufig aus diesem Grund auch Tatbestandsmerkmale herabgestuft werden und die Gewalt und Drohung allein zu einem „Einwirken" erklärt wird, um das Verfahren leichter einstellen zu können.

Ein Hauptanliegen der Reform war es, den Schutz der Frauen zu verstärken. Maßgeblich ist seit der Änderung nun die Ausnutzung der Hilflosigkeit der Frau, die mit ihrem Aufenthalt in einem fremden Land verbunden ist. Relevant ist hier jede Hilflosigkeit, die an die Unkenntnis der Sprache, der Lebensgewohnheiten, der rechtlichen Schutzmöglichkeiten anknüpft. Nicht ausreichend ist aber die Angst vor Abschiebung, da das Drohen einer legalen staatlichen Maßnahme nicht als Grund für eine Hilflosigkeit gesehen wird. Häufig wird aber die Drohung der Täter, die Frau wegen ihres illegalen Aufenthalts anzuzeigen, als Nötigung, d. h. Drohung mit einem empfindlichen Übel im Sinne von § 181 StGB gewertet.

Mit der Änderung ist es nicht mehr notwendig, die Ausnutzung der Hilflosigkeit einer Frau zu beweisen. Es reicht nun bei der Zuführung in die Prostitution die Kenntnis einer Zwangslage, bei sonstigen sexuellen Handlungen die Kenntnis der Täter von der auslandsspezifischen Hilflosigkeit der Frau aus. Diese Tatbestandsvoraussetzungen sind wesentlich leichter zu belegen. Die Täter machen sich nun strafbar, wenn sie auf eine Frau in

Kenntnis ihrer auslandsspezifischen Hilflosigkeit einwirken, so dass sie sexuelle Handlungen ausführen oder an sich vollziehen lassen muss.

Die Novellierung hat auch die Rechtsstellung von Frauen, die bereits zur Zeit ihrer Anwerbung der Prostitution nachgingen, geklärt. Bislang wurde vielfach in Abrede gestellt, dass es Menschenhandel bei Prostituierten überhaupt geben kann. Wer schon im Heimatland der Prostitution nachging, galt in der Bundesrepublik nicht wirklich als Opfer und auch nicht als glaubwürdige Zeugin. Anklagen endeten in diesen Fällen oft mit Freispruch. Mit der Novellierung wurde festgelegt, dass sich strafbar macht, wer eine Frau zur „Aufnahme oder Fortsetzung der Prostitution" bestimmt, d. h. wer durch Überreden, Versprechungen, Täuschungen oder Einschüchterungen auf die Frau einwirkt, in Deutschland der Prostitution nachzugehen.

Auffällig oft wird bei einer Anklage wegen Menschenhandel im Laufe der Hauptverhandlung dieser Anklagevorwurf fallen gelassen und nur noch wegen Förderung der Prostitution (§ 180a StGB) oder Zuhälterei (§ 181a StGB) verhandelt und letztendlich auch nur danach verurteilt wird. Beide Delikte haben im Vergleich zum Menschenhandel, der mit maximal 10 Jahren bestraft werden kann, ein deutlich geringeres Höchststrafmaß (drei bzw. fünf Jahre).

2.2 Legalisierung der Prostitution und Auswirkungen auf die Verfolgung der Täter in Fällen des Menschenhandels

Auf Grund einer verwaltungsgerichtlichen Entscheidung aus dem Jahre 2000 wurde der Straftatbestand der Ausbeutung von Prostituierten (§ 180a StGB) reformiert und der Absatz zwei des § 180a StGB ersatzlos gestrichen. Die Folgen für die Verfolgung der Straftäter in Menschenhandelsfällen soll im Folgenden kurz skizziert werden. Eine These vorab: es wurde eine Regelungslücke geschaffen und ein wichtiger so genannter Auffangtatbestand abgeschafft, d. h. künftig wird, wenn der Menschenhandel nach § 180a und 181 StGB nicht mehr zu beweisen ist, auch nicht mehr auf den Tatbestand der Ausbeutung von Prostituierten durch die Gewährung von Unterkunft – die Verschleppung in Bordelle – zurückgegriffen werden können. Die Verfahren dürften mit Freispruch bzw. Einstellung enden. Eine weiteres Schlupfloch für die Täter durch das grobmaschige Netz des Strafrechts wurde damit geschaffen.

Vorab der Tatbestand der Ausbeutung der Prostitution im Wortlaut:

§ 180a Ausbeutung von Prostituierten

„(1) Wer gewerbsmäßig einen Betrieb unterhält oder leitet, in dem Personen der Prostitution nachgehen und in dem diese in persönlicher oder wirt-

schaftlicher Abhängigkeit gehalten werden, wird mit Freiheitsstrafe bis zu drei Jahren oder mit Geldstrafe bestraft.
(2) (gestrichen) Ebenso wird bestraft, wer
   1. einer Person unter achtzehn Jahren zur Ausübung der Prostitution Wohnung, gewerbsmäßig Unterkunft oder gewerbsmäßig Aufenthalt gewährt oder
   2. eine andere Person, der er zur Ausübung der Prostitution Wohnung gewährt, zur Prostitution anhält oder im Hinblick auf sie ausbeutet."

Bei der Reform sollte die rechtliche Stellung deutscher Prostituierter durch die Möglichkeit, ihre Arbeitsbedingungen freier zu gestalten, verbessert werden. Der Gesetzgeber sah sich bei der Reform vor einer doppelten Herausforderung: die Diskriminierung von Prostituierten zu beseitigen, die bislang von dem nun nicht mehr „verständlichen" Ziel getragen war, „[...] eine weitere Verstrickung in dieses Gewerbe [...] von vornherein zu verhindern"[12] und der „Verfestigung prostitutiver Lebensweisen"[13] entgegenzuwirken, ohne den möglichen Schutz, den das Strafrecht gerade für im übrigen rechtlose ausländische Prostituierte und Minderjährige bieten könnte, zu beseitigen.

Mit der Reform gilt die Prostitution nicht länger als „sittenwidrig". Für die Gruppe der Zwangsprostituierten ist dies ein zweideutiges Signal. Es ist zwar auf den ersten Blick zu begrüßen, dass sich nun Prostituierte generell sozialversicherungsrechtlich absichern können. Auf den zweiten Blick wird aber klar, dass dies schon immer möglich war: Das Bundessozialgericht lässt schon immer das Bestehen eines faktischen Arbeitsverhältnisses ausreichen und stellt klar, dass „die Sittenwidrigkeit, die zivilrechtliche Fehlerhaftigkeit des Rechtsgeschäftes der Begründung eines versicherungs- und beitragspflichtigen Beschäftigungsverhältnisses nicht entgegensteht". Das heißt, selbst im Falle einer möglichen Strafbarkeit des Arbeitgebers entstünde eine Versicherungspflicht. Die Missachtung dieser Pflicht (durch eine unterlassene Meldung des Arbeitgebers an den Sozialversicherungsträger) wird nicht nur mit einem Bußgeld geahndet (§§ 28a, 111 SGB IV), sondern stellt, wenn Beiträge zur Sozialversicherung nicht abgeführt werden, selbst ein strafbares Verhalten dar (§ 266a StGB).

Unterstellt, die Strafverfolgungsbehörden und Gerichte beachten den geänderten Willen des Gesetzgebers, dann dürfte das Strafbarkeitsrisiko nur noch minimal sein. Damit ergibt sich für die Gruppe der Zwangsprostituierten, die ohnehin von den Tätern nicht sozialversichert wurden, da kein

---

[12] BGH StV 1986, 204, 205.
[13] Fischer, StGB, 50. Aufl. 2001, § 180a Rdn. 1.

Aufenthaltsrecht bestand, eine weitere Verschlechterung, denn über die Sozialversicherungspflicht ist keine strafrechtliche Kontrolle möglich.

Wegen Förderung der Prostitution (§ 180a StGB) sind 1999 ausweislich der Verurteiltenstatistik des BKA[14], die nur die jeweils schwerste Verurteilung zählt, 152 Verurteilungen ausgesprochen worden, davon 98 gegen Männer. Etwas mehr als wegen der verschiedenen Formen des Menschenhandels (§§ 180b, 181 StGB; N=133, davon 111 Männer). Die meisten Verurteilungen stützten sich auf Zuhälterei (§ 181a StGB; N=164, davon 132 Männer). Diese Zahlen zeigen, dass in der Praxis der Vorschrift des § 180a eine eigenständige Schutzfunktion für minderjährige und ausländische Frauen gegen ausbeuterische Arbeitsverhältnisse und gewaltgeneigte Arbeitsbeziehungen zukam, da überwiegend der § 180a Abs. 2 in diesen Fällen angewendet wurde. Wie künftig die ausbeuterischen Prostitution geahndet wird, bleibt abzuwarten. Die Regelungslücke, die durch die Streichung entsteht, ist aber offensichtlich. Ein Beispiel zur Illustration:

Das Landgericht hat den Angeklagten wegen sexuellen Missbrauchs von Kindern in 25 Fällen und wegen Förderung der Prostitution in 14 Fällen zu einer Gesamtfreiheitsstrafe von acht Jahren und sechs Monaten verurteilt.[15] Zu den Prostituierten seiner Betriebe gehörten auch zwei junge Frauen aus Tuslar (Bosnien-Herzegowina), die Zeuginnen S. und Z. Beide waren nach vorheriger Absprache mit dem an neuem Personal für seine Betriebe interessierten Angeklagten unter der Vorspiegelung, ihnen würden Arbeitsstellen als Küchenhilfen vermittelt, dazu veranlasst worden, zum Angeklagten mit nach Deutschland zu reisen. Den Zeuginnen, die der deutschen Sprache nicht oder kaum mächtig waren, wurden nach der Einreise die Ausweispapiere abgenommen, und sie wurden von dem Angeklagten unter Ausnützung ihrer Lage dazu gebracht, in seinen Betrieben, wo sie jeweils wohnten, der Prostitution nachzugehen. Darin, dass die Zeugin Z. durch unwahre Angaben veranlasst wurde, mit nach Deutschland zum Angeklagten zu reisen und dort als Prostituierte tätig zu werden, hat das Landgericht rechtlich ein vom Angeklagten mittäterschaftlich begangenes Verbrechen des Menschenhandels nach § 181 Nr. 1 und 2 StGB a. F. (strafbar auch als schwerer Menschenhandel nach § 181 Abs. 1 StGB in der nach Tatbegehung in Kraft getretenen Neufassung) gesehen. Die Beschäftigung der Zeu-

---

[14] Die Verurteiltenstatistik wird vom BKA in Zusammenarbeit mit den Gerichten, Staatsanwaltschaften und Statistischen Landesämtern erstellt. In ihr spiegeln sich die gerichtlichen Entscheidungen über die von der Staatsanwaltschaft erhobenen Anklagen wider.
[15] BGH NStZ 2000, 368.

ginnen S. und Z. als Prostituierte in seinen Barbetrieben hat es als Förderung der Prostitution nach § 180a Abs. 1 Nr. 1 StGB gewertet.[16]
Dieses Beispiel zeigt, dass ausbeuterische und nötigende Verhaltensweisen weiterhin mit Strafe bedacht werden sollten. Ebenso die Bestimmung/Zuführung von Jugendlichen zur Prostitution.

2.3 Wenig effiziente Strafverfolgung

Festzuhalten bleibt, dass es trotz der beschriebenen Änderungen des Tatbestandes nicht zu mehr Verurteilungen wegen Menschenhandels kam. Dies liegt zum einen daran, dass es selbst für Fachleute schwierig ist, Menschenhandel juristisch im Tatbestand von der Förderung der Prostitution abzugrenzen, was daran deutlich wird, dass in einer Vielzahl der Anklagen wegen Menschenhandels in der Hauptverhandlung lediglich Förderung der Prostitution oder Zuhälterei nachweisbar war. Es zeigt sich auch, dass die Probleme auf der praktischen Ebene der Strafverfolgung liegen.

Die Gründe für eine wenig effiziente Strafverfolgung sind vielfältig. Die Ermittlungen sind häufig kompliziert, langwierig und personalintensiv. Die Razzien in den Bordellen müssen gut vorbereitet werden und erfordern besonders geschulte Einsatzkräfte. Ferner ist eine Zusammenarbeit mit verschiedenen Behörden wie Ausländerbehörden, Sozialämtern, Botschaften, aber auch mit Europol und Interpol, also über nationale Grenzen hinweg, nötig. Häufig fehlt es an ausreichenden Rechtshilfeabkommen und binationalen Abkommen, was länderübergreifende Ermittlungen erschwert.

Menschenhandel ist ein Kontrolldelikt, das nur sehr selten von Betroffenen oder Dritten angezeigt wird, d. h. es ist eine verstärkte Überwachung von Bordellen nötig, die von der Polizei mangels Ressourcen oftmals nicht geleistet werden kann.

Der Organisationsgrad der Händler- und Verteilerringe ist sehr hoch. Es bestehen weltweit agierende Netzwerke, die über große finanzielle Mittel verfügen und selbst häufig auch sehr gute Kontakte zu wichtigen Informationsquellen pflegen, die sie vor einer Strafverfolgung schützen.

Ohne Aussage der Frauen als Zeuginnen ist keine Strafverfolgung möglich. Viele Frauen sind vor den Strafverfolgungsbehörden und später vor Gericht aber nicht zu einer Aussage bereit, oder es ist keine Aussage mehr möglich, da die Frauen bereits abgeschoben wurden.

Die geringe Aussagebereitschaft hat verschiedene Ursachen. Die Frauen haben meist Angst vor Abschiebungen, sind auf Grund negativer Erfahrun-

---

[16] BGH NStZ 1995, 179.

gen mit Korruption in ihrem Heimatland misstrauisch gegenüber den Behörden und sie werden häufig massiv von den Zuhältern bedroht und misshandelt. Diese physische und psychische Bedrohung richtet sich oft auch gegen die in den Heimatländern lebenden Familienmitglieder.

Ferner verfügen die Frauen nicht über ausreichende Kenntnisse der rechtlichen Verhältnisse in Deutschland. Darüber hinaus ist es nach den erlittenen Qualen für die Frauen sehr schwer, sich auf eine Zeugenaussage und die damit verbundenen, für sie nicht überschaubaren Umstände und Konsequenzen einzulassen. Scham vor den Angehörigen, die häufig nicht wissen, auf welche Weise die Frauen ihr Geld in Deutschland wirklich verdienen, kommt noch hinzu. Darüber hinaus besteht eine „unheilige Allianz" zwischen Zuhältern und Frauen gegen eine Zeugenaussage. Der Zuhälter hat kein Interesse daran, dass die für ihn arbeitenden Frauen sich offenbaren und ausgewiesen werden, evtl. sein Bordell geschlossen wird und er diese Einnahmequelle verliert. Die Frauen haben Angst davor, abgeschoben zu werden. Sie würden gern hier bleiben, um der materiellen Not und den fehlenden Alternativen in ihrem Herkunftsland zu entgehen. Für die Behörden steht häufig ihr illegaler Aufenthaltsstatus im Vordergrund. Dies wissen die Zuhälter und setzen es gezielt als Druckmittel gegen die Frauen ein, um Aussagen zu verhindern.

Frauen stehen, auch wenn sie die genannten Ängste überwinden, für Aussagen und Ermittlungen häufig nicht mehr zur Verfügung, weil sie nach ihrer ersten Aussage abgeschoben wurden, bevor erneut ihr Aufenthaltsstatus überprüft wurde. Damit sind weitere Ermittlungen gegen die Täter erschwert, bzw. nahezu unmöglich. Die Ermittlungen und Verfahren werden so aus Mangel an Beweisen eingestellt. Ein von der Justiz selbstverschuldetes Dilemma, denn die Staatsanwaltschaft bemüht sich in vielen Fällen nicht ausreichend um die weitere Anwesenheit der Frauen als wichtige Zeuginnen. Sie könnte eine Duldung wegen „dringenden öffentlichen Interesses", d. h. wegen weiterer Aussagen als Zeugin in einem Strafverfahren nach § 55 Abs. 3 Ausländergesetz (AuslG) beantragen.

2.4 Verhältnis zwischen Ausländerrecht und Strafrecht

Im Folgenden deshalb ein weiterer Blick auf das Verhältnis zwischen Ausländerrecht und Strafrecht bzw. Strafverfolgungsinteresse. Die entscheidende Frage ist hier, wie für die Frauen ein Aufenthaltsrecht erlangt werden kann.

Die Frauen reisen meist mit einem Touristenvisum nach Deutschland ein, was ihnen einen dreimonatigen Aufenthalt ermöglicht. Ein Touristenvisum berechtigt jedoch nicht zur Aufnahme einer Arbeit. Da die Prostitution als Erwerbstätigkeit angesehen wird, ist nach § 10 AuslG i. V. m. § 12 der Durchführungsverordnung zum Ausländergesetz (DVAuslG) jedoch eine Aufenthaltsgenehmigung zur Arbeitsaufnahme erforderlich. Ausländische Touristinnen, die in Deutschland der Prostitution nachgehen, sind somit ohne die erforderliche Genehmigung zur Arbeitsaufnahme eingereist. Weil der Zweck der Einreise ein anderer ist als der, der vorgegeben wurde, kann ihnen nach § 8 Abs. 1 Nr. 2 AuslG auch nachträglich keine Aufenthaltsgenehmigung mehr erteilt werden. Zudem machen sich die Frauen strafbar, da sie sich ohne die erforderliche Aufenthaltsgenehmigung im Bundesgebiet aufhalten (§ 92 Abs. 1 Nr. I AuslG). Werden sie z. B. im Rahmen von Razzien in Bordellen aufgegriffen, werden sie kriminalisiert und es droht ihnen die sofortige Ausweisung. Wurde den Frauen zwar die Aufnahme bestimmter Tätigkeiten wie z. B. als Dienstmädchen oder Künstlerin erlaubt, gehen aber nach ihrer Einreise der unerlaubten Prostitution nach, wird ihr Aufenthalt ebenfalls widerrechtlich.

Ist die Frau mit falschen Papieren eingereist, macht sie sich nach § 91 Nr. 7 AuslG strafbar und ihre Aufenthaltsgenehmigung wird widerrufen. In allen genannten Fällen sind die Frauen nach § 42 AuslG ausreisepflichtig. Allerdings liegt hier eine Ermessensvorschrift vor, d. h. die unverzügliche Ausreisepflicht kann durch eine entsprechende Frist um bis zu sechs Monate aufgeschoben werden. Prinzipiell stehen präventive Gefahrenabwehr und repressive Strafverfolgung als staatliche Aufgaben gleichberechtigt nebeneinander. Zwar ergibt sich aus der Gesetzessystematik der § 49 ff. AuslG, dass der Gesetzgeber der Durchsetzung der Ausreisepflicht einen hohen Stellenwert beimisst, auf der Seite der Strafverfolgung fällt aber ins Gewicht, dass die Aussagen der Frauen als Deliktsopfer in der Hauptverhandlung wichtige Beweismittel darstellen. Sie können die Art und Weise der Anwerbung im Ausland sowie Bedrohungen und Gewaltanwendungen seitens der Täter bezeugen. Eine Auflösung des Konflikts zwischen dem Interesse nach einer baldigen Beendigung des widerrechtlichen Aufenthalts einerseits und dem Interesse an einer effektiven Strafverfolgung andererseits kann mit § 55 Abs. 3 AuslG ermöglicht werden. Nach dieser Vorschrift kann die Abschiebung eines Ausländers zeitweise ausgesetzt werden (Duldung), wenn „erhebliche öffentliche Interessen seine vorübergehende Anwesenheit im Bundesgebiet erfordern". Die Strafverfolgung kommt als ein derartiges wichtiges öffentliches Interesse in Betracht. Alternativ zu einer Duldung bis zum rechtskräftigen Abschluss des Verfahrens, das sich über mehrere Jahre hinziehen kann, kommt nach § 9 Abs. 3 AuslG auch eine Betretenserlaubnis für die Zeugenvernehmung in der Hauptverhandlung in Betracht, wenn die Zeugin zuvor abgeschoben wurde. Häufig sind

Frauen, die abgeschoben wurden, jedoch nicht mehr zu einer Aussage bereit, auch wenn ihnen die Übernahme der Reisekosten angeboten wird. Entweder wurden sie von den Tätern unter Druck gesetzt oder sie wollen ihre Vergangenheit aus Scham vor ihren Familienangehörigen verheimlichen. Ferner ist eine Ladung der Frauen im Ausland mit erheblichen Problemen verbunden, da ihr Aufenthaltsort meist nicht feststellbar ist.

Es kommt auch vor, dass auf die Aussage der Frau von Seiten des Gerichts verzichtet wird (§ 244 Abs. 3 und Abs. 5 StPO), weil davon ausgegangen wird, dass sie zu den Hintermännern und Strukturen nicht viel sagen kann oder auch dass ihre Aussagen unglaubwürdig sind. Diese vorweggenommene Beweisführung ist im Strafverfahren zwar nicht erlaubt, wird aber aus einer frauenverachtenden Sichtweise heraus, welche die Interessen von Opferzeuginnen nicht ernst nimmt, leider praktiziert.

Die Aussage der Frauen ist aber nicht nur von verfahrensentscheidender Bedeutung, sondern sie muss nach dem Grundsatz der Unmittelbarkeit, der im Strafverfahren gilt (§ 250 StPO), auch während der Hauptverhandlung erfolgen. Damit reicht es nicht aus, die Frauen in Ermittlungsverfahren kurz zu vernehmen und dann abzuschieben. Sie müssen nach dem Grundsatz der Unmittelbarkeit auch während der Hauptverhandlung gehört werden, d. h. ein Aufenthaltsrecht mindestens bis zum Abschluss der Hauptverhandlung erhalten. Nur in Ausnahmefällen kann ihre direkte Aussage in der Hauptverhandlung durch die Verlesung des Protokolls einer früheren Vernehmung ersetzt werden (§ 251 StPO). Eine solche Ersetzung ist aber nur unter sehr engen Voraussetzungen möglich. Es muss sich um eine richterliche Vernehmung aus dem Ermittlungsverfahren handeln, polizeiliche Vernehmungen reichen nicht aus. Außerdem darf der Aufenthaltsort der Frau nicht ermittelbar sein. Angeklagte und Verteidiger müssen einer solchen Verlesung zustimmen, was sie häufig verweigern, da es aus ihrer Sicht günstiger ist, die Frau in der Hauptverhandlung zu haben, um dort zu versuchen, ihre Glaubwürdigkeit anzuzweifeln. Dies ist durch direktes Ansprechen der Frauen und entsprechende Verunsicherungsstrategien möglich, bei einer Protokollverlesung der Vernehmung jedoch nicht. Auch ist der Beweiswert des Protokolls gering, denn das Gericht kann keinen persönlichen Eindruck von der Zeugin gewinnen oder auch eventuell vorhandene Widersprüche in den Angaben der Frau aufklären. Häufig scheitert eine Verwertung des Protokolls auch an weiteren Formvorschriften, wenn z. B. die Anwesenheitsrechte des Angeklagten und seines Verteidigers während der Vernehmung (§ 168c und 168e StPO) nicht berücksichtigt worden sind.

Nach allen bisherigen Erfahrungen ist für eine Verurteilung wegen Menschenhandels daher die unmittelbare Aussage der Frauen, die meist Hauptbelastungszeuginnen sind, vor Gericht entscheidend. In den von Solwodi

e. V. beobachteten Prozessen, bei denen die Zeuginnen nicht anwesend sein konnten, kam es lediglich zu Verurteilungen wegen Förderung der Prostitution, nicht wegen einfachen oder schweren Menschenhandels.

Den Frauen ist daher eine Duldung nach § 55 Abs. 3 AuslG während der Verfahren zu erteilen, die von der Staatsanwaltschaft bei der Ausländerbehörde zu erwirken ist. Die genannte Vorschrift dient der Durchsetzung erheblicher öffentlicher Interessen der Bundesrepublik Deutschland und nicht den individuellen Interessen der Betroffenen. Erhebliche öffentliche Interessen können, außer in den Fällen des Menschenhandels auch bei Fällen von Drogenhandel, illegaler Schleusung etc. bestehen.

Um den betroffenen Frauen die Gelegenheit zu geben, ihre persönlichen Interessen vor der Ausreise wahrzunehmen und auch Beratungsstellen aufzusuchen, besteht die Möglichkeit, entsprechende Ausreisefristen zu gewähren. Diese Frist soll es den Frauen ermöglichen, durch qualifizierte Beratungskräfte betreut zu werden, die evtl. mit entsprechenden Stellen in den Heimatländern der Frauen Kontakt aufnehmen, um ihre Rückreise und Reintegration zu erleichtern. Zuständig sind die jeweiligen Ausländerbehörden. In einer seit Juli 1999 gültigen allgemeinen Verwaltungsvorschrift zu § 104 AuslG ist vorgesehen, dass bei der Bestimmung der Ausreisefrist neben den öffentlichen Interessen auch das Interesse des Ausländers an der Regelung seiner persönlichen Belange zu berücksichtigen ist. Um eine flexible Handhabung im Einzelfall zu ermöglichen, wurde auf die Festschreibung einer generellen Frist verzichtet. In dieser allgemeinen Verwaltungsvorschrift ist weiterhin der Hinweis enthalten, dass eine Duldung in Betracht kommt, wenn ein Ausländer als Zeuge in einem Strafermittlungsverfahren benötigt wird oder er mit deutschen Behörden bei der Ermittlung zusammenarbeitet. Außerdem wird dort auf die Notwendigkeit der Zusammenarbeit von Behörden mit Fachberatungsstellen ausdrücklich hingewiesen. Die Duldung ist nach dem Verfahren auf Wunsch der Frauen auch zu verlängern (§ 30 AuslG) und langfristig in ein dauerhaftes Aufenthaltsrecht umzuwandeln (vgl. § 27 AuslG).

Jedoch liegt die Ausführung des Ausländergesetzes und der weiteren ausländerrechtlichen Bestimmungen, so auch die der oben beschriebenen allgemeinen Verwaltungsvorschrift, gemäß Artikel 83 des Grundgesetzes allein in der Zuständigkeit der Länder. Diesen steht es frei, entsprechende Ausführungsregelungen, z. B. im Erlasswege, zu schaffen. Manche Bundesländer, z. B. Nordrhein-Westfalen und Niedersachsen, haben von dieser Möglichkeit Gebrauch gemacht. In anderen Ländern sind entsprechende Überlegungen noch nicht abgeschlossen. Es sollte daher dringend eine bundesweit einheitliche Regelung der allgemeinen Verwaltungsvorschrift entsprechend formuliert werden.

2.5 Polizeiliche Zeugenschutzmaßnahmen

Die Anwesenheit der Frauen in den Verfahren als Opferzeuginnen ist nur zu verantworten, wenn auch entsprechende verfahrensrechtliche Schutzmaßnahmen für sie ergriffen werden. Persönliche Nachteile dürfen den Frauen durch ihre Aussagen nicht entstehen, denn kein noch so großes Interesse an der Strafverfolgung kann eine Verletzung der psychischen oder physischen Integrität der Frauen rechtfertigen. Daher sind Opferschutzmaßnahmen vor und während des Verfahrens unerlässlich.

Nach dem Lagebild Menschenhandel des BKA wurden im Jahre 2000 nur 4,9 % der Frauen in polizeiliche Schutzprogramme aufgenommen.[17] Dies hängt damit zusammen, dass die Gefährdungslage häufig nicht ernst genommen wird und sie zweitens nicht als wichtige Zeuginnen eingestuft werden, da ihre Kenntnisse über die Hintermänner und die Täterstrukturen als zu gering angesehen werden. Die persönliche Gefahr, der sie ausgesetzt sind, und die sich auf Grund ihrer Aussage noch verschärft, wird insgesamt als nicht ausreichend bewertet. Seit Dezember 2001 gilt das neue Zeugenschutzharmonisierungsgesetz.[18] Jedoch wurden die Kriterien der Aufnahme in den Zeugenschutz nicht verändert. Die Frauen gelten nur als schützenswert, wenn sie wesentliche Angaben zur Aufklärung machen oder voraussichtlich machen werden (§ 1). Sonst ist die persönliche Gefährdung der Frauen durch die Zuhälter und Händler, die eine Aussage verhindern wollen, nach wie vor irrelevant. Aus Sicht von Solwodi e. V. wird sich daher an der geringen Zahl der Frauen, die in polizeiliche Schutzprogramme aufgenommen werden, durch die neue rechtliche Grundlage nichts ändern.

Der Vorteil polizeilicher Schutzprogramme ist, dass die Frauen ein Aufenthaltsrecht bekommen, finanziell abgesichert sind und dass auch die Angehörigen geschützt werden.

Im Einzelnen sind folgende Schutzmaßnahmen möglich:
– Übermittlungssperre für gespeicherte Daten
– vorübergehende Ausstattung mit Personaldokumenten mit abgeänderten Personalien
– die persönlichen Daten der zu schützenden Person werden wirksam vor Ausspähung gesichert
– Kontakte zur zu schützenden Person sind nur über die Zeugenschutzdienststelle möglich
– Prozessbegleitung, Zeugenschutz im Gerichtsverfahren, Abschirmung
– Zeugenschutz auch im Strafvollzug

---

[17] Lagebild Menschenhandel. 2000, S. 15.
[18] Bundesgesetzblatt, T. 1, Nr. 67, 2001.

– trotz Personenstandsänderung bleibt die Prozess- und Rechtsfähigkeit erhalten.

Das polizeiliche Zeugenschutzprogramm verlangt die Einhaltung einer Vielzahl von Absprachen und zieht eine starke Isolation der Zeuginnen von ihrem bisherigen Umfeld nach sich. Diese Umstände sind für viele Opferzeuginnen nur schwer zu verkraften. In der Mehrheit der Fälle ist eine intensive psychosoziale Betreuung der Frauen wichtiger als reine Schutzmaßnahmen der Polizei.

Solwodi e. V. hat daher in einer Unterarbeitsgruppe der Bundesarbeitsgruppe „Frauenhandel", bestehend aus BeamtInnen der Zeugenschutzdienststellen, Vertreterinnen der verschiedenen Hilfsorganisationen und des BMFSFJ, ein Schutzkonzept mit erarbeitet. Dabei handelt es sich um ein Schutzkonzept außerhalb des Zeugenschutzprogramms, angepasst an die tatsächlichen Gegebenheiten im Bereich Menschenhandel. Zielsetzung war es, die Sicherheits- und Betreuungsbedürfnisse für einen vorübergehenden Aufenthalt der Frauen in der Bundesrepublik Deutschland ausreichend zu berücksichtigen. Parallel dazu ist aber eine Modifikation der Aufnahmekriterien für polizeiliche Zeugenschutzprogramme anzustreben, da in diesen die finanzielle und existenzielle ausländerrechtliche Absicherung automatisch gewährleistet ist.

2.6 Rechte der Frauen und Zeugenschutz im Strafverfahren

Mit der Rolle als Zeugin in einem Strafverfahren sind gewisse Pflichten, aber auch Rechte verknüpft. Vor allem besteht eine Pflicht zur wahrheitsgemäßen Aussage. Falschaussagen sind strafbar und können für den Fall, dass die Frauen vereidigt wurden, mit Haftstrafe von sechs Monaten bis zu fünf Jahren geahndet werden (§ 154 StGB).

2.6.1 Nebenklagebefugnis und -rechte

Als Opfer von Menschenhandel und schwerem Menschenhandel steht den Frauen das Recht zu, sich als so genannte Nebenklägerin dem Verfahren anzuschließen (§ 395 StPO) und sich eine Anwältin als Nebenklagevertreterin zu nehmen. Seit dem 1. Dezember 1999 ist dieser Rechtsanspruch auch finanziell abgesichert.

Nach § 397a Abs. 1 StPO erfolgt die Beiordnung bei schwerem Menschenhandel ohne Antrag, bei einfachem Menschenhandel erfolgt die Beiordnung im Wege der Prozesskostenhilfe auf Antrag (§ 397a Abs. 2 StPO).

Die Zeuginnen müssen in diesem Falle glaubhaft machen, dass sie als Verletzte ihre Interessen selbst nicht ausreichend wahrnehmen können und dies ihnen auch nicht zuzumuten ist.

Die Rechte der Nebenklägerin ergeben sich aus § 397 StPO. Als Nebenklägerin hat die Frau ein Anwesenheitsrecht während der gesamten Verhandlung. Sie kann eigenständig – oder, wenn sie eine Nebenklagevertreterin hat, auch über diese – eine/n RichterIn oder eine/n Sachverständige/n ablehnen (§§ 24 und 31 bzw. 74 StPO). Sie kann Fragen stellen (§ 240 Abs. 2 StPO), kann Anordnungen und Fragen des Vorsitzenden beanstanden (§ 238 Abs. 2 bzw. § 242 StPO), kann Beweisanträge stellen (§ 244 Abs. 3-6 StPO) und jederzeit Erklärungen abgeben (§§ 257, 258 StPO).

Die Nebenklagevertreterin hat ein Akteneinsichtsrecht (§ 406e StPO) und einen Anspruch auf Mitteilungen zum Verfahrensstand, wobei dies eine Ermessensvorschrift ist (§ 406d StPO). Sie hat auch ein Anwesenheitsrecht bei allen Vernehmungen.

2.6.2 Rechtsbeistand nach § 406f StPO

Hat sich eine Frau nicht als Nebenklägerin dem Verfahren angeschlossen, kann ihr ein Rechtsbeistand beigeordnet werden. Dieser Beistand hat nicht dieselben Befugnisse wie eine Nebenklagevertreterin, sondern nur ein Anwesenheitsrecht bei den staatsanwaltlichen und richterlichen Vernehmungen der Frau (§ 406f StPO). Bei diesen nichtpolizeilichen Vernehmungen kann auch einer Person des Vertrauens, z. B. einer Mitarbeiterin einer Fachberatungsstelle, die Anwesenheit gestattet werden. Dies steht allerdings im Ermessen des Vernehmenden. Problematisch ist, dass häufig ein Anwesenheitsrecht bei polizeilichen Vernehmungen verneint wird, da dies in § 406f nicht vorgesehen ist. Hier muss eine analoge Anwendung gefordert werden, da diese Unterscheidung nicht einsehbar ist. Die Vernehmungen sind gleichermaßen belastend für die Zeugin.

2.6.3 Anwaltlicher Zeugenbeistand nach § 68b StPO

Mit Zustimmung der Staatsanwaltschaft kann einer Zeugin nach § 68b StPO ein anwaltlicher Beistand beigeordnet werden. Dieser hat jedoch keine Akteneinsicht und darf die Zeugin lediglich über ihre Rechte und Pflichten im Verfahren beraten. Die Einführung des § 68b wird häufig als weitere neue Zeugenschutzmaßnahme gelobt. Auf Grund der geringen Bezahlung

(50 % der Pflichtverteidigergebühr) und der fehlenden Kompetenzen ist jedoch kaum ein Anwalt bereit, diese Aufgabe zu übernehmen.

2.6.4 Aussage- und Zeugnisverweigerungsrecht

Besteht die Gefahr, dass die Frauen sich selbst belasten, wenn sie etwa zur Einreise aussagen und gegen ausländerrechtliche Bestimmungen verstoßen haben, so steht ihnen für diesen Teil der Aussage ein Aussageverweigerungsrecht zu (§ 55 Abs. 1 StPO). Ihnen steht ferner ein Zeugnisverweigerungsrecht zu, wenn sie mit einem Angeklagten verheiratet oder verwandt sind (§ 52 StPO). Sind die Frauen noch minderjährig, dürfen sie nur vernommen werden, wenn sie eine ausreichende Einsichtsfähigkeit besitzen, ansonsten müssen erst die gesetzlichen Vertreter einer Aussage zustimmen. Es kann auch eine Ergänzungspflegschaft bestellt werden (§ 1909 BGB). Dann kann die Ergänzungspflegerin z. B. aus Gründen der Unzumutbarkeit für die Zeugin eine Aussage ablehnen und hier mit dem Wohl der Minderjährigen argumentieren.

2.7 Schutzmaßnahmen

Mit dem Opferschutzgesetz von 1986 wurden wichtige Schutzmaßnahmen in das Strafverfahren eingeführt.

2.7.1 Ausschluss des Angeklagten während der Vernehmung nach § 247 StPO

Die erneute Konfrontation mit dem Angeklagten ist für die Zeuginnen häufig sehr belastend. Daher kann der Angeklagte während der Vernehmung der Zeugin ausgeschlossen werden. Das Gericht kann anordnen, dass sich der Angeklagte während der Vernehmung aus dem Sitzungsraum entfernt, wenn zu befürchten ist, ein Mitangeklagter oder ein Zeuge werde bei seiner Vernehmung in Gegenwart des Angeklagten die Wahrheit nicht sagen. Das gleiche gilt, wenn bei der Vernehmung einer Person unter sechzehn Jahren als Zeugin in Gegenwart des Angeklagten ein erheblicher Nachteil für das Wohl der Zeugin zu befürchten ist oder wenn bei einer Vernehmung in Gegenwart des Angeklagten die dringende Gefahr eines schwerwiegenden Nachteils für die Gesundheit der Zeugin besteht.

Die Entfernung des Angeklagten kann auch für die Dauer von Erörterungen über den Zustand des Angeklagten und die Behandlungsaussichten angeordnet werden, wenn ein erheblicher Nachteil für seine Gesundheit zu befürchten ist. Der Vorsitzende hat den Angeklagten, sobald dieser wieder anwesend ist, von dem wesentlichen Inhalt dessen zu unterrichten, was während seiner Abwesenheit ausgesagt oder sonst verhandelt worden ist.

Eine solche „dringende Gefahr" setzt eine auf tatsächliche Umstände gestützte hohe Wahrscheinlichkeit voraus. Die bloße Möglichkeit einer Gesundheitsbeeinträchtigung reicht nicht aus. Es muss ein „schwerwiegender Gesundheitsnachteil" drohen. Dies kann sowohl durch körperliche als auch durch seelische Beeinträchtigungen gegeben sein. Geringfügige Beeinträchtigungen des Wohlbefindens reichen nicht aus. Diese Vorschrift wird in der Praxis sehr selten angewendet, da sie revisionsanfällig ist. Vergisst das Gericht auch nur ein kleines Detail aus der Vernehmung dem Angeklagten mitzuteilen, kann dies der Verteidigung einen Grund für die Revision geben. Ferner ist das verfahrensrechtliche Prozedere sehr umständlich, langwierig und fehleranfällig.

2.7.2 Ausschluss der Öffentlichkeit zum Schutz der Privatsphäre

Im Verfahren kann nach § 171b Gerichtsverfassungsgesetz (GVG) die Öffentlichkeit ausgeschlossen werden, wenn Umstände aus dem persönlichen Lebensbereich eines Prozessbeteiligten, Zeugen oder Verletzten zur Sprache kommen, deren öffentliche Erörterung schutzwürdige Interessen verletzen würde. Dies gilt aber nur, soweit nicht das Interesse an der öffentlichen Erörterung dieser Umstände überwiegt und die Personen, deren Lebensbereiche betroffen sind, in der Hauptverhandlung dem Ausschluss der Öffentlichkeit nicht widersprechen.

Mit „Interesse an öffentlicher Erörterung" ist das Interesse der Allgemeinheit an der Unterrichtung über Vorgänge und Umstände von allgemeiner Bedeutung, die in Strafverfahren zur Sprache kommen, gemeint. Die übliche bloße Sensationslust oder die Tatsache, dass eine betroffene Person im öffentlichen Leben steht, genügt dabei nicht. Es müssen tatbezogene Umstände des persönlichen Lebensbereiches einer Person, die wegen ihres Gegenstandes von allgemeinem Interesse ist, vorliegen. Überwiegend wird in der Praxis dem Antrag auf Ausschluss der Öffentlichkeit während der Vernehmung einer Zeugin stattgegeben.

2.7.3 Videovernehmung

Ferner besteht zum Schutz von Zeuginnen bei Vernehmungen sowie in der Hauptverhandlung seit dem 1.12.1998 die Möglichkeit, die Vernehmung getrennt von der Hauptverhandlung durchzuführen und per Video aufzuzeichnen. Hierdurch sollen schutzbedürftige Zeuginnen von belastenden Mehrfachvernehmungen verschont und eine zweite Viktimisierung während der Gerichtsverhandlung vermieden werden. Leider enthält das Gesetz Lücken. So ist die getrennte und aufgezeichnete Videovernehmung im Ermittlungsverfahren nur möglich, wenn die „dringende Gefahr eines schwerwiegenden Nachteils für das Wohl" der Frauen droht, wenn sie in Anwesenheit des Beschuldigten vernommen werden (§ 168e StPO). Diese Nachteile müssen die Frauen im Zweifelsfall durch ein psychologisches und ärztliches Gutachten belegen. Ferner muss die Gefahr bestehen, dass die Frauen in der Hauptverhandlung nicht vernommen werden können. Damit wird der Weg für Abschiebungen geebnet, denn die Frauen können durch die Möglichkeit, die Videoaufzeichnung in der Hauptverhandlung zu verwerten, leichter abgeschoben werden, da der Unmittelbarkeitsgrundsatz ausgehöhlt wird und ihre Anwesenheit in der Hauptverhandlung nicht mehr zwingend erforderlich ist. Andererseits kann ihnen die erste Vernehmung auch keine weiteren Vernehmungen ersparen, da die Aufzeichnung immer im Ermessen der Polizei liegt und auch wenn die Vernehmung aufgezeichnet und in der Hauptverhandlung verwertet wird, immer noch weitere Vernehmungen möglich sind. Der Nutzen der Videovernehmung ist daher gering und ihre Verwendung eher kontraproduktiv, wenn sie zur Legitimierung einer Abschiebung herangezogen wird.

Die Frauen können in der Hauptverhandlung auch getrennt vom Beschuldigten in einem Nebenraum vernommen und die Vernehmung dann per Video in den Verhandlungssaal übertragen werden (§ 247a StPO). Diese Verfahrensweise setzt aber voraus, dass „dringende Gefahr von Nachteilen" besteht und diese nicht auf andere Weise, wie z. B. Entfernung des Angeklagten oder Ausschluss der Öffentlichkeit, abgewendet werden kann. Die Beweislast ist damit sehr hoch und es sind zunächst die anderen Alternativen einschlägig.

2.8 Einziehung der Gewinne der Täter

Aus Sicht von Solwodi e. V. muss die Frage nach effektiveren Sanktionen für die Täter neu gestellt werden. Da die Täter auch während sie in Haft sind weiterhin Gewinne erzielen, weil die Bordelle von Strohmännern weiter betrieben werden bzw. nach ihrer Freilassung immer noch über ausreichende finanzielle Mittel verfügen, ist die Einziehung der Gewinne unter Nutzung der bestehenden strafrechtlichen Instrumentarien zu fordern.

Die rechtliche Grundlage, um an das Barvermögen und andere Vermögenswerte der Täter zu gelangen, sind die §§ 73d (erweiterter Verfall) und 74 (Einziehung) aus dem Strafgesetzbuch (StGB). § 73d betrifft die Einziehung des Barvermögens, § 74 die Einziehung von Gegenständen.

§ 73d StGB wurde durch das erste Gesetz zur Bekämpfung der organisierten Kriminalität 1993 eingefügt. Zielsetzung war eine effektive Gewinnabschöpfung im Sinne des Gemeinwohlinteresses und zur wirksamen Bekämpfung der organisierten Kriminalität. Mit dieser Begründung wurde ein Eingriff in das Eigentum der Täter verfassungsrechtlich legitimiert und der Eigentumsschutz aus Art. 14 GG außer Kraft gesetzt. Damit gilt der Eigentumsschutz für Täter, die einen Vermögensvorteil rechtswidrig erlangen, nicht. Die Neuerung ist, dass erstmals nicht die Ermittlungsbehörden beweisen müssen, dass der Vermögensvorteil rechtswidrig erlangt wurde, sondern es reicht aus, wenn die Umstände diese Annahme rechtfertigen. Damit wurde auch die Unschuldsvermutung, die im Strafprozess gilt (Art. 6 Abs. 2 der Europäischen Menschenrechtskonvention) gelockert. Eine Unterstellung, dass das Vermögen rechtswidrig erlangt wurde, reicht aus. Der Täter muss das Gegenteil beweisen.

Die Einziehung nach § 74 StGB ist eine Sicherungsmaßnahme und betrifft nur Gegenstände. Ferner steht ihre Anordnung im Ermessen des Gerichtes. Theoretisch könnten aber alle Fahrzeuge der Täter eingezogen werden, wenn sie als Tatmittel eingesetzt wurden. Problematisch bei beiden Möglichkeiten ist, dass das Gericht die Einziehungsanordnung treffen kann, für die Durchführung aber die Polizei zuständig ist. Da die jeweiligen Länder unterschiedliche Polizeigesetze und unterschiedliche Ausführungs- und Anwendungsbestimmungen haben, wird von der Möglichkeit der Einziehung sehr unterschiedlich und meist sehr selten Gebrauch gemacht. Eine Vorreiterrolle in der erfolgreichen Handhabung der § 73d und 74 StGB dürften die baden-württembergischen Polizeibehörden haben, die diese Möglichkeit der Einziehung der Gewinne auch gegen Menschenhändler einsetzen.

Nach der Einziehung fällt das Vermögen, bzw. der eingezogene Gegenstand an den Staat.

3. Politische Programme und Initiativen

Barbara Koelges

3.1 Bundesrepublik Deutschland

3.1.1 Bundesarbeitsgruppe Frauenhandel

Die Bundesarbeitsgruppe Frauenhandel wurde 1997 ins Leben gerufen und ist beim Bundesministerium für Familie, Senioren, Frauen und Jugend angesiedelt. Sie hat die Aufgabe, für einen ständigen Informationsaustausch zwischen den betroffenen Behörden und Nichtregierungsorganisationen in den einzelnen Bundesländern zu sorgen, Empfehlungen für die politischen Entscheidungsträger zu erarbeiten und auch bundesweite Aktionen zum Thema Frauenhandel zu organisieren und koordinieren.

Es gibt verschiedene Unterarbeitsgruppen, die sich mit Spezialthemen befassen. So hat eine dieser Unterarbeitsgruppen ein bundesweites Kooperationskonzept zum Opferzeuginnenschutz erarbeitet, das die Zusammenarbeit zwischen Fachberatungsstellen, Kriminalpolizei und involvierten Behörden wie Ausländerbehörde und Arbeitsamt klären soll. Allerdings hat dieses Konzept bisher keine bundesweite Gültigkeit erlangt.

Eine weitere Unterarbeitsgruppe ist mit der Frage der Finanzierung des Opferaufenthaltes beschäftigt. Sie erarbeitete die „Handreichung für die Träger des Asylbewerberleistungsgesetzes und der Sozialhilfe bei der Bewilligung von Hilfeleistungen an Opfer von Menschenhandel".

Eine wichtige Empfehlung der Bundesarbeitsgruppe Frauenhandel in diesem Zusammenhang ist die der Einrichtung so genannter Länderfonds zur Finanzierung des Opferaufenthalts. Aus diesen Fonds könnten dann die Unterbringungs- und Lebenshaltungskosten, die medizinische und psychotherapeutische Betreuung, die Rechtsanwaltskosten, die Kosten für Aus- und Weiterbildung und für die Rückkehr der Opferzeuginnen gezahlt werden. Somit müssten nicht die Fachberatungsstellen in Vorauszahlung oder gar Finanzierung treten und die Unklarheiten und Rechtsunsicherheiten in diesem Bereich wären beseitigt.[19]

---

[19] Näheres siehe Lagebild Menschenhandel. 2000, S. 20.

3.1.2 KOK – Bundesweiter Koordinationskreis gegen Frauenhandel und Gewalt an Frauen im Migrationsprozess e. V.

Seit 1987 bestand ein Zusammenschluss von Frauenprojekten, die gegen Frauenhandel und Gewalt an Frauen im Migrationsprozess arbeiteten. Insgesamt 37 Frauenprojekte, -vereine und -initiativen aus allen Bundesländern wirkten in diesem Netzwerk zusammen.

1999 wurde der Koordinationskreis gegen Frauenhandel und Gewalt an Frauen im Migrationsprozess e. V. als Verein mit Büro in Potsdam konstituiert. Dort arbeiten drei hauptamtliche Mitarbeiterinnen: die nationale und die internationale Bundesreferentin und eine Assistentin.

„Das KOK-Team übernimmt seitdem für die Fachberatungsstellen die nationale und internationale Interessenvertretung gegenüber staatlichen und nichtstaatlichen Institutionen, etwa der Bundesregierung, den Ministerien, in verschiedenen Gremien, bei Parteien, NGOs, betreibt die nationale und internationale Vernetzung, macht Öffentlichkeitsarbeit und ist aktiv im Lobbying für neue Gesetze, Konventionen und internationale Konferenzdokumente."[20]

Die Ziele des KOK sind:
– die Verankerung politischer und rechtlicher Massnahmen zur Bekämpfung von Frauenhandel in den internationalen und nationalen Menschenrechtsdokumenten und in der Rechtspraxis der Ziel-, Transit und Herkunftsländer.
– die Einführung der Verbandsklage
– ein eigenständiges Aufenthaltsrecht für Opfer von Frauenhandel und für ausländische Ehefrauen
– die Legalisierung und Entkriminalisierung der Sexindustrie
– die Betreuung, Beratung und Entschädigung von Opfern von Rassismus und Diskriminierung.

---

[20] Boeker 2001, S. 29.

3.1.3 Kooperationskonzepte

3.1.3.1 Kooperationskonzept Rheinland-Pfalz

Das Kooperationskonzept Rheinland-Pfalz wird ausführlich dargestellt, da Rheinland-Pfalz von den Bundesländern, in denen sich Solwodi-Beratungsstellen befinden, das einzige Land mit Kooperationskonzept ist.[21]

Von 1996 bis 1998 lief das Modellprojekt „Strukturelle Verbesserungen in den Bereichen Strafverfolgung von Menschenhandel und Opferschutz" im Auftrag des Ministeriums für Kultur, Jugend, Familie und Frauen in Rheinland-Pfalz. Dieses Projekt wurde von der Solwodi-Beratungsstelle Mainz unter der Projektleitung von Eva Schaab durchgeführt. Die Erkenntnisse und Ergebnisse dieses Projektes bilden die Grundlage für das rheinland-pfälzische Kooperationskonzept.

Im „Kooperationskonzept zwischen Strafverfolgungsbehörden, anderen Behörden, Fachberatungsstellen und anderen mit betreuenden Einrichtungen zur Verbesserung des Schutzes von gefährdeten Zeuginnen und Zeugen und der Strafverfolgung in Fällen von Menschenhandel" werden die Aufgaben und Zuständigkeiten der Strafverfolgungsbehörden, Fachberatungsstellen und anderer involvierter Behörden wie z. B. Ausländerbehörde und Sozialamt festgelegt.

Das Kooperationskonzept „will zu adäquatem Schutz und Hilfe für die Opfer von Menschenhandel und zu einer wesentlich effektiveren Bekämpfung dieses Phänomens in Rheinland-Pfalz beitragen. Insofern soll es Rahmenbedingungen aufzeigen, um ein koordiniertes, strukturiertes und konsequentes Vorgehen aller beteiligten Stellen bei der Bekämpfung des Menschenhandels und der Verbesserung des Opferschutzes zu ermöglichen"[22].

Das Kooperationskonzept legt den Rahmen für die Zusammenarbeit fest, so z. B. die Entscheidungskriterien für Zeugenschutzmaßnahmen. Folgende Kriterien müssen vorliegen:
– Zeugeneigenschaft, d. h. die Zeugin muss in der Lage sein, relevante Aussagen zu machen und sie muss bereit sein, diese in einer Gerichtsverhandlung zu wiederholen
– Unverzichtbarkeit der Aussage, d. h. die Aussage muss unabdingbar notwendig sein
– Bestehen einer Gefahrenlage für die Zeugin

---

[21] In anderen Bundesländern, beispielsweise Niedersachsen, erfüllen allerdings ministerielle Erlasse eine ähnliche Funktion, wie weiter unten (6.2.1) gezeigt wird.
[22] Kooperationskonzept.(Rheinland-Pfalz). 2001, S. 1.

– Freiwilligkeit, d. h. die Zeugin muss mit den Schutzmaßnahmen einverstanden sein.

Über die Durchführung der polizeilichen Schutzmaßnahmen entscheidet das zuständige Polizeipräsidium in Absprache mit der Staatsanwaltschaft und dem Landeskriminalamt.

Zu einem möglichst frühen Zeitpunkt sollte die Polizei eine Fachberatungsstelle einbinden, um damit den Aufbau eines Vertrauensverhältnisses zu den Opferzeuginnen sowie eine adäquate Unterbringung und qualifizierte Betreuung zu ermöglichen. Auch ein Anwesenheitsrecht bei Vernehmungen sollte den Mitarbeiterinnen der Beratungsstellen eingeräumt werden.

Aufgabe der Fachberatungsstellen ist es, in Absprache mit der Polizei für eine adäquate Unterbringung zu sorgen, eine kontinuierliche psychosoziale Betreuung der Opfer zu gewährleisten, medizinische Versorgung sowie Aus- und Fortbildungsangebote zu vermitteln, die Opferzeuginnen vor, während und nach dem Prozess psychologisch zu unterstützen und zu stabilisieren.

Aufgabe der Polizei ist es, die notwendigen Schutzmaßnahmen in Abstimmung mit der Staatsanwaltschaft einzuleiten, wenn eine konkrete Gefährdung vorliegt. Darunter fallen die Regelung der Formalitäten bei den zuständigen Behörden, die Einrichtung von Sperrvermerken sowie die Durchführung von Schutzmaßnahmen vor, während und nach Gerichtsterminen.

Im Kooperationskonzept ist auch die Beteiligung der Ausländerbehörden angesprochen. Diese sollen eine Frist zur freiwilligen Ausreise von mindestens vier Wochen gewähren, wenn von Polizei oder Staatsanwaltschaft vorgetragen wird, dass möglicherweise Menschenhandel vorliegt. Auch über die Möglichkeit, Hilfe durch eine Beratungsstelle zu erhalten, sollte die Ausländerbehörde die Frauen informieren.

Soweit nach Stellungnahme der Staatsanwaltschaft ein längerer Aufenthalt der Zeugin für das Ermittlungsverfahren notwendig ist, kann eine Duldung nach § 55 Abs. 3 AuslG erteilt werden. Besonders wichtig ist der folgende Punkt: „Während der Dauer der Duldung kann ausländerrechtlich zur Vermeidung von Sozialhilfebedürftigkeit die Aufnahme einer unselbständigen Erwerbstätigkeit und gegebenenfalls einer Ausbildung erlaubt werden."[23]

Im Kooperationskonzept ist die Kostentragung insofern geregelt, als die Kosten für den Aufenthalt der Zeuginnen von dem Sozialamt des Aufgriffsortes nach dem Bundessozialhilfegesetz oder Asylbewerberleistungsgesetz übernommen werden sollen.

---

[23] Ebd., S. 6.

Dieser Punkt ist der problematischste am Entwurf des Kooperationskonzeptes. Der Städtetag Rheinland-Pfalz, der Landkreistag und das Ministerium für Arbeit, Soziales, Familie und Gesundheit lehnten im Juli 2001 die Kostentragung aus Bundessozialhilfegesetz bzw. Asylbewerberleistungsgesetz ab. Daher konnte das Konzept noch nicht förmlich verabschiedet werden und damit ist zur Zeit die Kostentragung nicht geklärt. Es wird weiter nach einer Lösung gesucht. In der Zwischenzeit werden Eilfälle nach den Vorschlägen des Kooperationskonzeptes behandelt.

3.1.3.2 Bundesweites Kooperationskonzept

Das bundesweite „Kooperationskonzept zwischen Fachberatungsstelle und Polizei für den Schutz von Opferzeuginnen von Menschenhandel" wurde erarbeitet von der Bundesarbeitsgemeinschaft Frauenhandel beim Bundesministerium für Familie, Senioren, Frauen und Jugend. Zunächst wird die Problemstellung aus Sicht der Strafverfolgungsbehörden und aus Sicht der Fachberatungsstellen dargestellt.

Dem Kooperationskonzept liegt folgendes Grundverständnis zu Grunde: „Das Delikt Menschenhandel soll effektiv verfolgt, zur Anklage gebracht und die Täter verurteilt werden. Dies wird am besten dadurch gewährleistet, dass aussagebereite Frauen während der gesamten Verfahrensdauer in Deutschland bleiben."[24]

Im Blick der Handelnden müssen sowohl die Situation der Opferzeuginnen als auch das Strafverfahren stehen. Die Aussagen der Zeuginnen sind umso besser, je besser sie in der Phase vor dem Prozess betreut und stabilisiert werden.

Es folgen Zielvorgaben für die verschiedenen beteiligten Stellen. So wird gefordert, bei der Polizei spezielle Sachbereiche einzurichten, die für die Schutzmaßnahmen zuständig sind. Die Einrichtung und Förderung unabhängiger Fachberatungsstellen zur Betreuung von Opferzeuginnen ist eine weitere Forderung, ebenso Fortbildungskonzepte für alle involvierten Behörden und Stellen.

Die Kriterien zur Aufnahme der Zeuginnen in das Schutzprogramm sind die gleichen wie im rheinland-pfälzischen Konzept: Opfereigenschaft/ Zeugeneigenschaft, Unverzichtbarkeit der Aussage, Bestehen einer Gefahrenlage, Freiwilligkeit. Zuständig für die Aufnahme in das Schutzprogramm ist die Polizei im Einvernehmen mit der Staatsanwaltschaft.

---

[24] Kooperationskonzept (Bund), S. 3.

Die Polizei sollte bereits bei der ersten Kontaktaufnahme zu einer potenziellen Opferzeugin diese über die Möglichkeit der Hilfe durch eine Beratungsstelle informieren und, sobald sie den Verdacht hat, dass Menschenhandel vorliegt, den Kontakt zur Fachberatungsstelle herstellen. Des Weiteren ist sie für die Formalitäten bei den zuständigen Behörden verantwortlich und richtet Sperrvermerke ein. Sie führt Schutzmaßnahmen für Opferzeuginnen vor, während und nach Vernehmungen und Ortsterminen durch.

Die Fachberatungsstelle sorgt in Abstimmung mit der Polizei für die adäquate Unterbringung und gewährleistet die kontinuierliche psychosoziale Betreuung. Sie stellt Kontakt zu einer Rechtsanwältin (Nebenklagevertretung) her und vermittelt Arzttermine und Aus- und Fortbildungsangebote. Bei den Vernehmungen ist sie anwesend, wenn die Opferzeugin dies wünscht.

Die oben beschriebene Aufgabenteilung entspricht der im Kooperationskonzept Rheinland-Pfalz vorgesehenen. Zur Finanzierung des Opferzeuginnen-Aufenthalts sagt das bundesweite Kooperationskonzept nichts. Hierzu hat die Bundesarbeitsgemeinschaft eine „Handreichung für die Träger des Asylbewerberleistungsgesetzes und der Sozialhilfe bei der Bewilligung von Hilfeleistungen an Opfer von Menschenhandel" erarbeitet, die aber umstritten ist. Sie empfiehlt, den Aufgriffsort als tatsächlichen Aufenthaltsort zu werten. Das heißt, dass das örtliche Sozialamt des Aufgriffsortes zuständiger Leistungsträger nach dem Asylbewerberleistungsgesetz bzw. nach Bundessozialhilfegesetz ist.

In der Konferenz der Obersten Landessozialbehörden wurde 2001 beschlossen, diese Handreichung nicht anzuwenden. Auch hier ist damit – wie in Rheinland-Pfalz – die Kostentragung des Opferzeuginnenaufenthalts nicht geklärt.

3.2 Europa

3.2.1 Europol

Ziel von Europol ist „die polizeiliche Zusammenarbeit zur Verhütung und Bekämpfung des Terrorismus, des illegalen Drogenhandels und sonstiger schwerwiegender Formen der internationalen Kriminalität"[25]. Europol wurde von den Mitgliedsländer der Europäischen Union (EU) als die europäische Polizeibehörde geschaffen, die zunächst die Aufgaben einer internationalen Koordinations- und Analysestelle wahrnehmen sollte.

---

[25] Laut EU-Vertrag, zit. nach Handlexikon der Europäischen Union. 1998, S. 169.

Der anfangs aus ca. 50 Mitarbeitern bestehende Vorläufer von Europol, die Europol Drogenstelle (EDS) hatte Anfang 1994 ihre Arbeit aufgenommen. Im März 1995 wurde das Mandat der EDS ausgedehnt auf Nuklearkriminalität, illegale Einschleusung, Kfz-Verschiebung und die jeweils damit verbundene Geldwäsche, 1996 kamen dann die Bereiche Menschenhandel und Missbrauch von Kindern (einschließlich die damit verbundene Geldwäsche) hinzu, 1999 der Terrorismus, 2001 der Euro. Am 1. Januar 1998 wurde aus der Vorläuferstelle EDS offiziell das heutige Europol. Seit dem 1. Januar 2002 wurde der Mandatsbereich endlich auf alle Delikte ausgeweitet, die in der Anlage zur § 2 der Europol-Konvention aufgeführt sind. Inzwischen ist Europol auf ca. 350 Mitarbeiter angewachsen, ca. 20 % davon sind Verbindungsbeamte der Mitgliedsstaaten.

Die Aufgaben Europols sind zunächst der beschleunigte Informationsaustausch, insbesondere der Austausch personenbezogener Daten in Ermittlungsverfahren, die strategische, operative und ermittlungsunterstützende Analyse, die Erstellung von Analysedateien, die Durchführung von Projekten, aber auch die Bereitstellung von Experten und Projektmanagern sowie die Beratung der Mitgliedsstaaten bei gesetzgeberischen Maßnahmen.

Wenn die EU-Konvention zur gegenseitigen Unterstützung in Strafverfahren ratifiziert sein wird (voraussichtlich Ende 2002), kann Europol endlich auch in gemeinsamen Ermittlungsteams „investigativ" mitarbeiten.

Europol hat inzwischen Partnerschaftsabkommen mit der Europäischen Zentralbank, der Europäischen Drogenbeobachtungsstelle und Interpol abgeschlossen, arbeitet eng mit der Task Force der Chief of Police, der justiziellen Paralleleinrichtung Eurojust und, als Mitglied des Leitungsgremiums, mit der vor kurzem ins Leben gerufenen Europäischen Polizeiakademie zusammen.

Mit den Kanditatenstaaten Estland, Polen, Tschechien, Slowenien und Ungarn bestehen bereits ratifizierte Abkommen, ebenso mit den SIS-Staaten Norwegen und Island und den USA. Teilweise haben die Kandidatenstaaten bereits Verbindungsbeamte nach Europol entsandt bzw. beabsichtigen, dies in den kommenden Monaten zu tun, um zum Jahreswechsel 2003/2004 auf den EU-Beitritt vorbereitet zu sein.

Angesichts der Aufgabenerweiterung von Europol hat der EU-Rat am 14./15. Februar 2002 in seiner Sitzung in Santiago de Compostela, Spanien, entschieden, dass Europol den Bereichen Terrorismus, Illegale Immigration und Menschenhandel, Drogenkriminalität und Kriminalität in Zusammenhang mit dem Euro vorrangige Priorität einräumen soll.

Unabhängig davon wurde mit dem Schengener Abkommen in der EU das Informationssystem SIS zur Bekämpfung der organisierten Kriminalität eingerichtet. Es ist geplant, dass Europol Zugriff auf diese Datei erhält, um seine Aufgaben besser bewältigen zu können.

3.2.2 Rahmenbeschlüsse der Europäischen Kommission 2000

Im Dezember 2000 hat die Europäische Kommission dem Rat und dem Europäischen Parlament zwei Vorschläge für Rahmenbeschlüsse zur Bekämpfung von Menschenhandel und der sexuellen Ausbeutung von Kindern unterbreitet. Die Kommission sieht Menschenhandel als strukturelles Problem mit weitreichenden Folgen für das soziale, wirtschaftliche und organisatorische Gefüge der Gesellschaft.

„In dem Rahmenbeschluss wird der Menschenhandel analog der Definition im UN-Zusatzprotokoll neu definiert und Menschenhandel zur Ausbeutung der Arbeitskraft mit aufgenommen. Darüber hinaus wird eine Mindeststrafe für Menschenhändler von insgesamt sechs Jahren gefordert."[26]

3.2.3 Daphne- und STOP-Programm der EU

Das STOP-Programm (Sexual Trafficking of Persons) der EU existiert seit 1996 und ist ein Förder- und Austauschprogramm für Personen, die mit der Bekämpfung von Menschenhandel und der sexuellen Ausbeutung von Kindern beschäftigt sind. Durch das STOP-Programm werden die unterschiedlichsten Maßnahmen gefördert so z. B. Fortbildung, Studien- und Forschungsarbeiten, Austauschprogramme und Praktika, Veranstaltungen und Seminare, um innerhalb der EU das gegenseitige Verständnis der Rechtsordnungen der Mitgliedsstaaten zu fördern und eine bessere internationale Zusammenarbeit zu erreichen.

Das Daphne-Programm fördert Maßnahmen zur Bekämpfung von Gewalt gegen Kinder, Jugendliche und Frauen, insbesondere durch nichtstaatliche bzw. gemeinnützige Organisationen.

Im Jahre 2001 führt Solwodi e. V. ein aus dem Daphne-Programm gefördertes Projekt durch. Zusammen mit den Organisationen „Le nid" (Straßburg) und „Mouvement de la maison des portes ouvertes" (Luxemburg) arbeitet Solwodi e. V. an dem Projekt „Schutz, Beratung und Betreuung von Gewaltopfern und Opferzeuginnen bei Menschenhandel". Im Rahmen dieses Projektes führt Solwodi e. V. eine Befragung von Personen durch, die mit dem Problemfeld Menschenhandel beschäftigt sind, z. B. Staatsanwäl-

---

[26] Lagebild Menschenhandel. 2000, S. 25.

tInnen, RichterInnen, PolizistInnen und MitarbeiterInnen von NGOs. Die Interviews werden in Luxemburg, Frankreich, Rheinland-Pfalz und Bayern durchgeführt. Ziel der Befragung ist es, den Fortbildungsbedarf der verschiedenen Berufsgruppen zu ermitteln. Die Ergebnisse dieser Befragung werden als empirische Grundlage zur Erstellung eines Handbuches für die grenzübergreifende Schulung von MitarbeiterInnen von Polizei, Justiz, Beratungsstellen und Frauenhäusern dienen. Ziel des Projektes ist es, die internationale und interdisziplinäre Zusammenarbeit im Bereich Menschenhandel zu verbessern.

3.3 International

3.3.1 Zusatzprotokoll Menschenhandel zur OK-Konvention der Vereinten Nationen

Das Zusatzprotokoll Menschenhandel zu OK-Konvention der Vereinten Nationen (UN-Zusatzprotokoll) wurde im Dezember 2000 von der Bundesrepublik unterzeichnet. Die Verhinderung und Bekämpfung des Menschenhandels ist das erste Ziel des Zusatzprotokolls. Der Artikel 4 des Zusatzprotokolls beschäftigt sich mit Hilfe und Schutz für Menschenhandelsopfer und geht in seinen Anforderungen über das hinaus, was an Maßnahmen in der Bundesrepublik bereits realisiert ist. Beispielsweise werden eine umfassende medizinische und psychologische Betreuung sowie Beschäftigungs-, Bildungs- und Ausbildungsmöglichkeiten für Opferzeuginnen gefordert. Artikel 5 regelt den Aufenthaltsstatus von Menschenhandelsopfern im Aufnahmeland im Rahmen der Duldung.

3.3.2 Southeast European Cooperative Initiative (SECI)

Die SECI wurde auf Initiative der USA im Jahre 1996 gegründet. Ihr wichtigstes Ziel ist die regionale Stabilität durch ökonomische und umweltpolitische Zusammenarbeit und die marktwirtschaftliche Integration Südosteuropas. SECI will die politischen Entscheidungsträger der Region zusammenbringen und gemeinsame Projekte und Konferenzen initiieren. Aber auch die Verbesserung der Kooperation der Mitgliedsländer bei der Strafverfolgung gehört zu ihren Aufgaben. Für den Bereich Menschenhandel ist eine spezielle „Task Force" gebildet worden, in der die zuständigen nationalen Stellen zusammenarbeiten. SECI arbeitet eng zusammen mit der „United Nations Economic Commission of Europe" (UN/ECE). Mitglieder der SECI sind Albanien, Bosnien-Herzegowina, Bulgarien, Griechenland, Kroatien, Mazedonien, Moldawien, Rumänien, Slowenien, Türkei und Ungarn.[27]

3.3.3 Baltic Sea Task-Force on Organized Crime

Die Baltic Sea Task-Force on Organized Crime wurde 1996 gegründet. Ihr gehören die Länder Deutschland, Dänemark, Norwegen, Schweden, Finnland, Estland, Lettland, Litauen, Polen, Russische Föderation und Island an. Ihr Ziel ist die verbesserte Bekämpfung der Organisierten Kriminalität im Ostseeraum. Im Einzelnen beschäftigt sich dieser Zusammenschluss mit Kfz-Verschiebung, Drogenkriminalität, Geldwäsche, Schleusung, aber auch Menschenhandel. Im Jahre 2000 wurde eine Expertengruppe Menschenhandel ins Leben gerufen, die zunächst vor allem für den Informationsaustausch zwischen den einzelnen Ländern verantwortlich ist, aber auch Bekämpfungsmethoden weiterentwickeln und koordinieren soll. „Die Expertengruppe unterstützt Bestrebungen der Ostseeanrainerstaaten, anlass- und ermittlungsbezogen qualifizierte Beamte aus dem Bereich Menschenhandel auszutauschen."[28] Dieser Zusammenschluss ist besonders wichtig, da hier Ziel-, Transit- und Herkunftsländer kooperieren.[29]

---

[27] Näheres siehe Lagebild Menschenhandel. 2000, S. 21.
[28] Lagebild Menschenhandel. 2000, S. 22.
[29] Ebd., S. 21-22.

4. Opfer von Menschenhandel als Teil der weltweiten Migrationsbewegungen

Barbara Koelges

4.1 Migrationshintergründe

Menschenhandel ist vor dem Hintergrund der Globalisierung der Migrationsbewegungen in den letzten Jahrzehnten zu sehen. Die Opfer von Menschenhandel sind Teil dieser Migrationsbewegungen. Daher soll nun die Situation der Betroffenen in den Kontext internationaler Migration gestellt werden. So werden die Ausgangssituation im Herkunftsland, die Motive der Frauen zu wandern und der größere gesellschaftliche und politische Zusammenhang besser verständlich. Eine Theorie der Migration im Sinne eines geschlossenen Theoriekonzeptes gibt es nicht, sondern eine Fülle verschiedener Erklärungsansätze und Deutungsmodelle stehen in diesem Forschungsbereich nebeneinander.[30] Auf diese verschiedenen Theorieansätze wird im Folgenden nicht näher eingegangen.

Ein Aspekt soll im Mittelpunkt stehen: die Ausblendung der Frauen aus der Migrationsforschung. Migrationsforschung wird in der Regel geschlechtsneutral betrieben. Das führt dazu, dass in deren Wahrnehmung Männer aktiv sind und wandern, Frauen dagegen eher als „mitwandernde Familienangehörige" gesehen werden. Mit der Etablierung feministischer Forschung an den Hochschulen wurde diese Lücke thematisiert. Gender-Ansätze in der Migrationsforschung, wie z. B. der von Schöttes und Treibel[31], stellen Frauen als Akteurinnen in den Mittelpunkt. Vor dem Hintergrund, dass weltweit 50 % der Migrationsbewegungen Frauen umfassen und bei den Fluchtbewegungen Frauen in der Mehrheit sind, gewinnen diese Ansätze an Bedeutung. „Die Erkenntnis, dass sich der Anteil von Frauen an internen und internationalen Migrations- und Fluchtbewegungen in den

---

[30] Näheres zu den verschiedenen Theorieansätzen siehe Han 2000, S. 38- 62. Hillmann beschreibt zunächst „Klassiker" wie Simmel, Ravenstein u. a. und stellt dann neoklassische, neomarxistische und konflikttheoretische Ansätze vor. Hillmann 1996, S. 13-42.
[31] Schöttes/Treibel 1997.

letzten zehn Jahren vergrößert hat, wird oft mit dem Schlagwort ‚feminization of global migration' belegt."[32]

Auch die Tatsache, dass die Erwerbsbeteiligungsquoten von Migrantinnen in Österreich, Bundesrepublik Deutschland und der Schweiz 1970 fast doppelt so hoch wie die einheimischer Frauen waren, zeigt, dass eine Untersuchungsperspektive, die die Frauen nur als Anhängsel der wandernden Männer betrachtet, an der Realität vorbeigeht. „Heute herrscht in der Forschung zu Frauen und Migration Einigkeit darüber, dass deutliche geschlechtsspezifische Unterschiede im Migrationsprozess vorhanden sind."[33]

Forschungsfragen, mit denen sich die Migrationsforschung in diesem Zusammenhang beschäftigt, sind z. B. die Verteilung der Migranten nach Geschlecht, der Einfluss der Geschlechterbeziehungen auf die Wanderungsmotive, die geschlechtsspezifische Wirkung nationaler Gesetze und Verordnungen, die Migration betreffen u. a. In der Forschung ist als weitere starke Argumentationslinie „die Frau als Unterdrückte" nachweisbar: unterdrückt als Frau, als Mitglied der Arbeiterklasse, als Minderheit im Gastland. Dieser Ansatz birgt aber auch Gefahren: die Migrantin wird als Opfer von Strukturen ohne individuelle Einflussmöglichkeit gesehen. Dies wirkt auf die betroffenen Frauen zurück. Daher darf die aktive Rolle der Migrantinnen nicht aus den Augen verloren werden, aktiv sowohl bei der Entscheidung zur Migration als auch bei der Gestaltung des Lebens im Zielland.

Folgende Migrationsformen können bei Frauen wie bei Männern unterschieden werden:
- Arbeitsmigration (Armutsmigration und ExpertInnenmigration)
- Migration von Familienangehörigen
- Migration von Flüchtlingen
- Migration ethnischer Minderheiten
- Migration von Studierenden
- Illegale Migration.

Es wird nach räumlichen Aspekten unterschieden zwischen Binnenmigration und internationaler und interkontinentaler Migration, nach zeitlichen Aspekten zwischen temporärer und permanenter Migration, nach Umfang zwischen Einzel-, Gruppen- oder Massenwanderung. Des Weiteren wird nach Freiwilligkeit bzw. Unfreiwilligkeit der Migration differenziert.[34] Solche Abgrenzungen sind in der Realität jedoch problematisch. Besonders schwierig ist die Differenzierung in freiwillige bzw. unfreiwillige Migra-

---

[32] Hillmann 1996, S. 43.
[33] Ebd., S. 45.
[34] Auf der Richmond-Skala (Richmond 1988) sind die verschiedenen Typen von Migration nach ihrer Freiwilligkeit eingestuft.

tion, da bei jeder Migrationsentscheidung Motive aus verschiedenen Teilbereichen des Lebens sich vermischen. So betont auch Han: „Der Migrationsvorgang ist ein komplexer Prozess, der von seiner Entstehung und seinem Ablauf her durchgehend multikausal und multifaktorial bestimmt wird. Es wird somit überaus schwierig bzw. kaum möglich sein, eine exakte Trennungslinie zwischen den freiwilligen und unfreiwilligen Migrationen zu ziehen."[35]

Die Wanderungsmotive umfassen eine breite Palette: existenzielle Notwendigkeit, Sicherung des Lebensunterhaltes für die Familie, Ausbildung bzw. Studium, Versetzung durch die Firma, Verfolgung im Heimatland, aber auch Freiheitsdrang und Abenteuerlust. Gerade bei der Frage der Motive ist auf die Bedeutung des Geschlechts als ernst zu nehmende Kategorie im Migrationsprozess hinzuweisen. Frauen unterliegen viel stärker strukturellen Zwängen und haben so viel geringere Handlungsspielräume als Männer. So kommen bei Frauen als geschlechtsspezifische Wanderungsmotive hinzu: verschärfte Mittellosigkeit, strukturelle Diskriminierung und Verfolgung auf Grund ihres Geschlechtes.[36]

4.1.1 Strukturelle Bedingungen der Migration

Han nennt umfassende makrostrukturelle Bedingungen der Migration, so z. B: Nationalstaatsbildung und gewaltsame politische Konflikte, dynamisches Bevölkerungswachstum in der Dritten Welt und seine Auswirkungen auf Nahrungsmittelproduktion und Umwelt, ungleiche wirtschaftliche Entwicklungen der Industrie- und Entwicklungsländer und Armutsprobleme.[37]
Er konstatiert eine „wachsende strukturelle Ungleichheit im wirtschaftlichen Bereich zwischen Ländern der dritten Welt, den Ländern der ehemals zentral gelenkten Planwirtschaft in Osteuropa und den Industrieländern im Norden"[38].

Nach dem Ende des Kalten Krieges wurde die Wohlstandskluft zwischen Osteuropa und den westeuropäischen Ländern offensichtlich. Die Transformationsgesellschaften weisen krisenhafte Anzeichen wie Wegfall staatlicher Subventionen, Schließung zahlreicher Betriebe, Massenentlassungen und Preissteigerungen auf. Moderne Nachrichtenübermittlung führt dazu,

---

[35] Han, S. 13. In diesem Sinne argumentieren auch Schöttes/Treibel (1997, S. 86) und Hillmann (1996, S. 16-17).
[36] Schöttes/Treibel 1997, S. 86.
[37] Näheres siehe Han 2000, S. 102-141.
[38] Ebd., S. 128.

dass dieses Wohlstandsgefälle bekannt ist und die eigenen schlechteren Lebensbedingungen bewusster werden. Zu den strukturellen Bedingungen der Migration gehören auch die Einwanderungsgesetze und Ausländergesetze der jeweiligen Aufnahmeländer. Als Folge der rigiden „Nicht-Einwanderungspolitik" der Bundesrepublik Deutschland nach dem Anwerbestopp 1973, die als Möglichkeiten des legalen Aufenthaltes nur noch ein Studium in Deutschland bzw. einen Asylantrag zulässt – was nach der Aushöhlung des Asylrechts 1993 nur noch wenigen möglich ist –, ist eine Abwanderung in die Illegalität festzustellen. Es kommen nicht weniger Menschen als Einwanderer in die Bundesrepublik, sondern sie kommen jetzt auf nicht legalem Wege. Die Dunkelziffern sind naturgemäß hoch.[39]

In diesem Zusammenhang haben sich spezifische Migrationsformen entwickelt: die Heiratsmigration[40] und die Arbeit von Migrantinnen ohne legalen Status im privaten Sektor, als Kindermädchen oder Putzfrau für Billiglöhne und ohne jede soziale Absicherung bzw. in der Sexindustrie. Hier erhalten die Frauen oft für ihre Arbeit kein Geld, sind Drohungen und Gewalt ausgesetzt, werden oft wie Gefangene gehalten. Diese Frauen stehen ganz am Ende der Skala der Migrantinnen.[41]

4.1.2 Individuelle Migrationsentscheidung als Prozess

„Die individuelle Migrationsentscheidung ist selten eine Ad-hoc-Entscheidung. In der Regel ist sie das Ergebnis eines mehr oder minder langen kognitiven Vorbereitungsprozesses, in dem sich die anfänglich unklaren individuellen Migrationsvorstellungen nach und nach zu einem konkreten Migrationsmotiv verdichten. Sie wird von einer Vielzahl zusammenwirkender und voneinander kaum trennbarer ‚Push-und-Pull-Faktoren' bestimmt."[42] Mit Push-Faktoren sind alle Bedingungen des Herkunftslandes bzw. -ortes gemeint, die zur Emigration zwingen. Mit Pull-Faktoren sind alle Bedingungen des Aufnahmelandes gemeint, die zur Immigration motivieren.

Der individuelle Entscheidungsprozess durchläuft mehrere Phasen:
– subjektive Wahrnehmung belastender gesellschaftlicher Umstände durch die potentiellen Migrantinnen

---

[39] Näheres siehe Nuscheler 1995, S. 172-188.
[40] Das Thema Heiratsmigration und Heiratshandel wird hier nicht näher dargestellt. Näheres siehe Niesner u. a. 1997.
[41] Schöttes/Treibel, S. 106-107.
[42] Han, S. 101.

– prozesshafte Motivbildung zur Migration (gedankliche Auseinandersetzung, Migration als realistische und sinnhafte Problemlösungsstrategie).
Die Motivbildung setzt voraus, dass zumindest die folgenden Fragen gelöst werden:
– ob die persönlich angestrebte Veränderung auch subjektiv für möglich gehalten werden kann
– ob die persönliche Zielvorstellung, nach der die einzelnen Entscheidungen gerichtet werden müssen, so stabil ist, dass man sich darauf stützen kann
– ob die Erreichung der gesetzten Ziele subjektiv auch für realistisch und möglich gehalten werden kann
– ob von einer Reihe verfügbarer Handlungsmöglichkeiten ausgegangen werden kann, die sich auf die Zielverwirklichung positiv auswirken.[43]

Niemand wird Migration für sich anstreben, wenn sie nicht als erfolgversprechend eingestuft wird. Han unterscheidet hier zwei Theoriemodelle, labor-force-adjustment-model und human-capital-model.[44] Diese ökonomischen Theoriemodelle der Migration stimmen weitgehend darin überein, dass das Hauptmotiv zur Migration in dem allgemeinen Wunsch besteht, die ökonomischen Lebensbedingungen verbessern zu wollen.

Hillmann betont die Wichtigkeit der Struktur und Funktion der Familie der Migrantin bei der Migrationsentscheidung. Ihre These: je größer die Unterordnung unter männliche Autorität im Heimatland ist, desto größer ist der Anreiz für die Frau zu migrieren. So ist der Wunsch, der untergeordneten Position im Heimatland zu entkommen, ein wichtiges Motiv für Frauen. Doch auch Verantwortlichkeit für die Familie und Überlegungen zugunsten des Familienwohls spielen eine wichtige Rolle im Entscheidungsfindungsprozess. Es ist wichtig zu unterscheiden zwischen der Entscheidungsfindung des Individuums und der Einbindung in eine Haushalts- bzw. Familienstrategie. Auch wenn die Frau alleine migriert, kann es sein, dass die Familie eine wichtige Rolle bei der Entscheidungsfindung spielt.[45]

4.2 Von Solwodi e. V. betreute Opfer von Menschenhandel: eine statistische Auswertung

Wir haben Frauenhandel im Kontext internationaler Migration als eine besondere Migrationsform gesehen. Es handelt sich um Arbeitsmigration,

---

[43] Ebd., S. 171-172.
[44] Hier nicht näher ausgeführt. Näheres siehe ebd., S. 172-178.
[45] Näheres siehe Hillmann 1996, S. 49.

und zwar in der Regel um Armutsmigration. Die Migration ist international, sogar interkontinental und meistens illegal. Oft ist zwar der Aufenthalt in der Bundesrepublik legal, z. B. über Touristenvisum, nicht aber die Arbeitstätigkeit. Was die Migrationsdauer angeht, so finden sich beide Formen, temporäre und permanente Migration, wobei gerade bei Frauen aus Ländern mit Grenzen zur Bundesrepublik die temporäre Migration oder auch Pendelwanderung überwiegt.

Vor diesem theoretischen Hintergrund sollen im Folgenden die Daten von 91 Klientinnen, die von der Frauenfachberatungsstelle Solwodi e. V. zwischen 1999 und 2001 betreut wurden, ausgewertet werden. Bei allen Frauen handelt es sich nach Ansicht der Solwodi-Beraterin und einer unabhängigen Rechtsanwältin um Opfer von Menschenhandel. Nicht immer kam es jedoch zum Prozess gegen die Täter.

4.2.1 Herkunftsländer der Opferzeuginnen

Tabelle 1: Herkunftsländer der Opferzeuginnen

Herkunftsland	Anzahl der Frauen
Litauen	19
Ukraine	15
Tschechien	7
Russland	6
Polen	6
Weissrussland	6
Ungarn	5
Lettland	4
Bulgarien	3
Rumänien	3
Moldawien	2
Kasachstan	2
Kroatien	1
MOE-Länder gesamt	79
Thailand	4
Nigeria	3
Philippinen	1
Ghana	1
Albanien	1
Portugal	1
Unklar	1
Gesamt	91

Auffällig ist, dass die Mehrzahl der Frauen (79 von 91, also 86,81 %) aus Ländern Mittel- und Osteuropas kommt. Nach dem Lagebild Menschenhandel des BKA wurden für das Jahr 2000 926 Opfer erfasst, davon kamen 81,5 % aus MOE (1999: 89;4 %). Innerhalb der Länder Mittel- und Osteuropas sind Frauen aus Litauen und Lettland in Relation zum Bevölkerungsanteil am stärksten betroffen.[46] Es ist aber möglich, dass einige Frauen, die litauische Papiere haben, in Wirklichkeit aus Staaten kommen, für die noch Visumspflicht besteht (z. B. Ukraine, Weißrussland)[47]. Der Anteil an Ländern, die Beitrittskandidaten zur EU sind, ist sehr hoch (Litauen, Ungarn, Lettland, Polen, Bulgarien).

Wichtig ist in diesem Zusammenhang die wirtschaftliche Situation der Herkunftsländer. Alle MOE-Länder sind Transformationsgesellschaften, was massive soziale und wirtschaftliche Unsicherheit und Ungewissheit für die dort lebenden Menschen zur Folge hat. Durch die radikale ökonomische Transformation im Zuge der Reformprozesse nach 1989 kam es zu einer Wirtschaftskrise. Bis 1993 hielt die Rezession in nahezu allen Transformationsländern an.

Die folgenden wirtschaftlichen Eckpunkte sind allen MOE-Ländern gemeinsam:
– hohe Arbeitslosigkeit
– steigende Inflationsraten
– stark sinkende Realeinkommen
– zweistellige Rückgänge der Industrieproduktion und des BIP (Rückgang des BIP 1990-1993: 20-30 %, in den baltischen Republiken noch höher)[48]
– steigende Auslandsverschuldung
– steigende Wirtschaftskriminalität.

Zwischen 1985 und 1995 ist die durchschnittliche jährliche reale Wachstumsrate des Bruttosozialproduktes in allen ehemaligen Ostblockländern merklich gesunken. Das Pro-Kopf-Einkommen ist bedeutend niedriger als in den west- und nordeuropäischen Ländern und es besteht zwischen den MOE-Ländern und Westeuropa ein krasses Wohlstandsgefälle.[49]

Die Sozialsysteme – sofern vorhanden – waren von der Situation total überfordert und konnten die Arbeitslosen und in Not Geratenen nicht auffangen. Dies führte zu einer steigenden Kluft zwischen Arm und Reich. Es besteht natürlich auch ein Wohlstandsgefälle unter den MOE-Ländern:

---

[46] Lagebild Menschenhandel 2000, S. 5-7.
[47] Näheres zu Frauen in Mittel- und Osteuropa siehe: Frauen in Mittel- und Osteuropa. 1996. Topan 2000. Füllsack 1999. Zu einzelnen Ländern: Russland: Topan 2000, S. 49-61; Polen, Tschechien, Ungarn, Rumänien: Fassmann u. a. 2000; Estland: Maier 1998, S. 17-26; Lettland: Henning 1998, S. 27-34; Litauen: Tauber 1998, S. 35-45.
[48] Topan 2000, S. 30-31.
[49] Näheres siehe Han 2000, Tabelle S. 139.

Bulgarien und Rumänien sind die Schlusslichter, am besten stehen die Slowakische Republik, Slowenien, Tschechien und Ungarn da.[50]

Vor der Transformation war der Beschäftigungsgrad von Frauen in den MOE-Ländern recht hoch, die Beschäftigung von Frauen konzentrierte sich allerdings auf den Dienstleistungssektor (Gesundheit, Bildung etc.). Frauen wurden schlechter bezahlt als Männer und hatten weniger Führungspositionen inne. Von der krisenhaften Wirtschaftsentwicklung und der hohen Arbeitslosigkeit waren Frauen ungleich stärker betroffen als Männer. Hinzu kamen die Kürzungen von staatlichen Beihilfen, der Abbau unterstützender Infrastruktur wie Kindertagesstätten etc.

Zusammenfassend lassen sich als Push-Faktoren nennen: die sprunghaft angestiegene Arbeitslosigkeit, Niedriglöhne, sinkende Kaufkraft, das fehlende soziale Netz und politische Entwurzelung. Als Pull-Faktoren wirken dagegen das hohe Wohlstandsniveau in der EU, das gut ausgebaute soziale Netz und die Bildungs- und Gesundheitseinrichtungen. Daraus entsteht eine hohe Bereitschaft der Frauen, sich auf das Risiko Migration einzulassen.

4.2.2 Alter der Opferzeuginnen bei ihrer ersten Einreise in die Bundesrepublik Deutschland

Tabelle 2: Alter der Opferzeuginnen bei ihrer ersten Einreise in die Bundesrepublik Deutschland

Alter der Frauen	Anzahl der Frauen
unter 18 Jahre	7
18 bis 20 Jahre	30
21 bis 25 Jahre	31
25 bis 30 Jahre	11
über 30 Jahre	5
Alter bei Einreise unklar	7
Gesamt	91

Von den 91 Frauen waren 68 bei der Einreise unter 25 Jahren. Das sind 74,73 %. Auch das Lagebild Menschenhandel 2000 bestätigt, dass Frauen zwischen 18 und 25 Jahren am stärksten betroffen sind (60,8 % der Opfer).[51]

---

[50] Topan 2000, S. 22-26. Frauen in Mittel- und Osteuropa 1996, S. 32-38.
[51] Lagebild Menschenhandel. 2000, S. 8.

4.2.3 Familiäre Situation der Opferzeuginnen

Tabelle 3: Anzahl der Kinder der Opferzeuginnen

Anzahl der Kinder	Anzahl der Frauen
kein Kind	58
ein Kind	20
zwei Kinder	4
mehr als zwei Kinder	0
keine Angaben	9
Gesamt	91

Bei der Anzahl der Kinder handelt es sich um die vor der Migration im Heimatland schon geborenen Kinder. Von den 24 Frauen mit Kindern gaben 13 Frauen an, alleinerziehend zu sein. Dies ist ein Anteil von über 50 %. Man kann also sagen, dass, wenn Kinder vorhanden sind, die Frauen meistens alleinerziehend sind. Es wird auch von mehreren Frauen erwähnt, dass der Mann arbeitslos war und sie die Familie durchbringen mussten.

Tabelle 4: Familienstand der Opferzeuginnen

Familienstand	Anzahl der Frauen
Ledig	66
Verheiratet	4
Getrennt lebend	3
Geschieden	4
Keine Angaben	14
Gesamt	91

Der weitaus größte Teil der Frauen, die Angaben zum Familienstand machten, ist nicht verheiratet. Die hohe Anzahl der Ledigen ist wohl auf das niedrige Alter der Migrantinnen zurückzuführen.

Tabelle 5: Familiäres Umfeld der Opferzeuginnen

Familiäres Umfeld / Herkunftsfamilie	Anzahl der Frauen
Waise	4
Eltern geschieden	9
Heimaufenthalt	5
Straßenkind	3
Vergewaltigung/ Missbrauch	9
Alkoholismus in der Familie	11
Prostitution	4
Drogen	1
Gewalt in der Familie	3
Keine Angaben zum familiären Umfeld	50

Bei 50 Frauen (54,95 %) liegen keine Angaben zur Herkunftsfamilie und zur familiären Sozialisation vor. Lediglich von 41 Frauen haben wir Informationen zum familiären Hintergrund. Diese Tabelle enthält Mehrfachnennungen, da bei vielen Frauen verschiedene der genannten belastenden Phänomene gleichzeitig gegeben sind. Interessant ist, dass 24 der Frauen vor ihrer Ausreise nach Deutschland bei der Familie lebten, wobei nicht nur die Primärfamilie, also Eltern, gemeint ist, genannt werden auch Geschwister und Großeltern, Tante und Onkel.

Bei den Frauen, die Angaben zur ihrem familiären Hintergrund gemacht haben, kommen ganz starke Probleme zum Vorschein. Die Zahlen der Tabelle sind hier nicht aussagekräftig genug. Daher wird im Folgenden stichwortartig aus den Anamnesebögen der Klientinnen zitiert:
– Waise, lebte bei Großmutter, ab 14. Lebensjahr in Heimen, drogensüchtig
– nach Geburt zur Adoption freigegeben, Pflegefamilie, ab 13. Lebensjahr in Heimen, vergewaltigt mit 13 Jahren
– als Kind zum Hochleistungssport gezwungen, mit 14 Jahren nach Discobesuch vergewaltigt, kurz danach von Schwager vergewaltigt, seitdem unter seiner ständigen Kontrolle
– lebte bei Eltern, die beide alkoholkrank waren, und zwei Brüdern, wurde schon als 15-jährige von den Eltern zum „Anschaffen" geschickt
– bei Tante aufgewachsen, Vater obdachlos, Aufenthalt der Mutter unbekannt
– Mutter schlug die Kinder, verkaufte Tochter an einen Mann gegen Alkohol. Dieser missbrauchte sie
– Mutter hatte drei Kinder von verschiedenen Vätern, Stiefbruder missbrauchte Tochter über lange Jahre
– Missbrauch durch Vater mit 13 Jahren, Leben auf der Straße, Kinderprostitution
– von Stiefvater missbraucht, später bei Großmutter und zwei Onkeln gelebt, alle drei alkoholabhängig
– Vater verließ Familie, als Tochter Baby war, von Stiefvater (Alkoholiker) vergewaltigt
– Pflegefamilie, Kinderheim, dort vergewaltigt
– als 15-Jährige von Eltern ins Bordell geschickt
– Mutter Alkoholikerin, zu Vater kein Kontakt
– Eltern starben, als Tochter 14 Jahre war, Leben auf der Straße
– Eltern geschieden, Stiefvater schlug sie.

Die Zahlen der Tabelle und diese Kurzbeschreibungen sprechen eine deutliche Sprache. Offensichtlich war ein Großteil der Frauen in der Kindheit und Jugend mit extrem belastenden Situationen, Alkoholismus, Gewalt und Kindesmissbrauch konfrontiert. Nicht allein die schwache ökonomische

Stellung des Herkunftslandes, sondern auch die schlechte soziale und familiäre Ausgangssituation beeinflussen die Migrationsentscheidung.

Andere Zitate zeigen die große Verantwortung, die die Frauen für ihre Familie empfinden und tragen, wie z. B. Mitverantwortung für jüngere Geschwister oder kranke Eltern:
- mit Schwester und der eigenen kleinen Tochter in Ein-Zimmer-Wohnung, alleinerziehend, auch für jüngere Schwester verantwortlich
- dreijähriges Kind, alleinerziehend
- zweijähriges Kind, Mann arbeitslos, sie brachte die Familie mit Gelegenheitsarbeiten durch
- Vater schwer krank, Eltern kein Geld zum Leben.

Hier zeigen sich als Migrationsmotive: der Wunsch nach Loslösung aus dem engen Familienverband, aus der schwierigen Herkunftsfamilie, von der sozialen Kontrolle der Familie, aber auch um Geld zu verdienen, um eben diese Familie zu unterstützen.

4.2.4 Schulbildung, Berufsausbildung, Tätigkeit vor der Ausreise

Tabelle 6: Schulbildung der Opferzeuginnen

Schulbildung	Anzahl der Frauen
kein Schulabschluss	7
9 Jahre Schulbesuch (vergleichbar Hauptschulabschluss)	15
Mittlerer Schulabschluss	19
Hochschulreife	19
keine Angaben	31
Gesamt	91

Auffällig ist hier die hohe Zahl mit gutem Schulabschluss: 38 Frauen hatten mittleren oder höheren Abschluss (41,76 %).

Tabelle 7: Berufsausbildung der Opferzeuginnen

Berufsausbildung	Anzahl der Frauen
Schneiderin/Näherin	9
Lehrerin	5
Verkäuferin	4
Buchhalterin/ Sekretärin	4
Sprachstudium	3
Krankenschwester	3
Friseurin	2
Chemielaborantin	2
Computerpolygraphin	2
Polizistin	1

Noch Tabelle 7: Berufsausbildung der Opferzeuginnen

Berufsausbildung	Anzahl der Frauen
Köchin	1
Wirtschaftsingenieurin	1
Kosmetikerin	1
Elektroingenieurin	1
Konditorin	1
Kellnerin	1
Keine abgeschlossene Ausbildung	30
Keine Angaben	20
Gesamt	91

Es fällt auf, dass ein hoher Anteil (30, also 32,97 %) keine abgeschlossene Berufsausbildung haben. Der Anteil, von dem keine Angaben vorhanden sind, ist ebenfalls sehr hoch. Die Frauen, die Angaben zur Berufsausbildung gemacht haben, verteilen sich breit gestreut auf verschiedene Sparten. Auffällig ist die hohe Zahl mit einer Ausbildung im Bereich Schneidern/Nähen. Dies scheint ein länderspezifisches Phänomen in den MOE- Ländern zu sein.

Tabelle 8: Tätigkeit vor der Ausreise

Tätigkeit vor der Ausreise	Anzahl der Frauen
Verkäuferin	13
Prostituierte	11
Arbeitslos	9
Küchenhilfe/Kellnerin	5
Schneiderin/Näherin	4
Lehrerin	3
Fabrikarbeiterin	3
Krankenschwester	2
Pornofilme/Model	2
Friseurin	1
Konditorin	1
Gelegenheitsjobs/Hilfsarbeiterin	4
Noch in Schule/Studium/Ausbildung	5
Keine Angaben	28
Gesamt	91

Wieder ist der Anteil der Frauen, die keine Angaben machten, recht hoch (ca. 30 %). Interessant scheint, dass die Zahl der Arbeitslosen nicht so hoch ist (9 = 9,89 %). Im Vergleich zu den hohen Schulabschlüssen und auch zu den absolvierten Ausbildungsgängen, ist die Beschäftigung vor der Ausreise allerdings qualitativ deutlich niedriger anzusetzen. Der Anteil der in der Prostitution tätigen Frauen ist mit 11 Frauen (12,09 %) niedrig. Dies widerlegt das weit verbreitete Vorurteil, dass die meisten Frauen, die Opfer von Menschenhandel werden, schon im Heimatland in der Prostitution tätig waren, auch weiterhin als Prostituierte arbeiten wollen und lediglich nach Deutschland kommen, um besser zu verdienen.

4.2.5 Anwerbung und Einreise der Opferzeuginnen

Tabelle 9: Anwerbung der Opferzeuginnen

Kontakt zum Schlepper über ...	Anzahl der Frauen
Freund/Freundin	8
Nachbarin/Bekannte/Verwandte	6
Zeitungsannonce	7
Direkt vom Schlepper angesprochen	27
Schlepper = Verwandter/Freund	10
Reise selbst organisiert	2
Keine Angaben	31
Gesamt	91

Die meisten Frauen werden direkt von Schlepper angesprochen. Viele werden aber auch über Bekannte oder Freunde in die Bundesrepublik geschleust. Dagegen scheint anonyme Werbung wie z. B. Zeitungsannoncen eine geringe Bedeutung zu haben. In 56 Fällen stammte der Schlepper aus dem Heimatland der Frau, in neun Fällen aus einem anderen Land, in 24 Fällen wurden keine Angaben dazu gemacht (zuzüglich der beiden, die ihre Reise selbst organisiert haben = 91).

Die Frauen reisen meist mit Touristenvisum, deutschem Geschäftsvisum oder Schengen-Visum ein. „Legale Einreise bedeutet, dass die Ausländer bei ihrer Einreise über eine Aufenthaltsgenehmigung verfügten oder legal einreisen durften, weil sie vom Erfordernis einer Aufenthaltsgenehmigung befreit waren. Befreit vom Erfordernis einer Aufenthaltsgenehmigung sind z. B. Kurzaufenthalte bis zu drei Monaten ohne Erwerbstätigkeit, wenn diese Staatsangehörige eines Staates der Positivliste gemäß DVO zum AuslG, so genannte ‚Positivstaatler' sind. Einreise und Aufenthalt von Positivstaatlern gelten auch dann als legal, wenn bereits zum Zeitpunkt der Einreise eine Erwerbstätigkeit und ein längerer Aufenthalt beabsichtigt sind. Anderen Ausländern können Einreise und Kurzaufenthalt bis zu drei Monaten ohne Erwerbstätigkeit gemäß den per Rechtsverordnung festgelegten Modalitäten mit Touristenvisa erlaubt werden".[52]

---

[52] Lagebild Menschenhandel. 2000, S. 11. Das Lagebild Menschenhandel enthält Angaben zu 729 Opfern, davon war bei 345 Opfern (47,3 %) die Einreise legal, bei 384 (52,7 %) illegal.

4.2.6 Erwartete Tätigkeit in der Bundesrepublik Deutschland[53]

Tabelle 10: Erwartete Tätigkeit in der Bundesrepublik Deutschland

Erwartete Tätigkeit	Anzahl der Frauen
Prostituierte	19
Kellnerin/Bedienung	14
Tänzerin	4
Haushaltshilfe/ Kindermädchen	4
Verkäuferin	4
Putzfrau	2
Freundin, Begleiterin, Heirat	2
Erntehelferin	1
Solarium	1
Urlaub/Besuch	7
„Arbeit"	10
Keine Angaben	23
Gesamt	91

Sieben Frauen gaben an, mit Gewalt nach Deutschland gebracht worden zu sein, entführt von den Tätern im Herkunftsland und über die Grenze verschleppt. So lebte eine junge Frau z. B. in Abhängigkeit von ihrem Schwager, der sie wiederholt vergewaltigte und dann nach Deutschland zum „Anschaffen" schickte. Eine andere wurde mit 14 Jahren von einer Männerbande nach der Schule abgefangen, in die Prostitution gezwungen und später nach Deutschland gebracht.

Zum Punkt „Erwartete Tätigkeit: Prostituierte" ist zu erklären, dass die Anwerber unrealistische Versprechungen machen, wie z. B. Verdienstmöglichkeiten bis zu 5000 DM pro Monat, die Frau könne jederzeit in die Heimat zurückkehren oder auch: „Man sitzt den ganzen Tag nur herum und macht sich schön". Die Frauen haben die Erwartung, in der Prostitution schnell und leicht Geld zu machen. Mit der realistischen Situation in der Bundesrepublik hat das von den Schleppern gezeichnete Bild nichts zu tun. Die Täter arbeiten geschickt mit dem Klischee von der Bundesrepublik als Symbol für Wohlstand und Reichtum, als „Land der unbegrenzten Möglichkeiten".

---

[53] Der Sonderfall einer Frau, die in Deutschland aufgewachsen war und dann hier zur Prostitution gezwungen wurde, wird in dieser Tabelle mit zu „keine Angaben" gezählt.

4.3 Erfahrungen der Opferzeuginnen in der Bundesrepublik Deutschland

In diesem Teil sollen die Lebensbedingungen der Migrantinnen in Abhängigkeit von ausländerrechtlichen Zwängen und strafrechtlichen Grundlagen dargestellt werden. Die Erfahrungen der Frauen in der Bundesrepublik Deutschland lassen sich schwerlich in Tabellenform darstellen. Daher sollen typischen Erfahrungsmuster erläutert und an Fallbeispielen illustriert werden.

4.3.1 Ausländerrechtliche Situation

EU-Angehörige können sich mit Personalausweis oder Pass drei Monate in der Bundesrepublik aufhalten. Nach drei Monaten Aufenthalt wird eine Aufenthaltsgenehmigung EU benötigt. Die Frauen kommen, wie gezeigt, meist aus Drittländern. Drittausländer benötigen eine Aufenthaltsgenehmigung (Aufenthaltserlaubnis, -berechtigung, -bewilligung, -befugnis, Schengenvisum). So genannte Positivstaatler (Frauen aus Ländern, die auf der Positivliste im Anhang zum Ausländergesetz stehen) sind von der Aufenthaltsgenehmigung befreit, solange sie keiner Erwerbstätigkeit nachgehen und nicht länger als drei Monate in einem halben Jahr in der Bundesrepublik verbringen.

Die Situation der Frauen ist geprägt von ihrer ausländerrechtlichen Situation, ihrem Aufenthaltsstatus und der meist fehlenden Arbeitserlaubnis. Dies hat strafrechtliche Konsequenzen für die Frauen, was die Täter genau wissen und als zusätzliches Druckmittel gegen ihre Opfer nutzen. Die Frauen reisen meist mit Touristen- oder Geschäftsvisum ohne Arbeitserlaubnis in die Bundesrepublik ein. Wenn sie eine Arbeitstätigkeit aufnehmen, machen sie sich strafbar. Ihnen droht die Ausweisung. Daher haben die Frauen große Angst vor der Polizei oder den deutschen Behörden.

4.3.2 Bestimmung zur Prostitution und Gewalterfahrung

Die Frauen, die eine andere Tätigkeit erwartet haben als Prostitution, erfahren meist erst nach Grenzübertritt, bei der Fahrt zum jeweiligen Bordell oder im Bordell selbst, was sie in Wirklichkeit erwartet. Sei es, dass die Schlepper sie selbst informieren, sei es, dass der Bordellbesitzer oder andere Prostituierte im Bordell sie einweihen; für die Frauen ist das in jedem Falle ein Schock. Sie reagieren darauf sehr unterschiedlich, was nicht etwa auf ihr

Einverständnis schließen lässt, sondern auf unterschiedliche persönliche Dispositionen mit Krisensituationen umzugehen.

Viele Frauen fühlen sich ohne Kontakte in Deutschland, ohne Sprachkenntnisse und ohne Geld so hilflos, dass sie ohne Proteste auf die Forderungen eingehen. Andere wehren sich zunächst, werden dann aber gefügig gemacht. Hier nutzen die Zuhälter eine breite Palette von Druckmitteln. Oft genügt schon der Hinweis auf den ausländerrechtlichen Status, die drohenden Strafen oder auch auf die angeblichen „Schulden", die sie für Visum und Transport beim Schlepper haben, um die Frauen gefügig zu machen. Stärkere Drohungen, wie Verletzung der Familienmitglieder in der Heimat, Weiterverkauf an härtere Zuhälter werden benutzt, wenn die Frau noch nicht überzeugt ist.

Die meisten der Frauen erleben von den Zuhältern und Bordellbesitzern Gewalt in den unterschiedlichsten Formen: Sie werden geschlagen, mit Mobiliar geprügelt, vergewaltigt (oft mehrfach oder auch von mehreren Männern gleichzeitig). Es gibt extreme Fälle, wie z. B. eine Frau, die hungern musste bis ein Kunde kam, dann erhielt sie zu essen, um überhaupt die „Nummer" durchzustehen. Ein anderes Beispiel ist ein Bordell, in dem die Frauen zur Strafe für Regelverletzungen in einen Kühlschrank gesperrt wurden. Auch wenn die Frauen von vornherein bereit sind, als Prostituierte zu arbeiten, werden sie häufig vergewaltigt – aus reinem Besitzgefühl der Zuhälter heraus.

Von den 91 Frauen, die von Solwodi e. V. betreut wurden und Grundlage dieser Studie sind, gaben 17 an, Drohungen ausgesetzt gewesen zu sein, 25 hatten körperliche Gewalt erfahren, 26 waren vergewaltigt worden. Bei den Vergewaltigungen handelt es sich in der Mehrzahl um Mehrfachvergewaltigungen oder auch um Vergewaltigungen von mehreren Männern an einer Frau. Zwei Afrikanerinnen sprechen von Voodoo-Zauber, der als Drohung gegen sie genutzt wurde.

4.3.3 Arbeits- und Lebensbedingungen in der Prostitution[54]

Die Frauen finden sich an der unteren Skala der Migrantinnen, aber auch an der unteren Skala der Prostituierten in Bezug auf Arbeitsbedingungen und Preise. Durch ihre Hilflosigkeit und die Zwangssituation, in der sie sich befinden, sind sie erpressbar und arbeiten oft zu Bedingungen, die für „normale" Prostituierte inakzeptabel wären. Sie werden angewiesen, auf

---

[54] Die Beschreibung wird hier sehr allgemein gehalten, da in 5.3.1, 5.3.2 und 5.3.3 genaue Fallbeispiele erörtert werden.

alle Wünsche der Kunden einzugehen, also auch perverse Wünsche zu erfüllen. Oft müssen sie auch ohne Kondome arbeiten. In der Regel haben sie keinen freien Tag, keinen freien Ausgang. Die Zahl der Freier pro Nacht bestimmen die Bordellbesitzer. Auch dürfen sie keine Freier abweisen. Auch hier gibt es extreme Erfahrungen, Steigerungen der an sich schon unwürdigen Arbeitsbedingungen. In einem extremen Fall schilderte die junge Frau: „Sie kamen und gingen ohne dass eine Pause dazwischen war, einer nach dem anderen".

4.3.4 Geldfrage

Da die Frauen doppelt abgeben müssen: einmal ihrem Schlepper, der meist auch der Zuhälter bleibt, und dem Bordellbesitzer. Weil hohe Schulden für die Einreise abgearbeitet werden müssen, bleibt ihnen meist nichts von ihrem Verdienst. Sie arbeiten für ihre Unterkunft und ihre Nahrung. Hier einige Beispiele:
– einmalig 1500 DM an Schlepper, dann 500 DM pro Woche an ihn, Rest bis auf 10 DM pro Tag an Bordellbesitzer
– 600 DM an Schlepper, von verdientem Geld 50 % an Bordellbesitzer, 50 % an Schlepper
– 2000 DM Schulden, 500 DM wöchentlich an Schlepper, 50 % der Einnahmen plus 15 DM pro Tag an Zuhälter.

Die „Kaufpreise", die die Frauen abzuarbeiten haben, bewegen sich zwischen 3000 und 30.000 DM , wobei eine Höhe von 3000-5000 DM eher normal ist.

4.3.5 Emotionale Bindungen

In der Regel sind die Zuhälter und die Bordellbetreiber den Frauen fremd. Emotional besonders belastend sind die Fälle, bei denen sich der Freund, der vermeintliche Liebespartner nach einer harmonischen Anfangszeit als Zuhälter und als gewalttätig entpuppt. Der Mann nutzt als weiteres Zwangsmittel die emotionale Bindung der Frau aus. Für diese bedeutet es eine stärkere Traumatisierung, von einem Mann, zu dem sie ein Vertrauensverhältnis hatte, in diese Situation gebracht zu werden. Auch tun sich manche Kunden als „Retter" auf, beginnen ein Liebesverhältnis und bringen die Frau dann als deren Zuhälter in eine noch schlimmere Situation.

Bei den ausgewerteten Fällen waren acht „Beziehungstäter" dabei. So vergewaltigte z. B. ein Täter seine Freundin gemeinsam mit seinem Vetter brutal und brachte sie ein paar Tage später in ein Bordell, zunächst nur „zum Ansehen". Ein paar Wochen später verlangte er, dass sie dort für ihn arbeitete, brachte sie abends hin und holte sie morgens ab. Ein anderer Täter verlangte, als seine langjährige Lebensgefährtin ihm mitteilte, sie wolle nicht mehr in der Prostitution arbeiten, eine immens hohe Geldsumme von ihr, drohte sie umzubringen und verletzte sie schwer. Ein extremer Fall ist der eines Täters, der mit vier Frauen – teilweise gleichzeitig – intime Beziehungen unterhielt und sie alle vier dazu brachte, für ihn der Prostitution nachzugehen, dabei wandte er bei einem Teil der Frauen Gewalt an, bei anderen genügte auf Grund der emotionalen Abhängigkeit der Frauen gutes Zureden und verbaler Druck.[55]

Die gleiche schlimme Situation, gleiche Muttersprache etc. führen oft zu emotionalen Bindungen der Frauen untereinander und zur Solidarität unter den Frauen. Das ist gerade in der großen Isolation, in der sich die Frauen befinden, wichtig. Manchmal wird dadurch auch die gemeinsame Flucht möglich.

Emotionale Bindungen bestehen auch an in Deutschland geborene Kinder. Im vorigen Kapitel wurden nur die Kinder erfasst, die vor der Ausreise der Frauen im Heimatland geboren wurden. Viele Frauen werden aber in der Bundesrepublik schwanger, sei es von einem Freier (ungeschützter Verkehr) oder einem Freund. Dies erschwert ihre Situation. Da sie wegen der Schwangerschaft nicht mehr arbeiten können, sind sie verstärkt Repressalien der Zuhälter ausgesetzt, haben kein Geld für die medizinische Versorgung, keine Perspektive für sich und das Kind. Elf Frauen von den 91 bekamen Kinder während ihres Aufenthaltes in der Bundesrepublik. Es ist nicht klar dokumentiert, wie viele davon von Freiern schwanger wurden und wie viele vom Freund war. Nur drei haben definitiv angegeben, von Freiern schwanger geworden zu sein.

4.3.6 Wege aus der Prostitution

49 der 91 in diese Studie einbezogenen Frauen wurden bei Razzien entdeckt. Erkennen die Ermittlungsbeamten bei der Vernehmung, dass möglicherweise Menschenhandel vorliegt, stellen sie den Kontakt mit der Beratungsstelle her.

Immerhin 21 Frauen gelang die Flucht mit Hilfe eines Freiers oder einer Freundin und Leidensgenossin (5 Frauen) oder die selbständige Flucht (16 Frauen). Meist verhindert allerdings die Angst vor der Polizei, vor der

---

[55] LG Köln 113-21/01. Näheres siehe Kapitel 5.2.1

Ausweisung und die Perspektivlosigkeit der Frauen etwaige Fluchtversuche.[56] In diesem Zusammenhang muss auf die hohe Zahl der Pendelmigrantinnen hingewiesen werden. Beängstigend hoch ist die Zahl der Frauen, die obgleich sie in der Prostitution gearbeitet haben, mehrmals in die Bundesrepublik einreisen, sei es nach einer Ausweisung wegen falscher Papiere oder illegalen Aufenthalts, sei es nach einer freiwilligen Ausreise. Bei 14 der erfassten 91 Frauen ist dies bekannt. Ein Teil der Frauen wird durch Drohungen der Schlepper und Zuhälter dazu gebracht, wieder in Deutschland zu arbeiten. Ein Teil der Frauen hat aber offensichtlich in ihrem Heimatland so wenig Perspektiven, dass sie sich, auch wenn sie schon schlechte Erfahrungen gemacht haben, wieder zu Einreise entscheiden. Hier sind verstärkt Hilfsprogramme in den Herkunftsländern und Rückkehrerinnenprogramme in der Bundesrepublik nötig.

4.3.7 Verbleib der Opferzeuginnen

Tabelle 11: Verbleib der Opferzeuginnen

Verbleib der Frauen	Anzahl der Frauen
Duldung, da Verfahren noch laufend	26
Ausreise, Wiedereinreise zum Prozess geplant	6
Verbleib in Deutschland nach abgeschlossenem Verfahren	28
Davon: Befugnis (z. B. wegen Gefährdung)	3
Davon: Aufenthaltsrecht durch Heirat	5
Rückkehr ins Heimatland	18
Verbleib unbekannt/unklar	13
Gesamt	91

Bei dem Punkt „Rückkehr ins Heimatland" wurde nicht unterschieden zwischen freiwilliger Rückkehr und Ausweisung nach dem Prozess. In den Unterlagen ist dies leider nicht immer deutlich dokumentiert. Es scheint sich bei der Mehrzahl der Rückkehrerinnen jedoch um freiwillige Rückkehr zu handeln. Nur bei vier Frauen war klar von Ausweisung die Rede.

Das Lagebild Menschenhandel 2000 des BKA verzeichnet Duldungen 16,8 % und freiwillige Rückkehr 20,7 %. Auch hier wird gefordert: „Wenn auch in Zukunft qualifizierte Aussagen von Opfern erlangt werden sollen, muss auch nach der Verhandlung für deren Sicherheit gesorgt werden".[57]

---

[56] Von den restlichen Frauen lagen keine Angaben bezüglich ihres Weges aus der Prostitution vor.
[57] Lagebild Menschenhandel. 2000, S. 15-16.

Zusammenfassend lässt sich die Situation der Frauen in der Prostitution beschreiben als eine Kombination von Isolation, Marginalisierung, Kriminalisierung und verschärfter Verwundbarkeit. Dies ist eine Folge der ausländerrechtlichen Illegalität ihres Aufenthaltes und ihrer Tätigkeit.

Im Betreuungsprozess bemühen sich die Beraterinnen der Fachberatungsstellen gemeinsam mit den Klientinnen um eine Legalisierung des Aufenthaltes der Frauen, um Aufarbeitung der traumatischen Erlebnisse und um die Entwicklung von Zukunftsperspektiven.

5. Auswertung der Prozessunterlagen

Barbara Koelges und Gabriele Welter-Kaschub

5.1 Statistische Auswertung aller einbezogenen Verurteilungen

5.1.1 Struktur des einbezogenen Datenmaterials

Die Auswahl der einbezogenen Urteile entspricht der Auswahl der in diese Studie einbezogenen betreuten Klientinnen. Die Gerichtsurteile der Verfahren, in denen die Frauen als Opferzeuginnen ausgesagt haben und die am Stichtag (1. Mai 2002) abgeschlossen waren, wurden einbezogen. Durch die Auswertung von Gerichtsurteilen soll u. a. gezeigt werden, wie häufig auf Auffangtatbestände zurückgegriffen wird, wie hoch das Strafmaß ist, welche Umstände als mildernde Umstände gelten. Besonderes Augenmerk wurde darauf gerichtet, wie die Aussagen der Zeuginnen gewertet werden. Kommen die Zeuginnen in den Urteilen überhaupt vor, wenn ja, wie?

Während der Datensammlung und -erhebung zeigte es sich, wie schwierig es ist, eine ausreichende Anzahl von Urteilen zugänglich zu machen. Es gab z. B. Probleme, wenn eine Opferzeugin nicht selbst die Urteilseinsicht beantragt hatte und zur Zeit der Erhebung nicht mehr in Solwodi-Betreuung war.

Der Antrag auf Akteneinsicht bei den betreffenden Gerichten gemäß § 476 StPO war nur möglich, wo Aktenzeichen und Gericht bekannt waren.[58] Er hatte bei den meisten Gerichten Erfolg, einige wollten aber mehr Hintergrundinformation bzw. eine fördernde Institution genannt haben, die es in diesem Falle nicht gibt, da Solwodi e. V. diese Studie in Eigeninitiative und Eigenfinanzierung erstellt hat. So konnten von den 48 abgeschlossenen Verfahren lediglich 40 Urteile in die Untersuchung mit einbezogen werden.

Anfang Mai 2002 waren 48 Prozesse abgeschlossen, 22 Verfahren sind noch laufend, davon 13 Strafverfahren, vier Verfahren in Berufung bzw. Revision und fünf Ermittlungsverfahren. Achtmal wurde das Verfahren eingestellt. Bei zwei betreuten Frauen war die Prozesslage unklar, da der

---

[58] In sieben Fällen waren die Aktenzeichen leider nicht bekannt.

Kontakt nicht mehr besteht. Bei drei Frauen kam es nicht zum Prozess; die Ursachen sind nicht bekannt.

Immer noch ist die Verfahrensdauer mit durchschnittlich zwei bis drei Jahren sehr lange. Erfreulich ist aber die niedrige Zahl der Einstellungen, auch wenn man bedenkt, dass die unklaren Fälle wahrscheinlich hier zu orten sind.

Da in einigen Prozessen mehrere von Solwodi e. V. betreute Opferzeuginnen ausgesagt haben, andere Frauen wieder Zeuginnen in mehreren Prozessen waren, ist die Zahl der Verfahren nicht gleich der Zahl der betreuten Frauen.

Tabelle 12: Verfahrensstand

Verfahrensstand	Fallzahl
Urteil vorhanden	40
Urteil nicht vorhanden, obwohl Verfahren abgeschlossen	8
Abgeschlossene Verfahren gesamt	48
Noch laufende Prozesse	13
Noch laufende Ermittlungsverfahren	5
Noch laufende Berufungs-/Revisionsverfahren	4
Noch laufende Verfahren gesamt	22
Verfahren eingestellt	8
Stand des Verfahrens unklar	2
Einbezogene Verfahren gesamt	80

An einem Beispiel der noch laufenden Verfahren werden Folgen des neuen Prostitutionsgesetzes deutlich. Das Urteil ist nicht rechtskräftig, da der Angeklagte Rechtsmittel eingelegt hat. Die Verhandlung beim für die Berufung zuständigen Landgericht war zunächst auf den 23. Oktober 2001 angesetzt. Sie wurde mit Hinweis auf das neue Prostitutionsgesetz auf 2002 vertagt, da es um eine Verurteilung wegen Förderung der Prostitution ging. Zu den Problemen bei der Datenerhebung aus Gerichtsurteilen sei hier Oberlies zitiert:

„Bei der Datenerhebung aus Urteilen sollte man sich deren Entstehung und Funktion deutlich machen, um die Eingeschränktheit der Informationen nicht aus dem Auge zu verlieren. Das Urteil selbst ist der Endpunkt eines sehr selektiven Darstellungs- und Verstehensprozesses. Idealtypisch findet in einem Urteil das Berücksichtigung, was Gegenstand der Erörterung in der mündlichen Verhandlung war. Was Gegenstand der Erörterungen ist, bestimmen zu einem wesentlichen Teil die Staatsanwaltschaft, die die Ermittlungen geführt hat, das Gericht, das über die rechtliche Erheblichkeit des Vorbringens entscheidet, und nicht zuletzt die Verteidigung, die, mit der Waffe einer möglichen Revision ausgestattet, ebenfalls Einfluß auf die

Erörterungen in der Hauptverhandlung nimmt".[59] Eine wichtige Überlegung ist, dass das Urteil revisionssicher gemacht werden muss, d. h. es muss eine rechtsfehlerfreie Begründung der Einordnung der Tat und der vergebenen Strafe enthalten. Nach § 267 Abs. 4 StPO gibt es die Möglichkeit, Urteile abzukürzen, „wenn alle zur Anfechtung Berechtigten auf Rechtsmittel verzichten oder innerhalb der Rechtsmittelfrist kein Rechtsmittel eingelegt wird"[60].

Von den ausgewerteten 40 Urteilen lagen 19 nur in abgekürzter Form vor, vier waren teilweise, d. h. in Bezug auf einzelne Angeklagte, abgekürzt. Diese Urteile enthalten wesentlich weniger Informationen. Die Darstellung der „Gründe" beschränkt sich auf die erwiesenen Tatsachen und die angewandten Strafgesetze. Da es für die Problemstellung wichtig ist, sich mit den Begründungsmustern der Urteile zu befassen, erschwert eine hohe Zahl abgekürzter Urteile die Untersuchung. Die wichtigsten Urteilsdaten der 40 vorhandenen Urteile wie Angaben zu den Gerichten, Angaben zu den Tätern, rechtliche Bewertung der Tat, Strafmaß, Prozessverhalten etc. wurden in einen Erhebungsbogen übertragen, dann in Tabellenform gebracht und sollen so im Folgenden dargestellt werden.

5.1.2 Die Gerichte und ihre Zusammensetzung

Tabelle 13: Einbezogene Verurteilungen nach Gerichten

Gericht	Anzahl der Urteile
Landgerichte:	
Bonn	4
Bremen	1
Dortmund	2
Duisburg	1
Hagen	1
Halle	1
Hanau	3
Karlsruhe	2
Koblenz	3
Köln	3
Mainz	2
Nürnberg-Fürth	1
Oldenburg	2
Zweibrücken	1
Landgerichte gesamt	27

---

[59] Oberlies 1995, S. 57.
[60] Zit. nach Oberlies 1995, S. 58.

Noch Tabelle 13: Einbezogene Verurteilungen nach Gerichten

Gericht	Anzahl der Urteile
Amtsgerichte	
Aschaffenburg	1
Bad Schwalbach	1
Bremen	1
Iserlohn	1
Kleve	1
Mainz	1
Marburg	1
Naumburg	1
Osnabrück	1
Siegburg	2
Tettnang	1
Amtsgerichte gesamt	12
Ausland AG Almelo	1
Urteile gesamt	40

Sechs Landgerichtsurteile sind Berufungsurteile von vorherigen Amtsgerichtsverfahren. Die drei Revisionsurteile des BGH wurden hier bei der ersten Instanz, also dem Landgericht gezählt, da die Revisionen alle drei verworfen wurden.

Tabelle 14: Zusammensetzung der Gerichte nach Geschlecht

Zusammensetzung der Gerichte	Anzahl
Männlicher Vorsitzender	36
Weibliche Vorsitzende	4
Frau als beisitzende Richterin	5
Frauen unter Schöffen	30

Meist gibt es zwei Schöffen pro Verfahren, daher ist die Zahl so hoch. Bei den Schöffen sind die Frauen aber dennoch gut vertreten. Die Zahlen für die Vorsitzenden und beisitzenden Richterinnen sprechen für sich.

5.1.3 Die Angeklagten

Tabelle 15: Nationalität der Angeklagten

Nationalität	Anzahl
Deutschland	22
Türkei	18
Ukraine	5
Litauen	4

Noch Tabelle 15: Nationalität der Angeklagten

Nationalität	Anzahl
Nigeria	3
Russland	2
Ungarn	2
Jugoslawien	2
Tunesien	2
Albanien	2
Polen	1
Bosnien	1
Lettland	1
Weissrussland	1
Israel	1
MOE gesamt	19
Gesamt	67

Die Ergebnisse decken sich mit den Erkenntnissen des neuesten Lagebildes Menschenhandel, nach denen die meisten Täter Deutsche sind, gefolgt von Tätern aus den MOE-Staaten und der Türkei.[61]

Tabelle 16: Geschlecht der Angeklagten

Geschlecht der Angeklagten	Anzahl
Männlich	60
Weiblich	7
Gesamtzahl	67

Tabelle 17: Anzahl und Art der Vorstrafen der Angeklagten

Art der Vorstrafen	Anzahl
Keine Vorstrafen	36
Nicht einschlägig vorbestraft	23
Davon lediglich Geldstrafen	10
Davon nur Bewährungsstrafen	9
Davon Haftstrafen unter 5 Jahren	3
Davon Haftstrafen von 5 Jahren und mehr	1
Einschlägige Vorstrafen	7
Davon keine Freiheitsstrafen	2
Davon nur Bewährungsstrafen	4
Davon Haftstrafen unter 5 Jahren	0
Davon Haftstrafen von 5 Jahren und mehr	1

---

[61] Deutsche: 41,2 % der Täter, MOE-Staaten: 25,1 %, Türkei 14,1 %; nach Lagebild Menschenhandel. 2000, S. 9.

Noch Tabelle 17: Anzahl und Art der Vorstrafen der Angeklagten

Art der Vorstrafen	Anzahl
Unklar (AG Almelo)	1
Gesamt	67

Auffällig ist die hohe Zahl von Tätern ohne jegliche Vorstrafen, dagegen sind sehr wenige Täter einschlägig vorbestraft.

Tabelle 18: Anzahl der Täter im Verhältnis zur Verurteilung

Anzahl gemeinsam Verurteilter	Häufigkeit/Zahl der Urteile
1	22
2	10
3	7
4	1
Gesamtzahl der Verfahren	40

Obwohl dem Delikt Menschenhandel meist eine Struktur von Täterringen, Banden o. ä. zu Grunde liegt, ist hier die Zahl der einzeln Verurteilten oder auch nur zu zweit Verurteilten sehr hoch. Zum Teil werden Verfahren abgetrennt. Dennoch liegt die Vermutung nahe, dass selten ganze Schlepperringe vor Gericht gebracht werden sondern meist einzelne Täter aus diesen Ringen.

Die folgende Tabelle zeigt die Zahl der Opfer pro Verfahren. In immerhin fünf Verfahren ging es um über zehn Opfer, in insgesamt 13 Verfahren um mehr als fünf Frauen. Dennoch ist die Zahl der Verfahren, die lediglich die Tat gegen ein Opfer zum Gegenstand hatten, recht hoch. Dies lässt eher auf die Zahl der zur Verfügung stehenden Zeuginnen schließen, als auf die wirkliche Zahl der zugehaltenen und ausgebeuteten Frauen.

Tabelle 19: Anzahl der Opfer im Verhältnis zur Verurteilung

Anzahl der Opfer	Häufigkeit
1	12
2	8
3	5
4	3
5-10	8
10-20	3
Über 20	1
Über 30	1
Gesamtzahl Verfahren	40

5.1.4 Die rechtliche Bewertung und Strafzumessung[62]

Die folgenden Tabellen beziehen sich jeweils auf das Gesamturteil und die Gesamtfreiheitsstrafe pro Verurteiltem. Die einzelnen Verurteilungen pro Straftat und das jeweils vergebene Strafmaß finden sich hier nicht wieder. In Kapitel 5.3 werden diese bei drei Prozessen beispielhaft analysiert.

Tabelle 20: Urteile

Urteile	Anzahl der Verurteilten
Schwerer Menschenhandel	21
Menschenhandel	15
Zuhälterei	11
Förderung der Prostitution	2
Vergewaltigung	4
Sexuelle Nötigung	1
Einschleusen von Ausländern	4
Verstoß gegen das Ausländergesetz	1
Versuchter Schwerer Menschenhandel	1
Versuchte räuberische Erpressung	1
Beihilfe zum schweren Menschenhandel	1
Beihilfe zum Menschenhandel	1
Beihilfe zur Zuhälterei	1
Beihilfe zur Förderung der Prostitution	1
Beihilfe zum Einschleusen von Ausländern	1
Freispruch	1
Gesamt	67

Tabelle 21: Strafen

Strafen	Anzahl
Geldstrafen	2
Freiheitsstrafen mit Bewährung	16
Davon 1 – 11 Monate	5
Davon 12 – 24 Monate	11
Freiheitsstrafen ohne Bewährung	48
1 bis 2 Jahre	10
2 Jahre 1 Monat – 4 Jahre	21
4 Jahre 1 Monat – 6 Jahre	14
6 Jahre 1 Monat – 8 Jahre	0
8 Jahre 1 Monat – 9 Jahre 11 Monate	1
10 Jahre	2

---

[62] Da lediglich die Urteilsschriften der Verfahren vorlagen und nicht die Anklageschriften, wurde der jeweilige Anklagevorwurf nicht ausgewertet. In den Urteilsschriften taucht nur ein Anklagevorwurf „in rubrum" auf, der für die genaue Anklage wenig aussagekräftig ist.

Noch Tabelle 21: Strafen

Strafen	Anzahl
Freispruch	1
Gesamt	67
Verfall angeordnet	6

Tabelle 22: Strafen bei Urteil Menschenhandel

Strafmaß	Anzahl der Verurteilten
Schwerer Menschenhandel	21
Freiheitsstrafen mit Bewährung	4
1 Monat–11 Monate	0
12 Monate–24 Monate	4
Freiheitsstrafen ohne Bewährung	17
1–2 Jahre	4
2 Jahre 1 Monat–4 Jahre	5
4 Jahre 1 Monat–6 Jahre	6
6 Jahre 1 Monat–8 Jahre	0
8 Jahre 1 Monat–9 Jahre	0
10 Jahre	2
Einfacher Menschenhandel	15
Freiheitsstrafen mit Bewährung	2
1 Monat–11 Monate	0
12 Monate–24 Monate	2
Freiheitsstrafen ohne Bewährung	13
1–2 Jahre	2
2 Jahre, 1 Monat–4 Jahre	6
4 Jahre, 1 Monat–6 Jahre	5

Es fällt auf, dass sich beim Urteil „Schwerer Menschenhandel" die vergebene Strafe meist im unteren bis mittleren Bereich des Strafrahmens bewegt. Die Strafen, die verhängt wurden, lagen in fünfzehn Fällen zwischen einem Jahr und sechs Jahren. In neun Fällen wurde zu einer Freiheitsstrafe unter vier Jahren verurteilt. Nur in zwei Fällen wurde das höchste Strafmaß von zehn Jahren gegeben.

Insgesamt wurde die Strafe beim Urteil Menschenhandel sechsmal zur Bewährung ausgesetzt (viermal bei „schwerem Menschenhandel", zweimal bei „einfachem Menschenhandel"). Begründet wird dies im Urteil meist mit einer positiven Sozialprognose für den Täter.

Tabelle 23: Berufungs- bzw. Revisionsverfahren

Berufungs- bzw. Revisionsverfahren	Anzahl der Verfahren	Anzahl der Angeklagten
Berufungs-bzw. Revisionsverfahren	9	12
Berufung/Revision verworfen	4	4
Strafmaß gesenkt	3	4
Bewährungsstrafe	3	4

In einem Berufungsverfahren wurde die Berufung für einen Angeklagten verworfen, für einen anderen aber die Strafe zur Bewährung ausgesetzt. Daher kommen wir bei neun Verfahren auf zehn Ergebnisse.

Von den neun Berufungs- bzw. Revisionsverfahren wurden drei Landgerichtsverfahren zur Revision an den Bundesgerichtshof verwiesen und sechs Amtsgerichtsverfahren gingen als Berufungsverfahren an ein Landgericht. Die drei Revisionsverfahren am BGH wurden alle verworfen.

5.1.5 Strafzumessungserwägungen

Bei den Entlastungserwägungen des Gerichtes spielt das Geständnis einer herausragende Rolle. Dies wird damit begründet, dass eine schwierige und umfassende Beweisaufnahme vermieden werden konnte und auch Belastungen der Opferzeuginnen durch lange und anstrengende Vernehmungen. Ein Geständnis wirkt auch dann strafmildernd, „wenn auch zu berücksichtigen ist, dass sie nur dasjenige eingeräumt haben, was auf Grund der vorliegenden Ermittlungen auf der Hand lag"[63]. Des Weiteren wirkt strafmildernd, wenn der Täter keine Vorstrafen hat, also strafrechtlich noch nicht in Erscheinung getreten ist.

Immer wieder findet man in den Urteilen bei den strafmildernden Gründen auch Hinweise auf Erziehungsdefizite in der Kindheit und den schwierigen Lebensweg der Täter: „Berücksichtigt werden muss auch, dass alle drei Angeklagten es in ihrer bisherigen Entwicklung nicht leicht gehabt haben."[64] In einem Verfahren wurde bei allen vier Angeklagten strafmildernd gesehen, dass sie eingebunden waren „in eine durch familiäre und landsmannschaftliche Verbundenheit geprägte Bande", bei dreien von ihnen wurde konstatiert, sie hätten „nicht in besonderem Maße das Bandenhandeln geprägt", dem Vierten wurde eine untergeordnete Tatbeteiligung bestätigt.[65]

---

[63] So im Verfahren LG Oldenburg 1 Kls 1/00.
[64] Ebd., S. 31.
[65] LG Koblenz 2101 Js 54.636 /97 9 KLS.

Beim Punkt Gewalt wirkt strafmildernd, wenn der Täter keine „offene" Gewalt ausgeübt hat – also „nur" psychologischen oder emotionalen Druck und Drohungen, die bis zu Morddrohungen gegen das Opfer oder Familienmitglieder gehen. Oft wird die angewandte Gewalt auch strafmildernd als „im unteren Bereich" oder als „geringes Maß an Gewalt" gewertet. Stand der Täter bei der Tat unter Alkohol- oder Drogeneinfluss oder wird bekannt, dass er regelmäßig Drogen konsumierte, so hat dies eine rechtliche Entlastungswirkung bei der Frage der Schuldfähigkeit.[66] Strafverschärfend wirken dagegen Vorstrafen, besonders einschlägige.

In Bezug auf die Opfer wirkt ein niedriges Alter der Opfer belastend, ebenso, wenn ersichtlich ist, dass das Opfer noch unter dem Einfluss der Tat leidet. Bei Vergewaltigungen wird regelmäßig als strafverschärfend bewertet, wenn der Verkehr ungeschützt stattfand und bis zum Samenerguss durchgeführt wurde. Besonders in den Verfahren, in denen eine Schleuser- und Zuhälterstruktur ersichtlich war, werden der hohe Organisationsgrad, der enorme wirtschaftliche Gewinn und die erhebliche kriminelle Energie als belastend gewertet. So wird auch von "großer Professionalität, Routine und Gefühlskälte" gesprochen.

5.1.6 Geständnis- und Prozessverhalten

In den vorliegenden Urteilen waren Geständnisse häufig. Von den 66 Tätern gestanden 33 die Taten, sieben legten ein Teilgeständnis ab. Ein umfassendes Geständnis ist für alle Prozessbeteiligten vorteilhaft. Für die Angeklagten wird dies als strafmildernd gewertet, den Opferzeuginnen erspart es lange und oft qualvolle Verhöre vor Gericht. Immerhin 22 Angeklagte bestritten die Tatvorwürfe in der Hauptverhandlung.

5.1.7 Bedeutung und Glaubwürdigkeit der Zeuginnen[67]

In 31 der ausgewerteten 40 Verfahren gab es Nebenklägerinnen. Von diesen insgesamt 46 Nebenklägerinnen wurden 36 von Solwodi e. V. betreut. 18 von Solwodi e. V. betreute Frauen sagten lediglich als Zeuginnen aus.[68]

---

[66] So z. B. im Verfahren LG Hanau 1 Js 15290 9/97.
[67] Zur Stellung des Opfers in der Hauptverhandlung siehe Kirchhoff 1994, Bd. 1, S. 81.
[68] Bei diesen Zahlen ist zu beachten, dass einige Frauen in mehreren Prozessen aussagten bzw. als Nebenklägerin auftraten.

Wie an anderer Stelle beschrieben bringt die Hauptverhandlung und ihre Aussage für die Opferzeugin die Gefahr der Retraumatisierung mit sich. Was für Vergewaltigungsopfer gilt, trifft auch auf Opfer von Menschenhandel zu, „dass unbedingt vermieden werden muss, weitere Schäden durch das Verfahren zu setzen. Es scheint, dass die labilisierte und gedemütigte Verfassung, in die die Zeugin durch die Vergewaltigung gerät, sie besonders anfällig macht für sekundäre Traumata durch das Verfahren"[69]. Viele Verteidiger arbeiten nach dem Prinzip „Angriff ist die beste Verteidigung". Ziel des Angriffs ist zumeist das Opfer und eine Verharmlosung des Tatgeschehens. Daher kommt es zu Versuchen der Angeklagten bzw. ihrer Verteidiger, ihre Entlastung durch Belastung des Opfers zu suchen. So wurde z. B. im Verfahren LG Oldenburg 1 KLS 1/00 eine notarielle Urkunde einer Zeugin verlesen, die Zeugin A. habe zu Hause angerufen und mitgeteilt, sie habe den Angeklagten durch eine Falschaussage belastet. Die Zeugin A. konnte diese Anschuldigung glaubhaft widerlegen. In einem anderen Verfahren unterstellte die Verteidigung als Motiv für eine Falschaussage der Zeugin das angestrebte Aufenthaltsrecht in der Bundesrepublik.[70] Im Verfahren LG Bonn 21 J 1/97 kam es auf Antrag der Verteidigung zu einem Glaubwürdigkeitsgutachten über die Zeugin F. Der Gutachter bestätigte aber voll und ganz die Glaubwürdigkeit der Zeugin.

In immerhin 15 der ausgewerteten Urteile kamen die Zeuginnen – außer in der Beschreibung des Tathergangs – gar nicht vor. In 25 Urteilen kamen sie vor, oft allerdings nur mit dem Satz, die Feststellungen beruhten auf den glaubhaften Angaben der Zeugin. Nähere Erläuterungen der Bewertung der Aussage durch das Gericht erfolgen meist, wenn die Angeklagten die Tatvorwürfe bestreiten und die Zeuginnen sie belasten. In der Regel werden die Aussagen der Zeuginnen sehr positiv bewertet: „Die Zeuginnen haben in sich widerspruchsfrei, folgerichtig und insgesamt glaubhaft über die Vorgänge in der Pension berichtet. A. und K. bereitete die Aussage größte Pein."[71] „Die Zeuginnen haben mit sichtlichem Bemühen um eine möglichst vollständige Darstellung ohne jegliche erkennbare Belastungstendenz ausgesagt."[72] Weitere Bezeichnungen, die in den Urteilen immer wieder auftauchen, sind: „uneingeschränkt glaubhafte Angaben", „in vollem Umfang glaubhaft", „Tat umfassend geschildert". In nur zwei Verfahren kommen im Urteil Zweifel an der Aussage vor: „Es kann nicht ausgeschlossen werden, dass die Zeugin die Unwahrheit gesagt hat. [...] Die Aussage der Zeugin ist

---

[69] Michaelis-Antzen 1985, S. 84. Zit. nach Kirchhoff 1994, Bd. 1, S. 81.
[70] LG Hanau 1 Js 15290 9/97.
[71] LG Oldenburg 1 KLs 1/00, S. 28-29.
[72] LG Duisburg 32 KLS 205 Js 1589/00, S. 36-37.

insoweit widersprüchlich [...]."[73] „Die Bekundungen der Zeugin S. sind, sofern sie nicht eine teilweise Bestätigung in den glaubhaften Bekundungen der Zeuginnen U. und M. finden, nicht glaubhaft. Sie sind teilweise unpräzise, teils widersprüchlich, teilweise auch schlicht nicht nachvollziehbar."[74] In dem Verfahren, in dem ein Glaubwürdigkeitsgutachten bezüglich der Zeugin F. eingeholt wurde, werden die Aussagen der Zeugin besonders ausführlich auf 18 Seiten kommentiert.[75] Dies ist sonst aber selten, meist werden die Aussagen nur kurz mit ein paar Sätzen kommentiert wie oben beispielhaft gezeigt.

5.2 Kurzprotokolle der einzelnen Verfahren

5.2.1 Verfahren mit Urteil Menschenhandel

LG Oldenburg 3 KLS 7/00
Vom Oktober 1997 bis Mitte 1999 haben die beiden Angeklagten, ein lettischer und ein russischer Staatsangehöriger „sich daran beteiligt", junge Frauen aus der Ukraine und aus Russland in die Bundesrepublik einzuschleusen, sie verschiedenen Bordellen zuzuführen, wo sie der Prostitution nachgingen, und ihnen den größten Teil des Lohns abzunehmen.

Mit der Anwerbung in der Heimat hatten die Angeklagten nichts zu tun. Sie brachten die Frauen dazu, die Prostitution aufzunehmen und brachten sie in Bordelle in verschiedenen Regionen Deutschlands. Die angeworbenen Frauen wussten wohl, dass sie als Prostituierte arbeiten würden, waren allerdings im Glauben gelassen, dass sie viel Geld verdienen könnten. Nach ihrer Einreise erst wurde ihnen gesagt, dass sie Schulden abzutragen hätten für Transfer, Papiere etc. Vom verdienten Geld mussten die Frauen auch an die Bordellbetreiber und einen Mittelsmann abführen. Die Frauen behielten nur einen geringen Teil für sich selbst. Die Frauen aus der Ukraine mussten 500 DM pro Woche abgeben. Die Angeklagten behielten je 100 DM, 300 DM gingen an den Mittelsmann. Mitte des Jahres 1998 trennten sich die Angeklagten von diesem und arbeiteten allein weiter. Insgesamt wurden fünf Frauen aus der Ukraine eingeschleust und fünf aus Russland. Die Nebenklägerin wurde von Solwodi e. V. betreut.

Das Gericht sprach beide Angeklagte schuldig des Menschenhandels in Tateinheit mit Zuhälterei und mit gewerbs- und bandenmäßigem Einschleu-

---

[73] AG Pirmasens 4524 Js 12337/97.
[74] LG Köln 113- 21/01, S. 55.
[75] LG Bonn 21 J 1/97, S. 62-80.

sen von Ausländern. Der Angeklagte zu 1) wurde in elf Fällen schuldig gesprochen und erhielt 2 Jahre und 9 Monate Gesamtfreiheitsstrafe. Der Angeklagte zu 2) wurde in sechs Fällen schuldig gesprochen und erhielt 1 Jahr und 9 Monate Gesamtfreiheitsstrafe.

AG Marburg 4 Js 4115/99
Durch seine Tätigkeit als Kfz-Händler war der ungarische Angeklagte oft in der Bundesrepublik und hatte Kontakt zu Geschäftsführern mehrerer Nachtclubs. Dadurch hatte er die Idee der Anwerbung von ungarischen Frauen. Zum Teil sprach er die Frauen selbst an, zum Teil wurde er angesprochen. Er sprach sich dann jeweils mit Bordellbetreibern in Deutschland ab, wann er Frauen bringen könnte. Im Prozess ging es um drei Frauen, davon wurden zwei von Solwodi e. V. betreut.

Der Angeklagte wurde wegen Menschenhandels in drei Fällen, jeweils in Tateinheit mit gewerbsmäßigem Einschleusen, in zwei Fällen in Tateinheit mit schwerem Menschenhandel und in einem minder schweren Fall zu einer Gesamtfreiheitsstrafe von zwei Jahren verurteilt. Die Untersuchungshaft von sechs Monaten und die Auslieferungshaft wurden angerechnet und die Vollstreckung der restlichen Freiheitsstrafe zur Bewährung ausgesetzt.

LG Koblenz 2101 Js 54.636/97 – 9 KLS
In diesem Prozess gab es vier türkische Angeklagte. Ab Juli 1997 entschlossen sich die Angeklagten, gemeinsam Frauen aus dem osteuropäischen Ausland z. T. unter dem Vorwand, ihnen Arbeit als Kellnerin zu verschaffen, in die Bundesrepublik einzuschleusen. Anschließend zwangen sie die Frauen, für sie gewinnbringend in verschiedenen Bars als Prostituierte zu arbeiten. Hierbei war das Vorgehen der Gruppenmitglieder aufeinander abgestimmt. Insgesamt wurden neun Fälle verhandelt, fünf der Frauen wurden von Solwodi e. V. betreut. Soweit sich die Angeschuldigten eingelassen haben, bestritten sie die Tatvorwürfe vollständig.

Nach den Ergebnissen der Ermittlungen ist davon auszugehen, dass in Riga, Weißrussland und der Ukraine von dortigen Mittelspersonen gezielt per Zeitungsannonce Frauen angeworben wurden. Hierbei wurde ihnen teilweise auch vorgetäuscht, sie könnten als Kellnerin oder Bedienung arbeiten und ein beträchtliches Einkommen erzielen. Die Tätergruppe unterhielt unmittelbaren Kontakt zu den Werbern in den Herkunftsländern.

In Deutschland gerieten die Frauen schnell in ein von dem Gefühl der Hilflosigkeit und Angst geprägtes Abhängigkeitsverhältnis zu den Angeschuldigten. Die Zeuginnen hatten zumeist "Schulden", da ihnen stets bestimmte Summen für Visa und Einreise nachträglich auferlegt wurden, was ihnen die Möglichkeit nahm, finanzielle Mittel für die Heimreise zu erwirtschaften. Hinzu kam, dass die Zeuginnen Repressalien in ihrer Heimat zu fürchten hatten. Ihre Familien wurden in den Heimatländern bedroht.

Der Angeklagte zu 1) holte die Frauen von Schleusern ab, verbrachte sie in Bordelle, kontrollierte die Arbeit, bedrohte sie, wenn sie sich weigerten. Er vergewaltigte ein Opfer im Bordell. Er wurde verurteilt wegen Vergewaltigung, schweren Menschenhandels in drei Fällen, jeweils in Tateinheit mit bandenmäßigem Einschleusen von Ausländern, in zwei Fällen in Tateinheit mit Zuhälterei und in einem Fall in Tateinheit mit Freiheitsberaubung, Zuhälterei in zwei Fällen, jeweils in Tateinheit mit Förderung der Prostitution und in einem Fall in Tateinheit mit bandenmäßigem Einschleusen von Ausländern, Förderung der Prostitution in Tateinheit mit bandenmäßigem Einschleusen von Ausländern, Beihilfe zur Zuhälterei in Tateinheit mit bandenmäßigem Einschleusen von Ausländern. Die Gesamtfreiheitsstrafe betrug 6 Jahre.

Der Angeklagte zu 2) ist vorbestraft wegen gemeinschaftlich begangener Förderung der Prostitution und Beihilfe zur Tat des unerlaubten Aufenthalts in der Bundesrepublik. Seine Aufgabe war das Abholen der Opfer vom Schleuser, Verbringen in die entsprechenden Bordelle und Zwang zur Prostitution, Abholen des Geldes und Verhindern des Ausstiegs aus der Prostitution. Er verletzte die Frauen mehrfach z. B. durch Ohrfeigen und Faustschläge. Das Gericht verurteilte ihn wegen Zuhälterei in vier Fällen, davon in drei Fällen in Tateinheit mit bandenmäßigem Einschleusen von Ausländern, in einem Fall in Tateinheit mit vorsätzlicher Körperverletzung, bandenmäßigem Einschleusen von Ausländern, schwerem Menschenhandel in Tateinheit mit Zuhälterei, bandenmäßigem Einschleusen von Ausländern und vorsätzlicher Körperverletzung, versuchter Erpressung in zwei Fällen zu einer Gesamtfreiheitsstrafe von vier Jahren und sechs Monaten – unter Einbeziehung von Strafen aus früheren Urteilen.

Der Angeklagte zu 3) schleuste die Frauen ein unter dem Vorwand, ihnen Arbeit als Kellnerin zu verschaffen. Er holte sie ab, brachte sie in verschiedenen Bordellen unter und zwang sie durch Drohungen und körperliche Gewalt zur Prostitution. Er wurde verurteilt wegen Zuhälterei in zwei Fällen, davon in einem Fall in Tateinheit mit Einschleusen von Ausländern, Einschleusen von Ausländern in drei Fällen, wegen schweren Menschenhandels in zwei Fällen jeweils in Tateinheit mit Zuhälterei und Einschleusen von Ausländern zu einer Gesamtfreiheitsstrafe von drei Jahren und sechs Monaten. Der vierte Angeklagte war der Besitzer des Bordells, in dem die Frauen zur Prostitution gezwungen wurden. Das Gericht verurteilte ihn wegen Zuhälterei in Tateinheit mit Förderung der Prostitution in fünf Fällen, davon in einem Fall auch in Tateinheit mit schwerem Menschenhandel, zu zwei Jahren und sechs Monaten Freiheitsstrafe.

LG Mainz 305 Js 14726/97 – 6 NS
Die aus Nigeria stammende Angeklagte entschloss sich während ihrer Tätigkeit als Prostituierte in der Bundesrepublik, andere Afrikanerinnen nach Deutschland einzuschleusen, um sie hier, gegebenenfalls auch gegen ihren Willen, der Prostitution zuzuführen.

Die erste Zeugin war eine Cousine der Angeklagten. Ihr wurde eine Arbeitstätigkeit in einer Fabrik in Aussicht gestellt. Sie reiste per Flugzeug ohne gültigen Ausweis mit fremdem Pass ein und wurde von der Angeklagten zur Prostitution gezwungen. Die Angeklagte drohte ihr mit Voodoo-Zauber und einer Anzeige bei der Polizei. Die zweite Zeugin und Nebenklägerin wurde von Solwodi e. V. betreut. Sie wurde im Februar 1995 in Nigeria von der Angeklagten für Arbeit in Deutschland angeworben. Es war ausgemacht, dass sie die Reisekosten in Höhe von 30.000 DM zurückbezahlen sollte. Im März 1995 reiste sie mit dem Pass der Angeklagten ein. Diese brachte sie in ein Bordell, bedrohte sie massiv mit Polizei und Gefängnis und schlug sie mit einem Stuhl. Nachdem die 30.000 DM abbezahlt waren, wollte die Angeklagte noch 15.000 DM mehr. Die Klientin ging vom April 1995 bis zu einer Razzia im Oktober 1996 für die Angeklagte der Prostitution nach.

Das Urteil des AG Mainz lautete auf schweren Menschenhandel in zwei Fällen, jeweils in Tateinheit mit Zuhälterei, Missbrauch von Ausweispapieren und Beihilfe zum Einschleusen von Ausländern, Gesamtfreiheitsstrafe vier Jahre. Gegen dieses Urteil legte die Angeklagte Rechtsmittel ein, das sie als Berufung bezeichnete und auf den Rechtsfolgenausspruch beschränkte, um eine mildere Strafe zu erreichen. Das Gericht verurteilte die Angeklagte zu je zwei Jahren, sechs Monaten. Es ergab sich im Berufungsurteil eine Gesamtfreiheitsstrafe von drei Jahren sechs Monaten.

LG Bonn 23 N 1/97
In diesem Verfahren waren zwei Tunesier angeklagt wegen gemeinschaftlicher Vergewaltigung und einer von ihnen zusätzlich wegen schweren Menschenhandels. Die Nebenklägerin wurde von Solwodi e. V. betreut.

Seit April 1996 wohnte der Angeklagte zu 1) mit seiner Freundin, der Nebenklägerin, in der Wohnung des zweiten Angeklagten, der ein Vetter des Angeklagten zu 1) ist. In dieser Zeit stellte sich der Angeklagte zu 1) mehr und mehr als aggressiver, gewalttätiger Mann heraus, der die Zeugin aus nichtigen Anlässen brutal schlug. Trotz der wiederholten Gewalttätigkeiten blieb die Zeugin bei ihm, da er sich nach den Gewaltausbrüchen sofort bei ihr entschuldigte. An einem Abend im Mai 1996 verlangte der Angeklagte zu 1) von der Zeugin, sie solle mit seinem Vetter, dem Angeklagten zu 2), den Geschlechtsverkehr vollziehen. Er schlug sie ins Gesicht und weckte seinen Vetter. In der Folge vergewaltigten beide die Zeugin, die sich heftig wehrte und weinte, gemeinsam. Sie wollte sich in der Folgezeit trennen, sah aber keine Alternative für sich. Ende Juni 1996 brachte der Angeklagte zu 1) sie dann gegen ihren Willen in einen Club, wo sie in der Nacht zwei Freier bediente. An nächsten Tag flüchtete sie zu ihrer Freundin. Der Angeklagte zu 1) holte sie dort wieder und schlug sie zu Hause schwer. Am 21.7.1996 teilte er ihr mit, sie solle wieder im Club arbeiten. Die Zeugin war verzweifelt, nahm ein Rasiermesser mit, um sich das Leben zu nehmen, wenn ihr nicht die Flucht gelänge. Diesmal konnte sie bei einem der Arbeit vorausgehenden Arztbesuch trotz Bewacher fliehen. Sie bat in einer Gaststätte um Hilfe und kam so zur Polizei. Beide Angeklagten bestritten die Taten. Das Gericht sah jedoch keine Veranlassung an der Richtigkeit der Aussagen der Zeugin zu zweifeln.

Das Urteil lautete für den Angeklagten zu 1) fünf Jahre Freiheitsstrafe wegen gemeinschaftlicher Vergewaltigung in Tateinheit mit sexueller Nötigung sowie schweren Menschenhandels in Tateinheit mit Zuhälterei sowie vorsätzlichen Fahrens ohne Fahrerlaubnis. Der zweite Angeklagte wurde wegen gemeinschaftlicher Vergewaltigung in Tateinheit mit sexueller Nötigung zu drei Jahren und sechs Monaten Freiheitsstrafe verurteilt.

LG Bremen 27 Kls 300 Js 9486/2000
Der in diesem Verfahren Angeklagte Deutsche erhielt gelegentlich Druckaufträge aus dem Rotlichtmilieu. Dabei lernte er 1994 seine spätere Lebensgefährtin kennen, die als Prostituierte arbeitete. Sie verschaffte ihm die nötigen Kontakte. Seit 1994 führte er ein Doppelleben. Neben seinen legalen Tätigkeiten vermietete er verschiedene Wohnungen an osteuropäische Prostituierte. Dabei schloss er sich mit zwei anderen Männern zusammen.

Seit 1999 übernahmen sie die Frauen gegen einen Betrag von 2000 bis 4000 DM von einem Schleuserring aus Litauen. Die Frauen mussten dann in den von den drei „Bremer Freunden" zum Teil gemeinsam, zum Teil auf eigene Rechnung betriebenen Wohnungen der Prostitution nachgehen. Da nicht alle Frauen wussten, welche Arbeit sie in Deutschland erwartete, reagierten manche schockiert und weigerten sich. Dann übernahm es der Angeklagte, sie gefügig zu machen. Reichte verbaler Druck nicht aus, wurden sie geschlagen. In der Regel zwang der Angeklagte sie auch mindestens einmal zum Geschlechtsverkehr. Gefiel ihm eine Frau oder war sie immer noch nicht zur Prostitution bereit, wurde sie wiederholt vergewaltigt. Die Frauen mussten Tagesmieten von 100 bis 200 DM bezahlen, dazu 50% der Einnahmen bis sie ihre angeblichen „Schulden" abgearbeitet hatten. Die Prostituierten waren bald die Haupteinnahmequelle des Angeklagten. Er unterhielt im Schnitt 10 Appartements mit 10 Frauen.

Das Gericht verurteilte den Angeklagten wegen Vergewaltigung in 17 Fällen, davon in einem Fall in Tateinheit mit schwerem Menschenhandel und in einem Fall in Tateinheit mit Freiheitsberaubung, sowie wegen Freiheitsberaubung, schweren Menschenhandels und gefährlicher Körperverletzung, sowie gewerbs- und bandenmäßigem Einschleusen von Ausländerinnen in 5 Fällen und Zuhälterei zu einer Gesamtfreiheitsstrafe von 6 Jahren.

LG Karlsruhe 3 KLS 74 Js 18569/97
In diesem Verfahren gab es drei Angeklagte, die beiden deutschen Bordellbetreiber und den aus der Ukraine stammenden Aufpasser. Beide Nebenklägerinnen wurden von Solwodi e. V. betreut.

Die Angeklagten zu 1) und zu 2) erwarben 1995 gemeinsam eine Gaststätte, die sie an einen Mann verpachteten, der sie als Speise- und Schankbetrieb führte, in dem tage- und wochenweise Frauen aus Polen, Tschechien oder Russland der Prostitution nachgingen. Nach der Verhaftung des Pächters 1996 führten die Angeklagten das Lokal allein. Der dritte Angeklagte arbeitete als ihr Gehilfe und Aufpasser im Club. In dem Urteil wurden die Fälle der beiden Nebenklägerinnen näher dargestellt. Beide sprechen von Gewaltanwendung im Club wie z. B. Einsperren in einen Kühlschrank, Schläge, Todesdrohungen und extremen Arbeitsbedingungen, „der eine Freier ging, der andere kam – ohne Pause". Beide mussten ihren Zuhältern auch sexuell zur Verfügung stehen und beide erhielten für ihre Arbeit kein Geld. Die beiden Hauptangeklagten bestritten die Vorwürfe weitgehend. Der Gehilfe, der Angeklagte zu 3), legte ein Geständnis ab.

Das Urteil lautete für den Angeklagten zu 1) wegen schweren Menschenhandels in Tateinheit mit Förderung der Prostitution, mit Zuhälterei, mit Körperverletzung und Freiheitsberaubung, wegen schweren Menschenhandels in Tateinheit mit Förderung der Prostitution, mit Zuhälterei und mit Körperverletzung, wegen Körperverletzung in fünf Fällen, davon in zwei Fällen in Tateinheit mit Freiheitsberaubung, wegen sexueller Nötigung in acht Fällen, sowie wegen gefährlicher Körperverletzung in Tateinheit mit versuchtem schweren Menschenhandel: Gesamtfreiheitsstrafe 10 Jahre und Verfall eines Geldbetrages in Höhe von 16.000 DM.

Der Angeklagte zu 2) wurde wegen schweren Menschenhandels in Tateinheit mit Förderung der Prostitution, mit Zuhälterei, mit Körperverletzung und Freiheitsberaubung, wegen schweren Menschenhandels in Tateinheit mit Förderung der Prostitution, mit Zuhälterei und mit Körperverletzung, wegen Körperverletzung in Tateinheit mit Freiheitsberaubung in zwei Fällen, wegen sexueller Nötigung in vier Fällen, wegen Körperverletzung sowie wegen gefährlicher Körperverletzung in Tateinheit mit versuchtem schwerem Menschenhandel zu einer Gesamtfreiheitsstrafe von 6 Jahren und Verfall eines Geldbetrages in Höhe von 16.000 DM verurteilt.

Den Angeklagten zu 3) verurteilte das Gericht wegen Beihilfe zur Förderung der Prostitution in Tateinheit mit Beihilfe zur Zuhälterei in zwei Fällen, sowie wegen Freiheitsberaubung in zwei Fällen, davon in einem Fall in Tateinheit mit Körperverletzung zu einer Gesamtfreiheitsstrafe von 2 Jahren.

AG Almelo Aktenzeichen 4478/98
Zu diesem Prozess, der in den Niederlanden stattfand, liegt eine Zusammenfassung des Urteils in Übersetzung vor.

Am 8.August 1998 wurde die Zeugin, die Klientin von Solwodi e. V., von dem albanischen Angeklagten aus Deutschland nach den Niederlanden entführt, geschlagen und unter Bedrohung mit einer Pistole vergewaltigt. Sie wurde gezwungen, in einem Bordell der Prostitution nachzugehen. Ihre Papiere und ihr Asylantrag wurden zerrissen. Am 10. August kam die Polizei in das Haus und die Zeugin flüchtete in das Polizeiauto. Am 11. August reichte sie in den Niederlanden Klage wegen Freiheitsberaubung, Vergewaltigung, Bedrohung und Menschenhandel ein. Das Opfer erklärte, dass sie Angst habe, weil sie mit Bestimmtheit wisse, dass der Angklagte sie misshandeln und gar töten würde, wenn sie nicht machen würde, was er fordert.

Das niederländische Gericht verurteilte den Angeklagten wegen Vergewaltigung, Menschenhandel und absichtlicher widerrechtlicher Freiheitsberaubung zu drei Jahren und sechs Monaten ohne Bewährung. Das Strafmaß war höher als vom Staatsanwalt gefordert.

LG Hagen 42 NS 591/ Js 259/99
Die von Solwodi e. V. betreute Nebenklägerin in diesem Prozess, eine zum Zeitpunkt des Tatgeschehens 18-jährige Litauerin, hatte sich im Jahre 1995 interessiert gezeigt, zum Zweck einer Arbeitsaufnahme nach Deutschland einzureisen. Nachdem man ihr und ihrer damals 19-jährigen Freundin die Pässe abgenommen hatte, erhielten sie Kontakt mit verschiedenen Personen, die ihnen die gewünschte Ausreise ermöglichen wollten. Die Mädchen stellten sich eine Tätigkeit in der Küche oder Spülküche einer Gastwirtschaft vor. Als ihnen angedeutet wurde, sie könnten sich durch Kontakte mit Männern zusätzliche Einkünfte verschaffen, lehnten sie dies ab. Anfang September 1995 wurde schließlich ein Kontakt zu dem litauischen Angeklagten vermittelt. Er machte den beiden gleich klar, dass sie nun ihm gehörten, in Deutschland als Prostituierte zu arbeiten hätten und drohte ihnen, falls sie zu fliehen versuchen sollten, mit Gewalt. Noch in Litauen zwang er

beide zum Geschlechtsverkehr mit seinem Bekannten. Am 4. oder 7.10.1995 schleuste der Angeklagte die beiden Frauen schließlich mit falschen Pässen in die Bundesrepublik ein. Er verkaufte sie für mindestens 3000 DM an türkische Bordellbesitzer. Dann hatten beide der Prostitution nachzugehen, wobei sie gesagt bekamen, sie sollten ihren Kaufpreis abarbeiten. Der Angeklagte hat die Tat bestritten und behauptet, er kenne die Frauen nicht. Er sei im März 1995 aus Deutschland ausgewiesen worden und bis zur Einreise im März 1999 nie mehr dort gewesen.

Das erste Urteil lautete vier Jahre Freiheitsstrafe wegen schweren Menschenhandels. Im Berufungsurteil des LG Hagen wurde die Strafe auf drei Jahre drei Monate herabgesetzt.

LG Halle 23 KLs 31/2001
Es gab drei Angeklagte in diesem Verfahren, zwei Ukrainer und einen Deutschen. Es gab keine Nebenklägerin.

Der Angeklagte zu 1) gehörte spätestens seit Januar 2000 einer international agierenden, weissrussischen Schleuserorganisation an. Ziel dieses Zusammenschlusses war es, Frauen aus Ländern der ehemaligen GUS und aus Osteuropa, vornehmlich aber weißrussische Frauen gegen Zahlung eines Entgeltes nach Deutschland einzuschleusen, um sie der Prostitution zuzuführen. Der Angeklagte, der nach Bedarf mit den verschiedenen Mitgliedern der Bande zusammenarbeitete, wusste stets um die ausländerrechtliche Illegalität der nach Deutschland gebrachten Frauen. In Deutschland wurden die Frauen verschiedenen Bordellen oder Bordellwohnungen zugeführt und untereinander ausgetauscht. Die Erlöse aus der Arbeit flossen hälftig den Bordellbetreibern zu. Von dem ihnen verblieben Anteil mussten die Frauen wöchentlich bis zu 500 DM an die Schleuserorganisation abführen. Den Frauen blieb nur ein kleiner Bruchteil.

Der Angeklagte zu 1) hatte die Aufgabe, Frauen an der polnisch-deutschen Grenze von Fußschleusern zu übernehmen und auf die verschiedenen Bordelle zu verteilen, bei Bedarf auszuwechseln und wöchentliche Kassierfahrten durchzuführen. Er diente den Bordellbetreibern als Ansprechpartner bei Schwierigkeiten mit den Frauen.

Der Angeklagte zu 2) betrieb seit Dezember 1999 in den Wohn- und Geschäftsräumen eines Nachtcafés ein ungenehmigtes Bordell. Dort hielten sich regelmäßig mehrere osteuropäische Frauen auf, die durch den Angeklagten zu 2) zur Ausübung der Prostitution bestimmt und überwacht wurden. Dem Angeklagten war klar, dass die Frauen von der o.a. Schleuserorganisation nach Deutschland gebracht wurden, von dieser Organisation wöchentlich abkassiert wurden und dass sie ohne Aufenthalts- und Arbeitsgenehmigung arbeiteten.

Der Angeklagte zu 3) betrieb von Anfang Juni 1999 bis April 2001 zwei ungenehmigte Bordellwohnungen. Er brachte dort osteuropäische Prostituierte unter, die ihm auf telefonische Bestellung hin von Mitgliedern der Schleuserorganisation zugeführt wurden. Er wusste, dass keine der Frauen eine Arbeits- und Aufenthaltserlaubnis besaß. Die Frauen standen den ganzen Tag unter Aufsicht, durften die Bordellwohnungen nur eine halbe Stunde am Tag verlassen. Ihre gesamten Einnahmen mussten sie an Angestellte des Angeklagten abliefern. Sie bekamen dann einen Anteil, von dem sie noch an die Schleuserorganisation abgeben mussten.

Der Angeklagte zu 1) wurde zu 2 Jahren 6 Monaten und 3 Jahren wegen banden- und gewerbsmäßigen Einschleusens von Ausländern in Tateinheit mit Zuhälterei und Menschenhandel in 12 Fällen verurteilt. Außerdem ordnete das Gericht den erweiterten Verfall in Höhe von 31.150 DM an.

Der Angeklagte zu 2) wurde zu 4 Jahren wegen gewerbsmäßigen Einschleusens von Ausländern in Tateinheit mit Förderung der Prostitution, Zuhälterei und Menschenhandel in 34 Fällen verurteilt. Der erweiterte Verfall in Höhe von 70.000 DM wurde angeordnet.

Für den Angeklagten zu 3) lautete das Urteil 3 Jahre 6 Monate wegen gewerbsmäßigen Einschleusens von Ausländern in Tateinheit mit Förderung der Prostitution, Zuhälterei und Menschenhandel in 16 Fällen und erweiterter Verfall in Höhe von 60.000 DM.

LG Mainz 3551 Js 12005/97 Ns
(Berufungsurteil, erstes Urteil: AG Mainz 3551 Js 12005/97.60 Ls)
In diesem Prozess waren eine Litauerin (Angeklagte zu 1) und ein Deutscher (Angeklagter zu 2) angeklagt. Beide hatten einen Verteidiger. Es gab keine Nebenklägerin.

Beide Angeklagte haben sich von 1996 bis 1997 über Zeitungsannoncen in Litauen und über Agenturen in St. Petersburg mit der Vermittlung von Frauen aus Russland und Litauen in gastronomische Betriebe in Deutschland, aber auch in die Prostitution beschäftigt. Hierbei war im wesentlichen die Angeklagte die Triebfeder und hauptsächlich Tätige. Die von Solwodi e. V. betreute Zeugin las diese Annoncen, telefonierte mehrmals mit den Angeklagten und entschloss sich im Januar/Februar 1997 nach Deutschland zu reisen.

Sie beantragte selbst ein Besuchervisum für drei Monate. Die Angeklagten schickten ihr einen Barbetrag von 600 oder 900 DM für die Visagebühren und das Flugticket. Es war ausgemacht, dass sie diese Summe zurückzahlen sollte. Die Angeklagten holten sie am Flughafen ab und brachten sie in ihre Wohnung. Dort erklärte ihr die Angeklagte in russischer Sprache, dass sie um die Kosten zurückzubezahlen zunächst in der Prostitution arbeiten sollte. Die Zeugin weigerte sich, wurde aber durch heftige lautstarke Äußerungen des Angeklagten gefügig gemacht. Er nahm ihr am nächsten Tag den Pass ab und sie wurde in ein Appartement gebracht, wo sie wohnen und arbeiten sollte. Die Angeklagte gab die Kontaktanzeigen auf, besorgte die nötigen Hilfsmittel, empfing die Freier, kassierte und zog sich in die Küche zurück. Sie war praktisch jeden Tag im Appartement. An Ostern erklärte die Zeugin den Angeklagten, dass sie nicht weiter der Prostitution nachgehen wollte und verlangte ihren Pass. Der Angeklagte erregte sich über diese Forderungen. Er warf sie auf ein Sofa und schlug sie ins Gesicht. Sie flüchtete aus dem Haus. Er folgte, schlug sie draußen wieder und drohte sie umzubringen. Die Zeugin, eingeschüchtert durch die Prügel und die Drohungen, ging zunächst weiter der Prostitution nach. Im April fasste sie den Entschluss zu fliehen, was ihr mit Hilfe eines Freundes nach weiterer Gewaltanwendung und Raub ihrer Handtasche durch den Angeklagten auch gelang. Sie ging zur Kripo und kam über diese zu Solwodi e. V. Sie kehrte in die Heimat zurück. Die Angeklagten haben sich weder zu ihren persönlichen Verhältnissen noch zu den Anklagevorwürfen geäußert.

Die Angeklagte zu 1) wurde zu zwei Jahren und zwei Monaten wegen gemeinschaftlichen schweren Menschenhandels in Tateinheit mit Zuhälterei und eines weiteren Falles der Zuhälterei verurteilt. Sie legte Berufung ein. Das LG Mainz hob das Urteil im Strafausspruch auf. Die Angeklagte wurde nun zu einer Gesamtfreiheitsstrafe von zwei Jahren verurteilt, die zur Bewährung ausgesetzt wurde.

Das Urteil für den Angeklagten zu 2) lautete drei Jahre wegen gemeinschaftlichen schweren Menschenhandels in Tateinheit mit Zuhälterei und einem weiteren Fall schweren Menschenhandels und Raubes.

LG Mainz 305 Js 3745/97 – 20 Ls
Angeklagte in diesem Verfahren waren zwei Nigerianerinnen. Sie hatten je einen Verteidiger. Die ebenfalls aus Nigeria stammende Nebenklägerin wurde von Solwodi e. V. betreut.

Die Nebenklägerin kam über einen Freund in Kontakt zu einer Frau, die ihr nur als „Mary" bekannt ist. Diese bot ihr die Vermittlung einer Putzstelle in Deutschland an. Die Zeugin ging auf den Vorschlag ein, da sie sich davon eine erhebliche Verbesserung ihrer wirtschaftlichen Verhältnisse versprach. Hinsichtlich der Reisekosten wurde vereinbart, dass „Mary" diese vorlegen würde und die Zeugin sie nach ihrer Arbeitsaufnahme in Deutschland zurückzahlen solle. „Mary" beschaffte der Zeugin einen gefälschten Reisepass und ein Flugticket. In Deutschland übergab „Mary" sie den Angeklagten.

Der Zeugin, der zuvor von „Mary", die nach der Übergabe verschwand, der Pass abgenommen worden war, wurde nunmehr klar, dass sie der Prostitution zugeführt werden sollte. Die Angeklagten forderten die Zeugin auf, sich auszuziehen. Ihr wurden Kopf- und Schamhaare abgeschnitten mit der Drohung, sie für Voodoo-Zauber zu verwenden. Ihr wurde erklärt, man habe 10.000 Dollar an „Mary" zahlen müssen. Die Zeugin solle nun als Prostituierte arbeiten, um 36.000 Dollar an die beiden Angeklagten abzuzahlen. Gemeinsam begaben sie sich am folgenden Tag in das Bordell, in dem die Angeklagten arbeiteten. Dort sollte auch die Zeugin der Prostitution nachgehen. Die Angeklagten besorgten ihr einen gefälschten Pass. Für etwa zwei Wochen arbeitete U. in diesem Bordell. Alles Geld musste sie den Angeklagten abgeben. Als sie sich an einem Tag weigerte, einen Freier zu bedienen, wurde sie von einer der Angeklagten brutal geschlagen. Mitte Oktober 1996 kam die Zeugin mit einem Freier in Kontakt, der sie mit Solwodi e. V. in Verbindung brachte. Die Zeugin fand daraufhin den Mut zu flüchten.

Die Angeklagten bestritten den Tatvorwurf. Sie behaupteten, sie hätten die Zeugin zufällig im Bordell kennengelernt. Nach einer Polizeikontrolle im Bordell, für die die Zeugin sie beide verantwortlich gemacht habe, hätte sie ihnen gedroht, sie belaste sie bei der Polizei. Das Gericht hielt dies für Schutzbehauptungen und die Zeugin für glaubwürdig. Es sprach die Angeklagten schuldig des schweren Menschenhandels in Tateinheit mit Zuhälterei, Missbrauch von Ausweispapieren und Beihilfe zum Aufenthalt ohne Aufenthaltsgenehmigung und verurteilte beide zu einer Freiheitsstrafe von jeweils zwei Jahren und zwei Monaten. Die Angeklagten legten Berufung ein. Mit dem Berufungsurteil wurde die Strafe auf je ein Jahr und zehn Monate verkürzt.

LG Köln 113-45/00
In dem Prozess gab es drei Angeklagte, zwei Türken und einen Deutschen. Die Nebenklägerin wurde von Solwodi e. V. betreut.

Der Angeklagte zu 1) verdiente seinen Lebensunterhalt seit 1997 vorwiegend, indem er Prostituierte für sich arbeiten ließ. Ende April 2000 wurden ihm telefonisch tschechische Prostituierte zum Kauf angeboten. In einem Gespräch kamen er und die Nebenklägerin überein, dass sie in den nächsten drei Monaten für ihn in Deutschland als Prostituierte arbeiten sollte. Sämtliche Einnahmen sollte sie an ihn abführen, bis die ihm entstehenden Kosten gedeckt seien, dann sollten die Einnahmen geteilt werden. Der Angeklagte zahlte den Schleppern 3000 DM. Ab Mitte Mai 2000 arbeitete die Nebenklägerin in verschiedenen Clubs. Als sie äußerte, sie wolle heimkehren, schloss der Angeklagte sie in der Wohnung ein und sagte, sie müsse weiterarbeiten. Am 14.6. wurde die Zeugin bei einer Wohnungsdurchsuchung festgenommen. Der Angeklagte zu 2) brachte in der gleichen Wohnung eine andere Frau unter, die unter den gleichen Bedingungen wie die Nebenklägerin der Prostitution nachging und vom Angeklagten zu 1) geschlagen wurde, als sie nicht mehr wollte. Der dritte Angeklagte „kaufte" schließlich die vom Angeklagten zu 2) zugehaltene Frau für 8000 DM, obwohl er wusste, dass sie nicht mehr der Prostitution nachgehen wollte. Sie flüchtete aus seiner Wohnung.

Das Urteil lautete für den Angeklagten zu 1) ein Jahr neun Monate wegen Menschenhandels in Tateinheit mit Zuhälterei und Beihilfe zum illegalen Aufenthalt; für den Angeklagten zu 2) ein Jahr elf Monate wegen schweren Menschenhandels in Tateinheit mit Menschenhandel, Zuhälterei und Beihilfe zum illegalen Aufenthalt. Für ihn wurde die Strafe zur Bewährung ausgesetzt. Der Angeklagte zu 3) erhielt eine Strafe von acht Monaten wegen Zuhälterei, ebenfalls auf Bewährung.

LG Zweibrücken 4020 Js 12337/97 3 Ns
(Berufungsurteil, erstes Urteil: AG Pirmasens 4024 Js 12337/97)
In diesem Verfahren waren eine Türkin und zwei Türken angeklagt. Die Angeklagten zu 1) und zu 2) betrieben zwei Bordelle. Die Zeugin wollte mit ihrer Freundin nach Deutschland einreisen, um dort zu arbeiten. Der Angeklagte zu 3) war mit der Freundin der Zeugin befreundet. Er half den beiden über die Grenze und brachte die Zeugin in das Bordell der Angeklagten zu 1) und zu 2). Die Einnahmen sollten hälftig zwischen ihm und den beiden aufgeteilt werden. Die Zeugin wollte zunächst nicht in der Prostitution arbeiten, entschloss sich aber, es doch zu tun, um Geld zu verdienen. Die Angeklagte zu 1) behielt fast die gesamten Einnahmen. Als sich ein Freier in die Zeugin verliebte, verlangten die beiden Angeklagen von ihm 60.000 DM zum „Freikaufen". Nach einer Razzia wurde die Zeugin ausgewiesen. Der Freier reiste mit ihr nach Tschechien, weil er sie heiraten wollte. Als er zurück war, wurde seine Familie bedroht, weil er das Geld an die Angeklagten nicht zahlen wollte. Die Angeklagten zu 1) und zu 2) verlangten, die Zeugin solle wieder für sie arbeiten. Aus Angst tat sie das. Die Angeklagten behielten das gesamte Geld. Sie wurde geschlagen, als sie sagte, sie sei müde.

Die Angeklagte zu 1) wurde wegen Menschenhandels in Tateinheit mit Zuhälterei in zwei Fällen und Förderung der Prostitution zu zwei Jahren Freiheitsstrafe verurteilt, der Angeklagte zu 2) zu zwei Jahren sechs Monaten Gesamtfreiheitsstrafe wegen Menschenhandels in Tateinheit mit Zuhälterei in zwei Fällen und Förderung der Prostitution, versuchter räuberischer Erpressung und vorsätzlicher Körperverletzung. Der dritte Angeklagte erhielt eine Strafe von einem Jahr sechs Monaten wegen Zuhälterei in zwei Fällen.

Gegen das Urteil legten die Angeklagten zu 1) und zu 2) und die Staatsanwaltschaft Berufung ein, die auf das Strafmaß beschränkt wurde. Die Berufungen des Angeklagten zu 2) und der Staatsanwaltschaft wurden verworfen. Die Berufung der Angeklagten zu 1) war erfolgreich. Die Strafe wurde zur Bewährung ausgesetzt wegen günstiger Sozialprognose.

LG Karlsruhe Ns 2 Ls 21 Js 5308/97
(Berufungsurteil, erstes Urteil: AG Karlsruhe 2 Ls 21 Js 5308/97)

Im November 1996 fassten die Angeklagten zu 1) und zu 2) den Entschluss, osteuropäische Frauen, die in Deutschland arbeiten oder der Prostitution nachgehen wollten, nach Deutschland zu bringen, um sie hier der von ihnen kontrollierten Prostitution zuzuführen.

Ende Januar 1997 nahmen der Angeklagten zu 1) und seine Verlobte, die Angeklagte zu 3), drei Frauen in Empfang und brachten sie in ein Bordell nach P. Dort waren sie, wie auch zwei weitere Frauen (eine Zeugin und die Nebenklägerin) faktisch eingesperrt und wurden von den Angeklagten zu 1) und zu 3) der Prostitution zugeführt. Die Nebenklägerin kam als Freundin des Angeklagten zu 2) nach Deutschland und wurde von diesem zur Prostitution gebracht. Das Geld wurde von der Angeklagten zu 3) kassiert und an die beiden Männer weitergegeben. Es kam auch zu Schlägen gegen die Nebenklägerin und sie wurde vom Angeklagten zu 2) einmal vergewaltigt.

Der Angeklagte zu 2) wurde zu einer Gesamtfreiheitsstrafe von zwei Jahren neun Monaten wegen schweren Menschenhandels in Tateinheit mit Zuhälterei und Freiheitsberaubung, sexueller Nötigung und eines Vergehens gegen das Ausländergesetz verurteilt.

Der Angeklagte zu 1) wurde wegen schweren Menschenhandels in Tateinheit mit Zuhälterei und Freiheitsberaubung und vorsätzlicher Körperverletzung zu einer Gesamtfreiheitsstrafe von zwei Jahren und drei Monaten verurteilt.

Die Angeklagte zu 3) erhielt wegen Beihilfe zum schweren Menschenhandel in Tateinheit mit Zuhälterei und Freiheitsberaubung eine Freiheitsstrafe von neun Monaten auf Bewährung.

Auf die Berufung der Angeklagten zu 1) und zu 2) und der Staatsanwaltschaft gegen das Urteil des AG Karlsruhe wurde das Urteil hinsichtlich der beiden Angeklagten im Strafausspruch aufgehoben. Der Angeklagte zu 1) wurde zu einer Gesamtfreiheitsstrafe von einem Jahr und neun Monaten verurteilt, der Angeklagte zu 2) zu einer Gesamtfreiheitsstrafe von zwei Jahren. Die Vollstreckung beider Strafen wurde zur Bewährung ausgesetzt.

AG Kleve 13 Ls 23 Js 700/00

Angeklagter in diesem Verfahren war ein seit 1980 in der Bundesrepublik lebender Pole. Er hatte einen Verteidiger. Es gab zwei Nebenklägerinnen, von denen eine von Solwodi e. V. betreut wurde.

Die Nebenklägerinnen lernten im Juni 1998 einen polnischen Landsmann kennen, der ihnen erklärte, dass er für sie Arbeitsplätze in Deutschland besorgen könne und dass sie dort erheblich mehr als in Polen verdienen könnten. Da sie seinen Versprechungen Glauben schenkten, erklärten sich die Zeuginnen bereit, sich nach Deutschland bringen zu lassen. Im Juli 1998 hielten sich die Zeuginnen eine Woche lang in einer polnischen Stadt in einem Hotel auf. Von dort aus sollte sie der Angeklagte mit einem PKW nach Deutschland bringen. Während des Hotelaufenthaltes erfuhren sie, dass sie in Deutschland als Prostituierte arbeiten sollten. Bis zur Abreise arbeiteten die beiden Frauen freiwillig mehrere Tage in einem polnischen Club als Prostituierte. Sie konnten sämtliche Einnahmen für sich behalten und gingen davon aus, dass sie auch bei ihrer Arbeit in Deutschland das verdiente Geld für sich behalten würden. Am 22. Juli 1998 transportierte der Angeklagte mit seinem PKW die beiden Zeuginnen von Polen nach Deutschland. Er wusste, dass sie keine Aufenthaltsgenehmigung und keine Arbeitserlaubnis für Deutschland hatten. Nachdem er die Zeuginnen in verschiedenen Clubs vergeblich angeboten hatte, brachte er sie schließlich in eine Bar. Er erklärte den beiden, dass ihm jede für seine organisatorischen Dienste 2000 DM bezahlen müsse.

Die beiden arbeiteten zunächst einen Monat in diesem Club, wobei sie lediglich 50 % der Einnahmen erhielten, die restlichen 50 % behielt die Leiterin des Clubs. In dieser Zeit erschien der Angeklagte mindestens einmal in der Woche persönlich in der Bar, um die Zeuginnen an die ausstehenden 2000 DM zu erinnern. Insgesamt zahlte jede der Zeuginnen in den vier Wochen 600 DM an ihn. Ende August reisten die Zeuginnen für fünf Tage nach Polen, kehrten aber in den Club zurück und arbeiteten bis zu einer Razzia im November 1998 weiter dort. Der Angeklagte rief noch einige Male an, um nach seinem Geld zu fragen, erhielt aber von der Clubleiterin die falsche Antwort, die Frauen arbeiteten nicht mehr dort.

Der Angeklagte räumte, gegen § 92,2a AuslG verstoßen zu haben. Er bestritt jedoch, sich wegen Menschenhandels und Zuhälterei strafbar gemacht zu haben. Das Gericht sah das so, dass er auf die beiden Frauen eingewirkt hat, um sie zur Fortsetzung der Prostitution zu bestimmen, dadurch dass er in den vier Wochen mehrmals in der Bar erschienen ist und das Geld gefordert hat und auch mehrmals telefonisch nach dem Geld gefragt hat. Er war sich darüber klar, dass die beiden das Geld nur durch die Fortsetzung ihrer Tätigkeit in der Prostitution verdienen konnten. Daher verurteilte es ihn wegen Menschenhandels in Tateinheit mit Zuhälterei sowie in Tateinheit mit Einschleusen von Ausländern in zwei Fällen zu einer Gesamtfreiheitsstrafe von einem Jahr und sechs Monaten zur Bewährung.

LG Nürnberg-Fürth 7 KLS 801 Js 24588/00
Es gab zwei Angeklagte: einen russischen Staatsangehörigen (Angeklagter zu 1) und einen Deutschen (Angeklagter zu 2). Die Nebenklägerin wurde von Solwodi e. V. betreut.

Im Oktober 1998 vereinbarte der Angeklagte zu 1) mit einer 21-jährigen Russin., dass sie für ihn und einen anderweitig verfolgten Täter als Prostituierte arbeiten sollte. Sie reiste am 28. Oktober 1998 mit ihm nach Deutschland. Der Angeklagte zu 1) und der anderweitig Verfolgte trafen die Auswahl der Freier, vereinbarten Ort und Termin sowie die Höhe des Lohns. Die Freier zahlten in der Regel an die beiden Männer. Im Herbst 2000 beschlossen der Angeklagte zu 2) und der anderweitig verfolgte Täter, die Nebenklägerin, die vorher noch nie als Prostituierte gearbeitet hatte, in Russland als Prostituierte anzuwerben mit dem Versprechen, sie werde in Deutschland von einem deutschen Staatsangehörigen, dem Angeklagten zu 2) geheiratet.

Anfang Oktober 2000 warb der anderweitig verfolgte Täter die Nebenklägerin an. Er erklärte ihr zwar, dass die in Deutschland der Prostitution nachgehen sollte, stellte ihr jedoch in Aussicht, dass es dazu nicht kommen würde, wenn der Angeklagte zu 2) sich in sie verlieben und sie heiraten würde. Am 24. Januar 2001 reiste die Nebenklägerin in Deutschland ein. Sie hatte eine Aufenthaltsgenehmigung mit Touristen/Besucherstatus als angebliche Verlobte des Angeklagten zu 2). Die Nebenklägerin wurde vom Angeklagten zu 2) abgeholt. Dieser erklärte ihr, sie müsse ein bis zwei Jahre für ihn als Prostituierte arbeiten, dann würde er sie heiraten und sie bräuchte nicht weiter der Prostitution nachzugehen. Auch durch die vorgebrachte Drohung, sie müsse sonst die Bundesrepublik wieder verlassen und könne nie mehr einreisen, wurde die Zeugin gefügig gemacht. In der nächsten Zeit hielten die Angeklagten sie beide zu. Sie ging bis 14.3.2001, also bis zur Verhaftung der Angeklagten, der Prostitution nach. Zweimal kam es vor, dass sie keinen Freier mehr bedienen wollte, weil sie müde war. Beide Male schlug der Angeklagte zu 2) sie so, dass sie zu Boden fiel. Beide Angeklagten haben den Sachverhalt eingeräumt.

Der Angeklagte zu 2) wurde wegen Menschenhandels in Tateinheit mit Zuhälterei in Tatmehrheit mit vorsätzlicher Körperverletzung in zwei Fällen zu zwei Jahren Freiheitsstrafe verurteilt, der Angeklagte zu 1) wegen Zuhälterei in zwei Fällen zu zwei Jahren Freiheitsstrafe.

LG Koblenz 2020 Js 60249/99
(Berufungsurteil, erstes Urteil: AG Montabaur 2020 Js 60249/99)
In der Zeit von Sommer 1998 bis Januar 2000 beging der erheblich vorbestrafte deutsche Angeklagte folgende Taten:

Er mietete drei Wohnungen, in denen jeweils mehrere Frauen der Prostitution nachgingen. Um Kunden anzuwerben, veröffentlichte der Angeklagte entsprechende Inserate. Vereinbarungsgemäß erhielt er die Hälfte des Lohns der Frauen. Der Angeklagte vereinbarte jeweils die Termine, fuhr gelegentlich die Frauen zu den Freiern und holte sie wieder ab. Durch Kontrollanrufe vergewisserte er sich, dass alles klar ging. Im Prozess sagten drei betroffene Frauen als Zeuginnen aus. Die von Solwodi e. V. betreute Frau war Nebenklägerin. Sie lernte den Angeklagten über eine russische Kollegin kennen. Er gab vor, ihr bei ihrer Rückreise nach Russland helfen zu wollen und nahm sie mit in seine Wohnung. Dort machte er ihr klar, dass sie in der Prostitution arbeiten müsste, wenn sie nach Russland zurück wollte.

Das Gericht verurteilte den Angeklagten wegen schweren Menschenhandels in Tateinheit mit Beihilfe zum illegalen Aufenthalt, wegen Förderung der Prostitution in drei Fällen, wegen Einschleusens von Ausländern in zwei Fällen und wegen Beihilfe zum illegalen Aufenthalt zu einer Gesamtfreiheitsstrafe von einem Jahr und sechs Monaten. Der Angeklagte legte Berufung ein, die jedoch vom LG Koblenz als unzulässig verworfen wurde.

LG Köln 113 – 21/01
Der türkische Angeklagte unterhielt zwischen 1997 und 2000 intime Beziehungen zu verschiedenen Frauen. Im Prozess ging es um vier dieser Frauen. Es gab zwei Nebenklägerinnen, eine davon wurde von Solwodi eV. betreut.

Eine Zeugin, damals 20 Jahre alt, brachte er, nachdem er eine Beziehung mit ihr begonnen hatte, dazu, für ihn der Prostitution nachzugehen. Er suchte die Clubs aus, vereinbarte die Arbeitszeiten und die Anteile der Clubbesitzer. Er oder Freunde von ihm brachten die Zeugin in die Clubs und holten sie nach Arbeitsende wieder ab. Eine zweite Zeugin, mit der er ebenfalls eine intime Beziehung hatte, forderte er auf, für ihn der Prostitution nachzugehen. Er wusste, dass sie erst 15 Jahre alt war. Wegen ihrer Gefühle für den Angeklagten und aus Furcht vor Repressalien fügte sie sich. Auch mit der von Solwodi e. V. betreuten Nebenklägerin hatte er zunächst eine intime Beziehung. Später verlangte er von ihr, dass sie mit Freunden von ihm den Geschlechtsverkehr vollziehen solle. Als sie und die Freunde das ablehnten, vollzog er gegen ihren Willen den Analverkehr mit ihr. In der Folgezeit trennten sie sich mehrmals und versöhnten sich wieder. Die Nebenklägerin reiste deshalb mehrmals nach Polen aus und wieder in Deutschland ein. Nach einer solchen Versöhnung forderte er sie ebenfalls auf, für ihn der Prostitution nachzugehen. Als sie sich weigerte, schlug er sie gegen den Kopf. Darauf hin arbeitete sie für ihn und musste ihre gesamten Einnahmen an ihn abgeben. Wenn sie sich weigerte, wurde sie immer wieder geschlagen, gegen Ende der Beziehung täglich. Die zweite Nebenklägerin ging für den Angeklagten ebenfalls der Prostitution nach. Sie behielt 50% der Einnahmen für sich.

Der Angeklagte hat gestanden, dass er die beiden Zeuginnen und die erste Nebenklägerin häufig geschlagen habe. Er bestritt aber bei allen vier Frauen, dass er sie mit Druck oder Drohungen zur Prostitution bewegt habe. Sie hätten dies alle freiwillig getan, so seine Behauptung. Das Gericht sah dies – außer bei der zweiten Nebenklägerin – als widerlegt an und verurteilte ihn wegen Zuhälterei, wegen zwei Fällen des schweren Menschenhandels jeweils in Tateinheit mit Zuhälterei und wegen drei Fällen des Menschenhandels jeweils in Tateinheit mit Zuhälterei zu einer Gesamtfreiheitsstrafe von vier Jahren und neun Monaten.

5.2.2 Verfahren mit Urteil Zuhälterei

LG Hanau 16/490/99 KLS
Im Oktober 1999 fasste der deutsche Angeklagte den Plan, ungarische Frauen nach Deutschland zu holen, damit sie hier der Prostitution nachgehen sollten. Die Frauen mussten nahezu ihren gesamten Erlös an ihn abführen, vorgeblich um die durch seine Aktivitäten entstandenen Verbindlichkeiten abzutragen. Im Prozess ging es um eine Vielzahl von Fällen. Im Oktober 1999 brachte er z. B. eine 16 Jahre alte Ungarin mit seinem PKW von Ungarn nach Deutschland in ein Bordell, wo sie ohne gültige Aufenthaltsgenehmigung für ihn der Prostitution nachging. Am 30. November 1999 wurde die Frau festgenommen und abgeschoben. Im Dezember 1999 organisierte der Angeklagte ihre erneute Einreise und brachte sie in ein Bordell, wo sie bis zur Festnahme am 22. Februar 2000 für ihn der Prostitution nachging. Die Beispiele von sieben Frauen, die er einschleuste, finden sich in den Prozessakten.

Das Gericht verurteilte ihn wegen Zuhälterei in sieben Fällen, davon in zwei Fällen in Tateinheit mit Förderung sexueller Handlungen Minderjähriger zu einer Gesamtfreiheitsstrafe von drei Jahren vier Monaten.

AG Siegburg 22 Ls 2/00
In diesem Verfahren wurden zwei Nebenklägerinnen wurden von Solwodi e. V. betreut.

Im Sommer 1999 erzählte der Angeklagte, ein Deutscher, einem Bekannten dass er ein Bordell eröffnen wolle. Der Bekannte bot ihm an, ausländische Mädchen zu besorgen. So wurden drei Frauen von einem „Igor" angeworben, und von dem Bekannten des Angeklagten ins Bordell gebracht. 50% der Einnahmen gingen an den Angeklagten, vom Rest mussten die Frauen an „Igor" abgeben.

Das Urteil vom 25.1.2001 lautete: Für jede Tat zum Nachteil der ihm zugeführten Frauen je ein Jahr d. h. Gesamtfreiheitsstrafe zwei Jahre auf Bewährung wegen positiver Sozialprognose.

LG Dortmund Kls 76 Js 543/97
In diesem Prozess waren die Angeklagten zwei Deutsche. Es gab vier Nebenklägerinnen, von denen eine von Solwodi e. V. betreut wurde.

Ende 1995 schlossen sich die Angeklagten mit dem Ziel zusammen, sich auf eigene Rechnung Frauen zu verschaffen, um diese in verschiedenen Bar- und Bordellbetrieben für sich der Prostitution nachgehen zu lassen. Diese Tätigkeit wollten die Angeklagten über einen längeren Zeitraum ausüben. Die Frauen sollten aus osteuropäischen Staaten, bevorzugt aus Polen und der Ukraine nach Deutschland kommen, da der Angeklagte zu 2) gute Beziehungen dorthin hatte. Die Frauen sollten zunächst die Summe, die für das Einschleusen aufgebracht wurde, abarbeiten und nur Taschengeld bekommen. Das Geld wurde hälftig zwischen dem jeweiligen Barbetreiber und den Angeklagten aufgeteilt.

In Umsetzung dieser Absprachen wurden in der Folgezeit zahlreiche Frauen nach Deutschland gebracht und der Prostitution zugeführt. Im Prozess wurden 13 Fälle behandelt. Im Februar 1997 zog sich der Angeklagte zu 2) zurück und der Angeklagte zu 1) arbeitete allein weiter. Es handelt sich um ausbeuterische Zuhälterei nach § 181a Abs. 1 Nr. 1 StGB, denn die Frauen mussten die Einnahmen in den ersten Wochen nahezu vollständig an die Angeklagten abgeben und durften nur ein geringes Taschengeld behalten. Es handelt sich um dirigistische Zuhälterei nach § 181a Abs. 1 Nr. 2 StGB, denn die Prostitutionsausübung wurde dauerhaft kontrolliert und überwacht, sowie Ort, Zeit, Ausmaß und Umstände von den Angeklagten bestimmt.

Der Angeklagte zu 1) wurde wegen gewerbs- und bandenmäßigen Einschleusens von Ausländern in dreizehn Fällen, davon in einem Fall in Tateinheit mit zweifacher Zuhälterei und in vier weiteren Fällen in Tateinheit mit Zuhälterei, sowie Zuhälterei zu einer Gesamtfreiheitsstrafe von fünf Jahren und sechs Monaten verurteilt.

Der Angeklagte zu 2) wurde wegen gewerbs- und bandenmäßigen Einschleusens von Ausländern in zehn Fällen, davon in einem Fall in Tateinheit mit zweifacher Zuhälterei, in drei Fällen in Tateinheit mit Zuhälterei zu einer Gesamtfreiheitsstrafe von drei Jahren und neun Monaten verurteilt.

LG Bonn 21 J 1/97 und 21 A 4/97
In diesem Prozess gab es zwei Angeklagte: einen Jugoslawen (Angeklagter zu 1) und einen türkischen Staatsangehörigen (Angeklagter zu 2). Beide Angeklagte wurden von jeweils drei Anwälten verteidigt. Es gab vier Nebenklägerinnen, davon wurden zwei von Solwodi e. V. betreut.
Der Angeklagte zu 1) war spätestens seit 1991 Inhaber und Betreiber eines bordellartigen Saunaclubs. Ab Herbst 1994 gingen im Club zunehmend Frauen aus Ostblockstaaten, besonders Kroatien, Slowakei und Litauen der Prostitution nach. Mitte 1995 zog sich derAngeklagte zu 1) formell aus Club zurück, der Club wurde auf einen Angestellten umgemeldet. Der Angeklagte zu 1) traf aber weiter alle wesentlichen Entscheidungen. Der Angestellte hatte einen finanziellen Anteil von 10 %. Ab Januar 1996 hielt der Angeklagte zu 2) die Hälfte der Anteile des Angeklagten zu 1), d. h. 45 %. Im Club herrschte gegenüber den Frauen ein Klima der Bedrohung und Gewalt. Die Besonderheit der Pool-Parties wurde bereits an anderer Stelle beschrieben[76]. Die Angeklagten verlangten von den Frauen auch, dass sie ihnen regelmäßig sexuell zur Verfügung standen, schlugen sie und erniedrigten sie auf den Pool-Parties in besonderer Weise.
Der Angeklagte zu 1) wurde wegen Zuhälterei in Tateinheit mit Förderung der Prostitution in sieben Fällen davon in vier Fällen in Tateinheit mit gewerbsmäßigem Einschleusen von Ausländern, sowie wegen Vergewaltigung in Tateinheit mit sexueller Nötigung, wegen gefährlicher Körperverletzung und unerlaubten Handeltreibens mit Betäubungsmitteln in nicht geringer Menge zu einer Gesamtfreiheitsstrafe von sechs Jahren verurteilt.
Der Angeklagte zu 2) wurde wegen Zuhälterei in Tateinheit mit Förderung der Prostitution, wegen Beihilfe zur räuberischen Erpressung, wegen räuberischer Erpressung sowie wegen gefährlicher Körperverletzung zu einer Gesamtfreiheitsstrafe von drei Jahren verurteilt.

LG Bonn 21 L 2/97
Es gab in diesem Verfahren eine von Solwodi e. V. betreute Nebenklägerin. Im September 1995 eröffnete der Angeklagte zusammen mit einem anderweitig verfolgten Täter einen bordellartigen Club. An dem Club waren die beiden jeweils zur Hälfte beteiligt. Der Angeklagte erhielt von den Einnahmen des Clubs abzüglich der Unkosten 50 %.

---

[76] Siehe LG Bonn 23 R 3/97.

Der anderweitig verfolgte Täter war für Werbung zuständig und dafür, dass genügend Frauen im Club waren. Der Angeklagte kontrollierte, dass im Club alles „mit rechten Dingen zuging". Zwischen September 1995 und September 1996 gingen u. a. acht Frauen der Prostitution nach, darunter auch die Nebenklägerin.

Der Fall der Nebenklägerin sei kurz dargestellt: Nach ihrer Einreise fuhren der Angeklagte und ein Freund von ihm mit ihr und ihrer Freundin in ein Hotel, wo sie mit den Frauen die Nacht verbrachten. Am nächsten Tag fuhren die beiden Männer wieder nach der Disco in ein Hotel. In einem Zimmer vergnügte sich der Freund des Angeklagten mit der Freundin der Nebenklägerin, im anderen Raum waren der Angeklagte und die Nebenklägerin. Der Angeklagte verlangte, sie solle sich ausziehen. Obwohl die Nebenklägerin wiederholt sagte, sie wolle nicht, sie habe ihre Periode und Schmerzen, vergewaltigte er sie (Analverkehr). Nachdem er aufgehört hatte, kam der Freund und sagte, er wolle es auch versuchen. Der Angeklagte hielt sie fest, der Freund ließ jedoch nach kurzer Zeit von ihr ab, ohne dass es noch einmal zum Analverkehr gekommen wäre.

Das Urteil des Gerichtes lautete drei Jahre und neun Monate wegen Zuhälterei in Tateinheit mit Förderung der Prostitution, sexueller Nötigung sowie gefährlicher Körperverletzung.

LG Hanau 1 Js 13.369/99
Der in diesem Verfahren angeklagte Litauer verbrachte in einem Zeitraum von mehr als zwei Jahren Frauen von Litauen nach Deutschland, damit sie dort der Prostitution nachgehen sollten. Insgesamt hat der Angeklagte mindestens 18 Frauen von Litauen nach Deutschland gebracht, meist mit Touristenvisum. Im Prozess kamen sieben Fälle zur Anklage und zur Hauptverhandlung. Er nahm ihnen mindestens die Hälfte, meistens aber den ganzen Verdienst ab. Die Frauen bekamen nichts davon zurück und mussten sich an den Angeklagten wenden, wenn sie Geld für den täglichen Bedarf benötigten. Gegenüber drei Frauen war der Angeklagte im Zusammenhang mit dem Abschöpfen des Prostituiertenlohns gewalttätig.

Das Gericht verurteilte ihn zu fünf Jahren Gesamtfreiheitsstrafe wegen gewerbsmäßigen Einschleusens von Ausländern in zwei Fällen in Tateinheit mit ausbeuterischer Zuhälterei in drei Fällen, wegen gemeinschaftlicher ausbeuterischer Zuhälterei in einem Fall sowie wegen ausbeuterischer Zuhälterei in einem weiteren Fall.

5.2.3 Verfahren mit Urteil Vergewaltigung

LG Hanau 1 JS 15290 9/97
Wegen Problemen mit ihrem Zuhälter nahm die von Solwodi e. V. betreute Nebenklägerin Kontakt zu einem Bekannten auf, der sie mit dem deutschen Angeklagten in Kontakt brachte. In der ersten Nacht besuchte der Angeklagte mit der Nebenklägerin mehrere Bars. Um 2.00 Uhr ging er mit ihr auf ein Zimmer, schloss sie ein und vergewaltigte sie drei bis vier Stunden lang. Am nächsten Tag brachte er sie in eine Bar, wo sie als Prostituierte arbeitete, später in eine Wohnung. Der Angeklagte stellte den Vorwurf in Abrede. Er behauptete, Vaginal- und Oralverkehr seien im Einverständnis mit der Nebenklägerin geschehen.

Das Gericht verurteilte ihn wegen Vergewaltigung zu zwei Jahren und sechs Monaten Freiheitsstrafe. Unter Einbeziehung des Urteils des AG Darmstadt 212 Ls 3 Js 41900/95 (Zuhälterei in 23 Fällen, Förderung der Prostitution in vier Fällen: 2 Jahre auf Bewährung) ergab sich eine Gesamtfreiheitsstrafe von 3 Jahren und 6 Monaten. Die Verteidigung legte Revision ein, die vom BGH als unbegründet verworfen wurde.

AG Iserlohn 5 LS 591 Js 438/99
1994 führte der deutsche Angeklagte einen bordellartigen Betrieb. Im September 1994 wurde ihm durch unbekannte Täter eine 16-jährige Litauerin (die von Solwodi e. V. betreute Nebenklägerin) zugeführt.

Er führte sie in seinem Betrieb der Prostitution zu. Ende September kam der Angeklagte nach Alkohol- und Kokainkonsum mit seiner damaligen Lebensgefährtin in das Zimmer der Nebenklägerin. Die Frau musste die Nebenklägerin am ganzen Körper küssen, was diese nach Schlägen des Angeklagten zuließ. Anschließend kam es zum ungeschützten Verkehr mit dem Angeklagten bis zum Samenerguss.

Das Gericht verurteilte den Angeklagten wegen Vergewaltigung in Tateinheit mit sexueller Nötigung zu einer Freiheitsstrafe von 2 Jahren auf Bewährung mit der Bewährungsauflage, 15.000 DM Wiedergutmachung an die Nebenklägerin zu zahlen. In diesem Prozess kam es zu einer Prozessabsprache. Zunächst standen Menschenhandel und Vergewaltigung zur Anklage. Der Vorsitzende regte ein Geständnis wegen Vergewaltigung an. Dann würde Menschenhandel nach § 154 a II StPO eingestellt wegen relativer Geringfügigkeit, was denn in der mündlichen Verhandlung am 11. Dezember 2000 auch geschah.

LG Dortmund KLs 76 Js 146/00
Der türkische Angeklagte in diesem Prozess hatte zwei Verteidiger. Die Nebenklägerin wurde von Solwodi e. V. betreut.
Am 17. November 1999 reiste die Nebenklägerin mit einem für die Zeit vom 9.-26. November 1999 ausgestellten Visum aus der Ukraine über Polen nach Deutschland. Sie wollte als Bedienung in einem Café arbeiten. Nachdem die Zeugin in Deutschland angekommen war, wurde sie an der Bushaltestelle von zwei Türken abgeholt. Einer zahlte dem Busfahrer 200 DM. Zunächst suchten die drei eine Gaststätte auf, dann begaben sie sich in die Wohnung des Angeklagten. Nach kurzer Zeit verließen die beiden Türken mit dem Versprechen, sie am nächsten Tag abzuholen, die Wohnung, so dass die Zeugin mit dem Angeklagten allein zurückblieb. Der Angeklagte erklärte der Zeugin, er wolle Sex haben. Sie lehnte ab. Er zog sie mit Gewalt aus. Ein zweiter Mann betrat das Zimmer und hielt sie mit beiden Armen fest. Als sie versuchte zu schreien, presste er ihr ein Kissen auf den Mund. Der Angeklagte vergewaltigte sie. Danach verließ der unbekannte Mittäter die Wohnung und der Angeklagte schloss die Zeugin in einem Zimmer ein. Nachts gegen 3.00 Uhr verließ der Angeklagte die Wohnung. Die Zeugin flüchtete daraufhin durch ein Fenster. Sie wandte sich an eine Bekannte in dem Lokal, in dem sie vorher war. Dort wurde sie auch am 24. November 1999 festgenommen.
Der Angeklagte bestritt die Tat. Das Gericht betonte die Glaubwürdigkeit der Zeugin und verurteilte ihn wegen Vergewaltigung zu vier Jahren Freiheitsstrafe.[77]

5.2.4 Verfahren mit Urteil Förderung der Prostitution

AG Bad Schwalbach 8 Js 185023/98
Der deutsche Angeklagte war Betreiber eines bordellartigen Betriebes. Bei einer Razzia wurde eine bulgarische Staatsangehörige mit falschen Papieren dort aufgegriffen, bei einer späteren Razzia die gleiche Frau erneut. Alle Einnahmen waren an den Angeklagten abzugeben. Zwischen zwei und acht Frauen arbeiteten bei ihm als Prostituierte. Sie kamen zu ihm über Zeitungsannoncen oder weiter vermittelt über andere Zuhälter. Die Preise wurden vom Angeklagten festgesetzt: 1 Stunde 100 DM, Zimmermiete für Prostituierte 100 DM pro Woche. Vornehmlich arbeiteten ausländische

---

[77] Durch die frühe Flucht der Zeugin ist ihr nicht mehr geschehen. Vergleichbare Fälle lassen die Vermutung zu, dass Zwangsprostitution ihre nächste Station gewesen wäre.

Prostituierte ohne Aufenthaltsgenehmigung dort und häufig kamen sie aus Clubs in anderen Städten.
Das Gericht verurteilte ihn wegen Förderung der Prostitution zu 265 Tagessätzen à 60 DM.

5.2.5 Verfahren mit Urteil Einschleusen von Ausländern

AG Aschaffenburg 4 Ls 108 Js 1170/00
Bei dem wegen Beihilfe zur Urkundenfälschung und Einschleusen von Ausländern Angeklagten handelt es sich um einen ungarischen Staatsangehörigen mit befristeter Aufenthaltserlaubnis. Über Anzeigen, die in ungarischen Zeitungen geschaltet wurden, kam er in Kontakt mit ungarischen Frauen, die als Hostess in Deutschland tätig sein wollten. Dabei war für alle Beteiligten klar, dass es um Ausübung der Prostitution in verschiedenen Etablissements ging. Um sich eine wesentliche, auf Dauer angelegte, zusätzliche Einnahmequelle zu verschaffen, vermittelte und organisierte der Angeklagte die Tätigkeit von ungarischen Frauen als Prostituierte in entsprechenden Etablissements. Als Gegenleistung ließ er sich einen Teil von deren Einkünften auszahlen.

Das Gericht verurteilte ihn zu einer Gesamtfreiheitsstrafe von einem Jahr und neun Monaten auf Bewährung wegen Beihilfe zur Urkundenfälschung in zwei Fällen in Tateinheit mit Einschleusen von Ausländern in sechs Fällen. Die Aussetzung der Strafe zur Bewährung wurde begründet mit dem Geständnis des Angeklagten und der schon verbüßten Untersuchungshaft.

AG Bremen 90 (73) Ls 310 Js 13907/00
In diesem Verfahren waren zwei Deutsche angeklagt. Sie hatten je einen Verteidiger.

Der Angeklagte zu 1) vermietete in den Jahren 1999 und 2000 mehrere Wohnungen an aus Osteuropa, vorwiegend aus Litauen, stammende Frauen, die in den Wohnungen der Prostitution nachgingen. Im Prozess wurden die Fälle von sieben Frauen verhandelt. Die Frauen hatten eine Miete von 100 DM pro Tag zu zahlen. Dem Angeklagten war bekannt, dass die aus Litauen stammenden Frauen ohne Aufenthaltsgenehmigung nach Deutschland gekommen waren. Der Angeklagte zu 2) hatte im Frühsommer 1999 Kontakt zu einem Mann bekommen, der für das Einschleusen von Litauerinnen nach Deutschland und ihre Vermittlung in die Prostitution verantwortlich war. Der Angeklagte zu 2) stellte den Kontakt zwischen diesem Mann und dem Angeklagten zu 1) her. Er transportierte in mehreren Fällen litauische Staatsangehörige zwischen verschiedenen Städten. Ihm war dabei bekannt, dass die Frauen der Wohnungsprostitution nachgehen wollten, und dass sie die hierzu erforderliche Aufenthaltserlaubnis für die Aufnahme einer Erwerbstätigkeit nicht besaßen. Im Verfahren ging es konkret um fünf Frauen. Soweit den Angeklagten weitere ähnlich gelagerte Fälle zur Last gelegt wurden (dem Angeklagten zu 1) weitere 13 Fälle und dem Angeklagten zu 2) weitere zwei Fälle), wurde das Verfahren in der Hauptverhandlung gem. § 154 Abs. 2 StPO vorläufig eingestellt.

Der Angeklagte zu 1) wurde wegen gemeinschaftlichen gewerbsmäßigen Einschleusens von Ausländern in sieben Fällen zu einem Jahr und acht Monaten auf Bewährung verurteilt, „weil zu erwarten ist, dass sich der Angeklagte schon die Verurteilung allein zur Warnung dienen lassen wird"[78].

Der Angeklagte zu 2) erhielt wegen Beihilfe zum gewerbsmäßigen Einschleusen von Ausländern in 3 Fällen eine Geldstrafe von 150 Tagessätzen zu je 70 DM.

LG Bonn 23 R 3/97
Es gab in diesem Verfahren wegen schweren Menschenhandels eine Nebenklägerin, die von Solwodi e. V. betreut wurde.

Mitte 1994 lernte der deutsche Angeklagte eine kroatische Staatsangehörige kennen, zu der sich eine intime Beziehung entwickelte. Sie arbeitete zu der Zeit in einem Bordell. Der Angeklagte wurde Aufpasser in diesem Bordell. Im Herbst 1994 fuhr er mit seiner Freundin nach Kroatien, um Frauen anzuwerben. Während dieses Aufenthalts wurde der Clubbetreiber verhaftet. Die beiden brachten drei Frauen nach Deutschland mit, die sie dann im Bordell arbeiten ließen und gemeinsam zuhielten. Ab Herbst 1994 gingen im Club zunehmend Frauen aus Ostblockstaaten, besonders Kroatien, Slowakei und Litauen der Prostitution nach, die sich illegal in Deutschland aufhielten. Mitte 1995 wurde der Club auf den Angeklagten umgemeldet, der vorherige Betreiber traf aber weiter alle wesentlichen Entscheidungen, kontrollierte den Ablauf durch Anrufe und regelmäßige Besuche. Der Angeklagte kümmerte sich um den täglichen Ablauf und um die Umsetzung der Anweisungen des Chefs.

Soweit der Angeklagte oder der Clubbetereiber die Frauen zuhielten, betrug der Zuhälteranteil 50 % des Prostituiertenanteils. Durch ein von der Bardame kontrolliertes Abrechnungssystem erhielten die Betreiber des Clubs die vollständige Kontrolle über die Einnahmen der Prostituierten. Im Club herrschte ein Klima der Angst. Etwa einmal in der Woche fand eine Pool-Party für Freunde der Bordellbetreiber und besondere Kunden statt.

---

[78] AG Bremen 90 (73) LS 310 Js13907/00, S. 6.

Diese Parties zogen sich über Stunden hin, die Frauen mussten mit mehreren Freiern ohne Kondom im Pool Geschlechtsverkehr ausüben. Der Angeklagte entlud seinen Frust zunehmend durch Aggressivität, Drohungen und Gewalttätigkeiten an den Frauen. Insgesamt wurden von ihm 25 Frauen zugehalten. Meist waren es Frauen aus Osteuropa, die illegal in der Bundesrepublik waren.

Die Nebenklägerin kam im Mai oder Juni 1995 aus Litauen nach Deutschland. Sie war damals 20 Jahre. Sie arbeitete zunächst in dem o.a. Bordell für den Angeklagten. Im Juni oder Juli 1995 brachte er sie für fünf Tage nach Halle, ebenso im August. Im August kam es in Halle zu einer gewaltsamen Auseinandersetzung. Der Angeklagte hatte von dem Vermieter der Zimmer in Halle erfahren, dass die Nebenklägerin sich an ihn gewandt hatte, um sie freizukaufen. Er ging davon aus, dass sie in Zukunft für einen anderen arbeiten wollte, schlug sie, zog sie an den Haaren zur Treppe und nach unten in sein Fahrzeug und nahm sie mit. Soweit der Angeklagte wegen der Nebenklägerin des schweren Menschenhandels nach § 181 StGB angeklagt war, „hat die Beweisaufnahme keine Feststellungen erbracht, die die Verwirklichung dieses Deliktes ergeben. Die Körperverletzung, die der Angeklagte bei der Auseinandersetzung in Halle begangen hat, diente nicht dem Ziel, die Nebenklägerin weiterhin zur Prostitution anzuhalten"[79].

In seinem Urteil vom 6. Februar 1998 verurteilte ihn das Gericht wegen Einschleusens von Ausländern in Tateinheit mit Zuhälterei und Förderung der Prostitution sowie wegen versuchter räuberischer Erpressung in zwei Fällen und wegen gefährlicher Körperverletzung zu zwei Jahren Gesamtfreiheitsstrafe auf Bewährung mit der Auflage, 10.000 DM an Solwodi e. V. zu zahlen. Begründet wurde die Aussetzung auf Bewährung mit dem Geständnis des Angeklagten und einer günstigen Sozialprognose, da er sich vollkommen aus dem Milieu gelöst habe.

AG Tettnang 1 Ls 34 Js 17660/99
Der Anklagevorwurf gegen die drei Angeklagten, zwei Albaner mit griechischen Pässen und ein Grieche, lautete schwerer Menschenhandel. Es gab je einen Verteidiger. Die Nebenklägerin wurde von Solwodi e. V. betreut.

Die Nebenklägerin, eine Bulgarin, reiste im Juli 1999 von Italien über Österreich in die Bundesrepublik ein. Sie wurde gegen ihren Willen von den Angeklagten eingeschleust und bis Ende August 1999 zur Prostitution gezwungen und vergewaltigt. Es gelang ihr, mit ihrer Mutter zu telefonieren, die Interpol einschaltete. Dadurch wurde sie bei einer Razzia gefunden.

---

[79] LG Bonn 23 R 3/97.

Der Angeklagte zu 1) wurde wegen Beihilfe zur Zuhälterei in Tateinheit mit Einschleusen von Ausländern zu einer Freiheitsstrafe von neun Monaten auf Bewährung verurteilt. Im Übrigen wurde er freigesprochen. Das Verfahren gegen den zweiten Angeklagten wurde abgetrennt. Ein Urteil des abgetrennten Verfahrens liegt nicht vor. Der dritte Angeklagte wurde freigesprochen.

AG Naumburg Ls 503 Js 20139/01
Von März bis April 1999 und wieder ab Januar 2000 gehörte der Angeklagte einer international agierenden weißrussischen Schleuserorganisation an. Die Mitglieder der Organisation handelten in der Absicht, sich durch Planung und Abwicklung von Schleusungen eine fortlaufende Einnahmequelle zu verschaffen. Ziel des Zusammenschlusses war es, Frauen mit überwiegend weissrussischer Herkunft aus Ländern der GUS gegen Zahlung eines Entgelts nach Deutschland zu bringen und sie der Prostitution zuzuführen. In Deutschland wurden die Frauen verschiedenen Clubs, Bordellen und Bordellwohnungen zugeführt und karussellweise untereinander ausgetauscht. In den Clubs prostituierten sie sich zu den von den Betreibern vorgegebenen Zeiten und Tarifen. Darüber hinaus mussten sie wöchentlich bis zu 500 DM nebst zusätzlicher Abgaben für Transport, Visa etc. an die Organisation abführen. Der Aufgabenbereich des Angeklagten lag in der Verteilung der Frauen auf diverse Bordellbetriebe und dem Kassieren der Abgaben.

Der Angeklagte wurde wegen gewerbs- und bandenmäßigen Einschleusens von Ausländern in zwei Fällen zu einer Gesamtfreiheitsstrafe von zwei Jahren und neun Monaten verurteilt. Zugunsten des Angeklagten wurden dabei seine Unbestraftheit und die Untersuchungshaft gewertet.

5.2.6 Verfahren mit verschiedenen Urteilssprüchen

5.2.6.1 Urteil Räuberische Erpressung

LG Koblenz 2080 Js 29.746/989 – 1 KLS
Anfang des Jahres 1996 begann der türkische Angeklagte mit einer als Animierdame und Prostituierte tätigen Polin ein Verhältnis. Sie ging in der Zeit des Zusammenlebens mit ihm bis etwa Januar 1997 der Prostitution nach.

Anfang Januar 1997 erklärte sie ihm an einem Abend, dass sie nicht mehr der Prostitution nachgehen wollte. Hierauf reagierte der Angeklagte wütend und verlangte von ihr innerhalb der nächsten drei Tage 20.000 DM Ablösesumme. Er drohte, er würde dafür sorgen, dass sie selbst, ihr Kind oder ihre Familie umgebracht würde, wenn sie sich weigerte zu zahlen oder zur Polizei gehen würde. Bei einem Besuch in ihrer Wohnung schlug er sie mit dem Kopf mehrmals gegen die gefliese Wand im Bad, ließ sich dann von seinem Begleiter eine Schusswaffe geben, drückte dreimal gegen ihren Kopf ab, schlug und trat sie wiederholt und forderte innerhalb von drei Tagen das Geld. Zu einer Geldübergabe kam es schon deshalb nicht, weil die Frau über einen solchen Betrag nicht verfügte. Der Angeklagte wurde im Weiteren wegen seiner Beteiligung an einem anderen Verfahren festgenommen und befand sich seither in Untersuchungshaft.

Das Gericht verurteilte ihn wegen versuchter räuberischer Erpressung und versuchter schwerer räuberischer Erpressung in Tateinheit mit gefährlicher Körperverletzung zu acht Jahren und zwei Monaten Freiheitsstrafe.

5.2.6.2 Urteil Beihilfe zum Menschenhandel

AG Osnabrück 3 Ls 13 Js 14261/99
Ein Türke war in diesem Verfahren wegen Menschenhandels angeklagt. Er hatte einen Verteidiger. Es gab eine Nebenklägerin, die von Solwodi e. V. betreut wurde.

Der Angeklagte arbeitete in einer Gaststätte. Er wurde dort am 13.4.99 von zwei Albanern angesprochen, ob er nicht einen Club kenne, wo Frauen arbeiten könnten. Der Angeklagte rief daraufhin einen Freund in einem Club an. Als er telefonisch die Zusage bekam, dass dort eine Arbeitsmöglichkeit sei, holte er mit den Albanern und einem türkischen Bekannten zwei Frauen aus einer Wohnung ab. Ohne die Albaner fuhr er mit den beiden Frauen zu dem Club. In der Bar wurden den beiden Frauen Arbeitsablauf und Preise erklärt. Sie wurden dann in ein Zimmer gebracht, gingen aber noch nicht der Prostitution nach. Am nächsten Morgen konnte die Nebenklägerin flüchten und die Polizei alarmieren. Nach deren Verschwinden tauchten der Angeklagte und die beiden Albaner auf und befragten die verbleibende Frau nach dem Verschwinden der anderen. Für die Fahrt der Frauen in den Club sollte der Angeklagte von den Albanern 300 DM bekommen, die er jedoch nicht erhielt. Soweit sich der Angeklagte eingelassen hat, er habe nicht gewusst, dass die Frauen gegen ihren Willen in den Club gebracht worden seien, hielt das Gericht diese Aussage für eine Schutzbehauptung. Die Umstände lassen den Schluss zu, dass der Angeklagte billigend in Kauf nahm, dass die beiden Frauen mit der Zuführung zur Prostitution nicht einverstanden waren. Dass der Angeklagte selbst den Tatbestand

des § 180 b Abs. 2 Nr. 1 StGB erfüllt hat, konnte in der Hauptverhandlung nicht festgestellt werden.
Das Urteil lautete acht Monate auf Bewährung wegen Beihilfe zum Menschenhandel.

5.2.6.3 Urteil Verstoß gegen Ausländergesetz

AG Siegburg 100 Js 934/99
Dieses Verfahren wurde vom Verfahren AG Siegburg 22 Ls 2/00 abgetrennt. Es gab eine Nebenklägerin, die von Solwodi e. V. betreut wurde.
Im Sommer 1999 erzählte der im Hauptverfahren Angeklagte seinem Bekannten, dem Angeklagten in diesem Verfahren, dass er ein Bordell eröffnen wolle. Der Angeklagte bot ihm an, ausländische Mädchen zu besorgen. So wurden drei Zeuginnen von einem „Igor" angeworben und von dem Angeklagten ins Bordell seines Bekannten gebracht. 50 % der Einnahmen gingen an den Bordellbetreiber, vom Rest mussten die Frauen noch an „Igor" abgeben.
Der Angeklagte wurde lediglich wegen eines Verstoßes gegen das Ausländergesetz zu sieben Monaten Freiheitsstrafe auf Bewährung verurteilt.

5.3 Analyse ausgewählter Prozesse
Gabriele Welter-Kaschub

5.3.1 LG Duisburg 32 KLs 205 Js 1589/00   5/01
(2. große Strafkammer, wegen schweren Menschenhandels pp, Urteil vom 28. Mai 2001)

5.3.1.1 Gegenstand des Verfahrens

Vor dem Landgericht Duisburg wurde im Mai des Jahres 2001 folgende Strafsache verhandelt:
Angeklagt waren drei Männer, davon zwei Ukrainer und ein Türke. Dem zur Zeit des Urteils 34 Jahre alten Ukrainer (Angeklagter zu 1) wurde gemeinschaftliches Einschleusen von Ausländern, Vergewaltigung und schwerer Menschenhandel in Tateinheit mit Zuhälterei zur Last gelegt. Der zweite Ukrainer, 24 Jahre alt, (Angeklagter zu 2), stand wegen gemeinschaftlichen Einschleusens von Ausländern und Vergewaltigung vor Gericht. Der dritte Angeklagte (Angeklagter zu 3) war türkischer Nationalität, 32 Jahre alt und wurde des Menschenhandels in Tateinheit mit Beihilfe zur

Zuhälterei angeklagt. Die Strafsache wurde an insgesamt fünf Tagen verhandelt. Das Urteil erging am 28. Mai 2001. Der Angeklagte zu 1) wurde zu 10 Jahren, der Angeklagte zu 2) zu 6 Jahren und der Angeklagte zu 3) zu 2 Jahren und 4 Monaten Freiheitsstrafe verurteilt.

Der Vorwurf in der Anklage betraf insgesamt drei geschädigte und geschleuste Frauen, wovon allein von der hier in Rede stehenden Mandantin und Zeugin die Rede sein soll. Sie stammte aus der Ukraine und war zum Zeitpunkt der gegen sie verübten Taten erst 19 Jahre alt. Der Zeitraum, in dem sie den Straftaten der Täter ausgesetzt war, erstreckte sich vom 13. August 2000 bis Mitte Oktober 2000, somit auf cirka zwei Monate. Die Mandantin stand für das Strafverfahren gegen die Täter als Zeugin zur Verfügung. Sie wurde einen Tag lang in der Hauptverhandlung vor Gericht vernommen.

5.3.1.2 Dem Urteil zu Grunde gelegter Sachverhalt, die Mandantin betreffend

Die im Jahre 1981 in der Ukraine geborene Mandantin und Zeugin arbeitete bereits in der Ukraine als Prostituierte. Dazu kam es, als sie nach dem Besuch der Berufsschule keine Arbeit gefunden hatte und arbeitslos war. Ihre Eltern waren ebenfalls arbeitslos, so dass sie auch von ihnen keine finanzielle Unterstützung erhalten konnte. Auf Grund dieser Notlage arbeitete sie schließlich, um ihren Lebensunterhalt bestreiten zu können, im Jahre 2000 in der Ukraine in einem Wohnungsbordell. Dort erhielt sie eine Woche lang nahezu täglich Anrufe eines Mannes, der erklärte, er verfüge über Möglichkeiten, Mädchen in die Bundesrepublik Deutschland illegal einzuschleusen. Nach etwa einer Woche traf sie sich mit dem Mann, der sich ihr als A. vorstellte und der in Begleitung des Angeklagten zu 2) war.

Der Angeklagte zu 2) und der Angeklagte zu 1), letzterer hielt sich zu diesem Zeitpunkt bereits in der Bundesrepublik Deutschland auf, hatten zuvor – spätestens Anfang August 2000 – beschlossen, einer Frau (hier traf es die Mandantin und Zeugin) zur illegalen Einreise in die Bundesrepublik Deutschland Hilfe zu leisten, um sie dann als Prostituierte zu „vermarkten" und nach Abdeckung der durch die illegale Einreise entstehenden Kosten, dadurch Vermögensvorteile zu erhalten.

Im Rahmen des Gesprächs mit der Mandantin und Zeugin mit dem erwähnten A. und dem Angeklagten zu 2) erklärten sie ihr, dass sie „eine sehr gute Arbeit" in einem ganz „schicken Club" für sie hätten, wodurch sie „sehr viel Geld verdienen" könne. Von diesem Verdienst sollte die Mandantin 25 % dem A. in der Ukraine übermitteln und jeweils 50 % dem Angeklagten zu 2), der mit in die Bundesrepublik Deutschland einreisen würde, aushändigen. Das zuerst verdiente Geld sollte die Zeugin für den zur Ausreise aus der Ukraine nach Polen erforderlichen Pass, sowie die mit der illegalen Einreise in die Bundesrepublik Deutschland verbundenen Kosten abzahlen.

Der Angeklagte zu 2) nannte der Zeugin insoweit Kosten von 1000 DM, die dieser für die Beschaffung eines echten Passes, der bei der entsprechenden Bezahlung innerhalb von fünf Tagen erhältlich war, und für die Bestechung des Zugpersonals bezahlte. Dieses Geld wurde zu einem nicht näher aufgeklärten Anteil von dem Angeklagten zu 1) „vorgestreckt". Mit echtem Pass, jedoch ohne das für einen erlaubten Aufenthalt in der Bundesrepublik Deutschland notwendige Visum, reiste die Mandantin am 13. August 2000 aus der Ukraine kommend über Kiew und Polen nach Deutschland ein. Das erste Ziel war Berlin. Der Angeklagte zu 2) befand sich im selben Zug, hielt sich aber während der gesamten Fahrt in einem anderen Wagen auf. Er hatte seinerzeit ein noch kurze Zeit zur Einreise in die Bundesrepublik Deutschland gültiges Visum. Die ukrainisch-polnische Grenze konnte die Mandantin problemlos passieren. Vor dem Überqueren der polnisch-deutschen Grenze versteckte sie sich in ihrem Zugabteil im so genannten „dritten Abteil", einem über zwei zum Schlafen angeordneten Klappbetten befindlichen Regal, in dem Matratzen und Bettzeug aufbewahrt werden und dort unter Matratzen.

In Berlin angekommen, wurden die Zeugin und der Angeklagte zu 2) von dem Angeklagten zu 1) bereits erwartet. Der Angeklagte zu 1) nahm der Zeugin, die weder über Bargeld noch irgendwelche Kontakte in der Bundesrepublik verfügte, deren Reisepass und den ukrainischen Pass ab. Dies erfolgte mit der Bemerkung, dass sie die Unterlagen in D. wiederbekommen würde, was jedoch später nie geschah. Verabredungsgemäß fuhren der Angeklagte zu 1) und der Angeklagte zu 2) mit der Zeugin mit dem Zug weiter nach D., wo sie gegen Mitternacht ankamen und sich zu einer Wohnung begaben. Diese Wohnung wurde seinerzeit von dem Angeklagten zu 1) und dem Angeklagten zu 2) bewohnt. Ferner wohnte dort ein weiterer Ukrainer. Letzterer lebte jedoch – so die Zeugin – sein eigenes Leben, ging morgens nach 6.00 Uhr zur Arbeit und kehrte nach 20.00 Uhr zurück, ohne die Freizeit mit den beiden Angeklagten zu verbringen.

Die Zeugin erkundigte sich noch am selben Abend oder am nächsten Morgen, wann sie denn mit der von dem Angeklagten zu 2) in der Ukraine versprochenen Arbeit in dem „schicken Club" beginnen könne. Die beiden Angeklagten hatten jedoch insoweit mangels entsprechender Kontakte zu Clubbetreibern noch keine konkreten Vorbereitungen getroffen und erklärten der Zeugin lediglich, dass sie die Kosten für die Unterkunft zahlen müsse, sobald sie – die Angeklagten – Arbeit für die Zeugin gefunden hätten. Gegebenenfalls würden sie die Zeugin auch verkaufen.

Die Zeugin sah sich bereits zu diesem Zeitpunkt in einer völlig hilf- und auswegslosen Situation. Sie war sich insbesondere bewusst, dass sie ohne Geld, Ausweispapiere und Wohnung nirgendwo anders hingehen und sich angesichts ihres illegalen Aufenthaltes auch nicht den zuständigen Behörden stellen konnte. Am nächsten oder übernächsten Tag nach der gemeinsamen Ankunft in D. erklärte der Angeklagte zu 1) der Zeugin, er würde von ihren Schulden jeweils 100 DM abziehen, wenn sie mit ihm geschlechtlich verkehre, worauf die Zeugin einmal freiwillig einging.

In den folgenden Tagen – die Angeklagten hatten immer noch keine Arbeit in einem Club für die Zeugin gefunden – begannen die Angeklagten vermehrt Bier zu trinken, und es kam in der Woche nach der Ankunft zu sexuellen Übergriffen auf die Zeugin. Diese erfolgten in einer nicht hinreichend aufgeklärten Anzahl (bis auf die im Nachfolgenden aufgeführten drei Fälle). Nach den glaubhaften Angaben der Zeugin wurde sie von den Angeklagten, die „ständig mit ihr ficken wollten", geschlagen, bevor sie sich an ihr sexuell vergingen. Zu Essen und Trinken erhielt sie in dieser Zeit allein nach dem Belieben dieser beiden Angeklagten. Das führte dazu, dass sie einmal drei Tage lang gar nichts zu Essen bekam.

An einem nicht mehr konkret feststellbaren Tag in der zweiten Augusthälfte 2000 hatten die Angeklagten zu 1) und 2) eine nicht mehr feststellbare Menge Bier konsumiert. Sie kamen überein, wieder einmal die Zeugin, die bis dahin noch nichts verdient hatte, gewaltsam zum Geschlechtsverkehr oder ähnlichen sexuellen Handlungen, die mit einem Eindringen in den Körper verbunden sind, zu zwingen. In dieser Absicht betrat der Angeklagte zu 1) gegen Mitternacht zunächst das Zimmer der Zeugin und erklärte ihr, er brauche „Erste Hilfe". Der Zeugin war aus den Geschehnissen der vorausgegangenen Tage klar, dass der Angeklagte zu 1) mit ihr schlafen wollte, was sie sinngemäß mit den Worten ablehnte: „Darf ich hier auch mal schlafen, ohne zu ficken". Der Angeklagte zu 1) erklärte daraufhin, es sei ihm egal, ob die Zeugin dabei wach sei oder schlafe, und rief – verärgert über die Weigerung der Zeugin, freiwillig mit ihm geschlechtlich zu verkehren – nach dem Angeklagten zu 2). Dieser erschien alsbald mit der Frage, was denn hier los sei, im Zimmer der Zeugin. Der Angeklagte zu 1) erklärte ihm, dass „dieser Schweinehund schon wieder Allüren" mache.

Der Angeklagte zu 2), der verabredungsgemäß nach dem Angeklagten zu 1) an der Reihe sein sollte und von daher wollte, dass der Angeklagte zu 1) alsbald den Geschlechtsverkehr mit der Zeugin – zur Not gewaltsam und gegen deren Willen – durchführte, schlug der Zeugin mit der Hand ins Gesicht, um sie gefügig zu machen. Anschließend zerdrückte der Angeklagte zu 1) mit Billigung des Angeklagten zu 2) eine leere Bierdose, die er in der Hand hielt, auf der Stirn der Zeugin und riss Letztere an den Haaren zu Boden mit den Worten, sie – die Zeugin – werde ihn, den Angeklagten zu 1), noch auf Knien anflehen, dass er sie „bumsen" werde. Als die Zeugin am Boden lag, trat der Angeklagte zu 2) sie, um sie gefügig zu machen, mehrfach mit den Füßen (mit Hausschuhen) unter anderem gegen den Bauch und verließ dann mit den Worten, er komme später wieder, den Raum, damit der Angeklagte zu 1) den Geschlechtsverkehr mit der Zeugin ausüben konnte, was der Angeklagte zu 2) wollte, damit er selbst anschließend an die Reihe kam.

Den Angeklagten hilflos ausgeliefert – der Angeklagte zu 1) war im selben Zimmer, der Angeklagte zu 2) draußen in der Wohnung – und geschwächt durch die vorausgegangenen Misshandlungen, lag die Zeugin am Boden. Der Angeklagte zu 1) steckte sich eine Zigarette an und erklärte der Zeugin, dass sie noch zwei Minuten zum Überlegen habe. Noch einmal erklärte die Zeugin, dass sie „nicht wolle". Der Angeklagte zu 1) ließ hingegen dessen ungeachtet seine Hose herunter und forderte die Zeugin auf, die Beine zu spreizen. Als die Zeugin dem nicht nachkam, drückte der Angeklagte zu 1) die noch brennende Zigarette auf dem Unterschenkel der Zeugin aus, die sodann auf Grund der bisher erlittenen Misshandlungen und aus Angst vor weiterer Gewaltanwendung seitens der Angeklagten den Widerstand aufgab und den Angeklagten zu 1) mit seinem erigierten Penis in ihre Scheide eindringen ließ. Als der Angeklagte zu 1) von ihr abließ – ob es zum Samenerguss gekommen war, konnte die Zeugin nicht mehr sagen – erschien der Angeklagte zu 2), zog seine Hose aus, setzte sich mit erigiertem Glied auf die Brust der Zeugin und forderte sie auf, „ihm einen zu blasen". Die völlig erschöpfte Zeugin war dazu jedoch nicht mehr in der Lage. Aus Verärgerung darüber schlug der Angeklagte zu 2) der Zeugin mit der Hand ins Gesicht und ließ mit den sinngemäßen Worten, „beim nächsten Mal müsse sie mehr dran arbeiten", von ihr ab.

Eines Tages in der zweiten Augusthälfte 2000 gegen 6.00 Uhr morgens erklärte der Angeklagte zu 1) der Zeugin, die ihm und dem Angeklagten zu 2) bis dahin noch keinen Pfennig eingebracht hatte, dass er sie nunmehr verkaufen werde, zuvor aber noch einmal mit ihr schlafen wolle. Er gab der Zeugin eine Zigarette. Als die Zeugin ablehnte, mit dem Angeklagten zu 1) zu schlafen, und die Zigarette weg warf, schlug er ihr mit der Hand ins Gesicht, um ihren Widerstand zu brechen. Dies gelang ihm, zumal auf Grund der ihm bekannten hilflosen Lage der Zeugin in der Wohnung. Er drang alsbald mit seinem erigierten Penis in die Scheide der Zeugin ein. Anschließend sagte er sinngemäß zu der Zeugin, „diese eine Zigarette wirst Du so lange abarbeiten, solange Du Deinen Namen noch weißt". An einem weiteren Tag in der zweiten Augusthälfte 2000, nachmittags in der Wohnung, forderte der Angeklagte zu 2) die Zeugin auf, ihn oral zu befriedigen. Als die Zeugin dies ablehnte, schlug er ihr mit der Hand ins Gesicht, um ihren Widerstand zu brechen, was ihm zumal auf Grund der ihm bekannten hilflosen Lage der Zeugin in der Wohnung, auch gelang. Mit erigiertem Penis führte er den Oralverkehr mit der Zeugin aus und forderte sie auf, sein Sperma zu schlucken. Zugunsten des Angeklagten musste jedoch mangels weiterer Feststellungen davon ausgegangen werden, dass die Zeugin das Sperma des Angeklagten nicht geschluckt hat. Nach den bereits dargestellten Verbrechen zum Nachteil der Zeugin kam es eines Tages – noch in der zweiten Augusthälfte – zu einem Streit zwischen den Angeklagten zu 1) und zu 2), nach dem der Angeklagte zu 2) sich der Zeugin nicht mehr sexuell näherte.

Der Angeklagte zu 1) war darüber verärgert, dass man an der Zeugin immer noch nichts verdient hatte. Da sich mangels entsprechender Kontakte zu Clubbesitzern dieser Zustand auch nicht ändern würde, beschloss der Angeklagte zu 1) nunmehr, die Zeugin auf den „Straßenstrich" zu schicken. Er wusste, dass die Zeugin unter dem Eindruck der zuvor zumindest durch ihn erlittenen Gewaltanwendung im Rahmen der Vergewaltigungen gefügig war und dass sie sich aus Angst vor weiteren Gewaltanwendungen seinem Ansinnen, der Prostitution auf der Straße nachzugehen, nicht widersetzen würde. Dies war dann auch tatsächlich der Fall. Den erzielten Dirnenlohn wollte er für sich allein behalten, um dadurch Vermögensvorteile zu erzielen. In Ausübung dieses Tatplanes erklärte er der Zeugin, dass sie abends vor dem Haus, in dem sich die Wohnung befand, an einer Telefonzelle auf Freier warten und diesen den Preis von 50 DM nennen solle. Weitere Einzelheiten und Zusatzpreise zum Beispiel für Geschlechtsverkehr ohne Kondom werde er dann oben in der Wohnung mit den Freiern aushandeln. Dies alles sollte ohne eigene Entscheidungsgewalt oder Mitspracherecht der Mandantin geschehen. Von einem zur Straße gelegenen Fenster werde er die Zeugin beobachten und kontrollieren.

Angesichts der vorausgegangenen Gewaltanwendung gegenüber der Zeugin sowie aus Angst vor weiteren Misshandlungen seitens des Angeklagten zu 1) und in Anbetracht ihrer hilflosen Situation (kein Geld, keine Ausweispapiere, keine eigene Wohnung, illegaler Aufenthalt in der Bundesrepublik Deutschland) kam die Zeugin der Forderung des Angeklagten zu 1) nach. Nach eigenen Bekundungen befand sie sich in einer psychischen Verfassung, in der sie „lieber sterben wollte".

In den folgenden etwa zwei Wochen musste sie abends vor der Telefonzelle in der Nähe des Hauses, in dem sich die Wohnung befand, auf und ab laufen, um auf Freier zu warten. Einige Male war der Angeklagte zu

1) dabei, um die Zeugin zu überwachen, im übrigen beobachtete er sie, was die Zeugin wusste, von einem Fenster der Wohnung aus. In dieser Zeit hatte die Zeugin maximal sieben Freier, die sie entsprechend den Anordnungen des Angeklagten zu 1) mit in die Wohnung nahm, wo sie, nachdem der Angeklagte zu 1) weitere Einzelheiten und den Preis ausgehandelt hatte, mit ihnen Geschlechtsverkehr ausübte. In der Urteilsbegründung ging die Kammer davon aus, dass der Angeklagte zu 1) in dieser Zeit 350 DM (7 x 50 DM) aus der Prostitution seitens der Zeugin eingenommen hatte.

Anfang September 2000 sprach der Angeklagte zu 3) die Zeugin, die ihm an der Telefonzelle aufgefallen war, auf Deutsch an. Auf Grund der Uhrzeit (spät abends) und des Umstandes, dass die Zeugin dort in aufreizender Kleidung (kurzer Rock) auf und ab ging, war ihm klar, dass es sich um eine Prostituierte handelte. Die Zeugin verstand den Angeklagten zu 3) nicht und entgegnete nur „50 DM", wobei sie ihm durch Gesten andeutete, dass er mit in die Wohnung nach oben kommen solle. Der Angeklagte zu 3) folgte ihr und traf in der bereits erwähnten Wohnung den Angeklagten zu 1), den er für ihren Zuhälter hielt. Er konnte sich auf Deutsch mit ihm verständigen. Der Angeklagte zu 1) erklärte dem Angeklagten zu 3), dass die Zeugin auf der Straße der Prostitution nachgehen müsse. Der Angeklagte zu 3), der durch türkische Landsleute über Kontakte zu Clubbesitzern verfügte, erklärte dem Angeklagten zu 1), dass es lukrativer sei, wenn man die Zeugin in einem Club arbeiten ließe, weil dort mehr Geld zu verdienen sei, als durch die Straßenprostitution vor dem Haus in dem sich die Wohnung befand. Der Angeklagte zu 1), der selber nicht über entsprechende Verbindungen verfügte, fasste spontan den Entschluss, die Zeugin nunmehr der Prostitution in einem Club zuzuführen, um sich aus den dort erzielten Einnahmen zu bereichern. Er war damit einverstanden, dass der Angeklagte zu 3) sich um einen Arbeitsplatz für die Zeugin in einem Club kümmerte. Schon am nächsten Tag hatte der Angeklagte zu 3) einen Club in einem anderen Ort (über 100 km von D. entfernt) als geeignete Arbeitsstelle ausfindig gemacht, was er dem Angeklagten zu 1) erläuterte. Im Rahmen dieses Gesprächs kamen der Angeklagte zu 1) und der Angeklagte zu 3) überein, dass er – der Angeklagte zu 3) – wegen der von ihm mit seinem Pkw (der Angeklagte zu 1 verfügte über keinen Pkw) zu bewältigenden Fahrstrecke von D. in den anderen Ort 40 % der Einnahmen der Zeugin (nach Abzug der an den Club zu entrichtenden Kosten) für sich erhalten sollte. Über die Aufteilung des Restbetrages, insbesondere ob und wie viel die Zeugin selbst erhalten sollte, trafen die beiden keine Absprache. Dem Angeklagten zu 3) war jedoch bewusst, dass die Zeugin von dem Angeklagten zu 1) nur einen geringen Prozentsatz würde behalten dürfen.

Am nachfolgenden Dienstagabend fuhren der Angeklagte zu 1), der Angeklagte zu 3) und die Zeugin zu dem erwähnten Club, wo der Angeklagte zu 3) mit der anderweitig verfolgten Geschäftsführerin die näheren Modalitäten aushandelte. Danach hatte die Zeugin täglich 100 DM für Essen und Wohnung in dem Club zu zahlen. Bei Geschlechtsverkehr ohne Kondom würde die Zeugin „rausfliegen". Der einmalige Geschlechtsverkehr sollte 100 DM kosten, der Geschlechtsverkehr von einer halben Stunde Dauer 200 DM. Extraleistungen sollten besonders vergütet werden. Aus Angst vor weiteren Gewaltanwendungen seitens des Angeklagten zu 1) – dies war diesem auf Grund der Vorgeschichte auch bekannt – blieb die Zeugin in dem Club, um dort „anzuschaffen". Immer wieder, wenn der Angeklagte zu 1) in dem Club zum Abkassieren kam, bat die Zeugin, dort nicht weiter arbeiten zu müssen, weil sie das nicht wolle und es ihr dort schlecht gehe.

Am Sonntag nach dem ersten Abend der Zeugin in dem Club fuhren die Angeklagten zu 3) und zu 1) gemeinsam im Pkw des Angeklagten zu 3) dorthin. Der Angeklagte zu 1) wollte dort die von der Zeugin erzielten Einnahmen abkassieren. Die Zeugin übergab dem Angeklagten zu 1) in Abwesenheit des Angeklagten zu 3) alles von ihr durch die Prostitution erarbeitete Geld nach Abzug der Clubkosten. Der Angeklagte zu 1) übergab dem Angeklagten zu 3) später einen Betrag von 400 DM. Der Angeklagte zu 3) schätzte auf Grund des zuvor von ihm gegenüber dem Angeklagten zu 1) ausgehandelten Anteils von 40 %, dass die Zeugin jedenfalls 1000 DM gegeben haben müsse. Als er sich noch einmal in Abwesenheit des Angeklagten zu 1) in das Zimmer der Zeugin begab und diese ihm bruchstückhaft zu verstehen gab, dass der Angeklagte zu 1) ihr gar nichts von dem Dirnenlohn gelassen habe, weil sie Schulden bei dem Angeklagten zu 1) habe, gab der Angeklagte zu 3) die zuvor von dem Angeklagten zu 1) erhaltenen 400 DM der Zeugin zurück.

Der Zeugin war der Angeklagte zu 3) sympathisch; sie war nach eigenem Bekunden alsbald in ihn verliebt und meinte, dies habe auf Gegenseitigkeit beruht. Dem Angeklagten zu 3) blieb die Zuneigung der Zeugin nicht verborgen, so dass er sie in der Folgezeit auch innerhalb der Woche ohne den Angeklagten zu 1) in dem Club besuchte und ihr unter anderem Zigaretten mitbrachte. Ihm war bewusst, dass er durch sein zumindest freundschaftlich wirkendes Verhalten die Zeugin auch weiterhin dazu bringen würde, der Prostitution nachzugehen. Dem Angeklagten zu 3) war auch bewusst, dass die Zeugin noch nicht 21 Jahre alt war.

Am folgenden Sonntag suchten der Angeklagte zu 3) und der Angeklagte zu 1) die Zeugin wieder gemeinsam auf. Geld konnte die Zeugin dem Angeklagten zu 1) nicht aushändigen, weil in dem Club angeblich Geld gestohlen worden war und die Clubbesitzerin der Zeugin daraufhin den Wochenverdienst abgenommen hatte. Nach Ablauf der dritten Woche (Anfang Oktober 2000) erschienen der Angeklagte zu 3) und er Angeklagte zu 1) erneut. Die Zeugin hatte jedoch nicht einmal so viel verdient, dass sie die an den Club zu zahlenden Kosten von 100 DM täglich aufbringen konnte. Der Angeklagte zu 3) nahm die Zeugin daraufhin mit zurück nach D., zunächst in ein Hotel und Mitte Oktober in eine zwischenzeitlich von ihm angemietete Wohnung in D, in der sie von der Polizei befreit wurde. Seitdem ist die Zeugin nicht mehr der Prostitution nachgegangen.

5.3.1.3 Verurteilungen hinsichtlich der zum Nachteil der Mandantin begangenen Taten

Angeklagter zu 1):
Der Angeklagte zu 1) wurde wegen des gemeinschaftlichen Einschleusens von Ausländern gem. § 92 a Abs. 1 Nr. 1 Ausländergesetz, § 25 Abs. 2 StGB, der Vergewaltigung in 2 Fällen gem. §§ 177 Abs. 1 Nr. 1, Abs. 2 Nr. 1, 53 StGB und in einem Fall gemeinschaftlich handelnd gem. § 25 Abs. 2 StGB, des schweren Menschenhandels in Tateinheit mit Zuhälterei in 2 Fällen gem. §§ 181 Abs. 1 Nr. 1, 181a Abs. 1 Nr. 1, 52, 53 StGB und in einem Fall zusätzlich tateinheitlich verwirkt der Zuhälterei gem. § 181a Abs. 1 Nr. 2 StGB verurteilt.

Angeklagter zu 2):
Der Angeklagte zu 2) wurde des gemeinschaftlichen Einschleusens von Ausländern gem. § 92a Abs. 1 Nr. 1 Ausländergesetz, § 25 Abs. 2 StGB und der Vergewaltigung in 2 Fällen gem. §§ 177 Abs. 1 Nr. 1, Abs. 2 Nr. 1, 53 StGB und in einem Fall gemeinschaftlich handelnd gemäß § 25 Abs. 2 StGB verurteilt.

Angeklagter zu 3):
Der Angeklagte zu 3) wurde wegen Menschenhandels gem. § 180b Abs. 2 Nr. 2 StGB in Tateinheit (§ 52 StGB) mit Beihilfe (§ 27 StGB) zur Zuhälterei gem. § 181a Abs. 1 Nr. 1 StGB verurteilt.

Strafrahmen:
Angeklagter zu 1):
Bei dem Verstoß gegen das Ausländergesetz (§ 92a Abs. 1 Nr. 1 Ausländergesetz) wurde der Strafrahmen einer Geldstrafe oder Freiheitsstrafe bis zu 5 Jahren zu Grunde gelegt.

Bei den Vergewaltigungen (§ 177 Abs. 2 Nr. 1 StGB) ergab sich grundsätzlich ein Strafrahmen von 2 – 15 Jahren Freiheitsstrafe. Dabei musste jedoch gem. §§ 21, 49 Abs. 2 StGB von einem Strafrahmen von 6 Monaten bis zu 11 Jahren und 3 Monaten ausgegangen werden, da hinsichtlich der Vergewaltigungstaten entgegen den Ausführungen des Sachverständigen in der Hauptverhandlung, der das Vorliegen der Voraussetzungen des § 21 StGB (verminderte Schuldfähigkeit) verneint hatte, nicht ausgeschlossen werden konnte, dass der Angeklagte zu 1) auf Grund des jeweils vor der Tat genossenen Alkohols in seiner Steuerungsfähigkeit erheblich vermindert war. Dem Delikt des schweren Menschenhandels gemäß § 181 Abs. 1 Nr. 1 StGB lag ein Strafrahmen der Freiheitsstrafe von 1 Jahr bis zu 10 Jahren zu Grunde.

Angeklagter zu 2):
Auch bei dem Angeklagten zu 2) war hinsichtlich des Verstoßes gegen das Ausländergesetz gemäß § 92a Abs. 1 Nr. 1 Ausländergesetz von einem Strafrahmen der Geldstrafe oder Freiheitsstrafe bis zu 5 Jahren, auszugehen. Der Vergewaltigung gemäß § 177 Abs. 2 Nr. 1 StGB liegt eine grundsätzliche Straferwartung der Freiheitsstrafe von 2 Jahren bis zu 15 Jahren zu Grunde. Auch hier war jedoch wie bereits oben aufgeführt gemäß §§ 21,49 Abs.2 StGB von einem Strafrahmen Freiheitsstrafe von 6 Monaten bis zu 11 Jahren und 3 Monaten auszugehen, weil entgegen den Ausführungen des Sachverständigen, der auch hinsichtlich des Angeklagten zu 2) die Voraussetzungen des § 21 StGB verneint hatte, aus Sicht der Kammer nicht ausgeschlossen werden konnte, dass der Angeklagte zu 2) auf Grund vor der Tat jeweils genossenen Alkohols bei den Vergewaltigungstaten zum Nachteil der Mandantin in seiner Steuerungsfähigkeit erheblich eingeschränkt war.

Angeklagter zu 3):
Bei dem Angeklagten zu 3) war wegen des Deliktes des Menschenhandels gemäß § 180b Abs. 2 Nr. 2 StGB von einem Strafrahmen von 6 Monaten bis 10 Jahren Freiheitsstrafe auszugehen.

Soweit das Gesetz im einzelnen die Annahme von minder schweren Fällen ermöglichte, lagen solche weder in der Person, noch in den Taten der einzelnen Angeklagten vor, da die getroffenen Feststellungen ein Abweichen vom Unrechts- und Schuldgehalt bezogen auf denkbare Durchschnittsfälle nicht dergestalt erkennen ließen, dass die Anwendung des jeweiligen Regelstrafrahmens eine unangemessene Härte dargestellt hätte.

Strafzumessungserwägungen bezüglich der zum Nachteil der Mandantin begangenen Taten:

Angeklagter zu 1):
Zugunsten des Angeklagten zu 1) sprach, dass er nicht vorbestraft war und sich seit dem 17. November 2000 in Haft befand. Als fern seiner Heimat inhaftierter Ausländer galt er als besonders haftempfindlich. Strafmildernd wurde darüber hinaus berücksichtigt, dass der Angeklagte zu 1) ausweislich der getroffenen Feststellungen keinen großen wirtschaftlichen Profit aus den begangenen Taten gezogen hatte. Hinsichtlich der Vergewaltigungstaten war ferner das Vorliegen der Voraussetzungen des § 21 StGB nicht sicher ausschliessbar, was zusätzlich strafmildernd von der Kammer gewürdigt wurde.

Gegen den Angeklagten sprach hinsichtlich der Vergewaltigungen zum Nachteil der Mandantin und Zeugin die besonders brutale Vorgehensweise und die Ausnutzung der völlig ausweglosen Situation der Frau, die ohne Aufenthaltserlaubnis, Wohnung, Geld in der Bundesrepublik Deutschland von dem Angeklagten zu 1) – wie auch von dem Angeklagten zu 2) – in einer Wohnung nach dem Empfinden der Zeugin „wie ein Tier" gehalten wurde, bis sie sogar nicht mehr leben wollte. Soweit der Angeklagte zu 1) in einzelnen Fällen tateinheitlich mehrere Strafvorschriften verletzt hatte, sprach dies insoweit ebenfalls gegen ihn. Gegen ihn sprach auch hinsichtlich der zum Nachteil der Mandantin begangenen Taten deren jugendliches Alter von 19 Jahren.

Angeklagter zu 2):
Zugunsten des Angeklagten zu 2) berücksichtigte die Kammer, dass er nicht vorbestraft war und sich seit dem 18. November 2000 in Haft befand. Als fern seiner Heimat inhaftierter Ausländer wurde auch er als besonders haftempfindlich eingestuft. Strafmildernd wurde berücksichtigt, dass er hinsichtlich des Verstoßes gegen das Ausländergesetz nicht den beabsichtigten Profit realisieren konnte und hinsichtlich der Vergewaltigungstaten zum Nachteil der Mandantin das Vorliegen der Voraussetzungen des § 21 StGB nicht sicher ausgeschlossen werden konnte und dass es hinsichtlich der gemeinschaftlich mit dem Angeklagten zu 1) begangenen Vergewaltigung nicht mehr zum Eindringen des Angeklagten selbst in den Körper der Geschädigten gekommen war.

Gegen den Angeklagten zu 2) sprach hinsichtlich der Vergewaltigung zum Nachteil der Mandantin die Ausnutzung der bereits oben dargestellten ausweglosen Situation der Mandantin, sowie das jugendliche Alter der Geschädigten, das dem Angeklagten zu 2) ebenfalls bekannt war. Dies folgte schon daraus, dass die Zeugin auch in der Hauptverhandlung altersgemäß aussah.

Angeklagter zu 3):
Zugunsten des Angeklagten zu 3) sprach, dass er teilgeständig und nicht vorbestraft war und sich seit dem 18. November 2000 in Untersuchungshaft befand. Als Ausländer in der Bundesrepublik Deutschland wurde er ebenfalls als haftempfindlicher als ein deutscher Strafgefangener angesehen. Auch zu seinen Gunsten wurde berücksichtigt, dass er im Ergebnis keinen Profit aus den Taten gezogen, sondern nach seinen unwiderlegten Angaben nur „drauf gezahlt" hatte. Strafmildernd wurde gewürdigt, dass der Angeklagte zu 3) selbst keine Gewalt auf die geschädigte Mandantin ausgeübt hatte und durch langzeitigen Kokaingenuss bei der Tatbegehung enthemmt war.

Zu seinen Lasten sprach jedoch, dass sich die Tat zum Nachteil der anderen geschädigten Zeuginnen auf zwei Opfer bezog und dass der Angeklagte bei beiden von ihm begangenen Taten jeweils zwei Strafvorschriften verletzt hatte.

5.3.1.4 Verhängte Einzelfreiheitsstrafen sowie Gesamtfreiheitsstrafen

Unter Berücksichtigung der oben aufgeführten sowie der gem. § 46 StGB bei der Strafzumessung im übrigen zu beachtenden Gesichtspunkte hielt die Kammer die folgende Einzelfreiheitsstrafen für tat- und schuldangemessen.

Angeklagter zu 1):
Im Fall des Verstoßes gegen das Ausländergesetz gemäß § 92a Abs. 1 Nr. 1 Ausländergesetz befand die Kammer eine Strafe in Höhe von 10 Monaten für tat- und schuldangemessen. Darüber hinaus beurteilte sie die erste Vergewaltigung zum Nachteil der Mandantin gemäß § 177 Abs. 2 Nr. 1 StGB mit 6 Jahren und die zweite Vergewaltigung zum Nachteil der Mandantin gemäß § 177 Abs. 2 Nr. 1 StGB mit 4 Jahren. Den schweren Menschenhandel in Tateinheit mit Zuhälterei in 2 Fällen und in einem Fall zusätzlich tateinheitlich mit Förderung der Prostitution gemäß §§ 181 Abs. 1 Nr. 1, 181a Abs. 1 Nr. 1 und Nr. 2, 52, 53, beurteilte sie mit jeweils 2 Jahren und 6 Monaten.

Bei den Ausführungen zur Bildung der Gesamtfreiheitsstrafe ist zu beachten, dass dem Urteil auch Taten zum Nachteil von zwei weiteren Zeuginnen zu Grunde lagen (s.o.) und zwar Straftaten gemäß § 92a Abs. 1 Nr. 1, Abs. 2 AuslG (Einschleusen von Ausländern), sowie des gemeinschaftlichen gewerbsmäßigen Einschleusens von Ausländern in Tateinheit mit schwerem Menschenhandel und gemeinschaftlicher Zuhälterei gemäß §§ 181 Abs. 1 Nr. 1, 181a Abs. 1 Nr. 1, 25 Abs. 2, 52 StGB, was die Kammer mit einer Einzelstrafe von 3 Jahren in Anrechnung brachte. Aus den vorgenannten Freiheitsstrafen bildete die Kammer unter Erhöhung der verwirkten höchsten Einzelfreiheitsstrafe (hier 6 Jahre) gem. § 54 StGB unter zusammenfassender Würdigung der Person des Angeklagten zu 1) und der von ihm begangenen Taten eine Gesamtfreiheitsstrafe von 10 Jahren.

Angeklagter zu 2):
Im Fall des Angeklagten zu 2) befand die Kammer hinsichtlich des gemeinschaftlichen Einschleusens von Ausländern gemäß § 92a Abs. 1 Nr. 1 Ausländergesetz, § 25 Abs. 2 StGB auf eine Freiheitsstrafe von 10 Monaten und wegen der gemeinschaftlichen Vergewaltigung gemäß §§ 177 Abs. 1 Nr. 1, Abs. 2 Nr. 1, 25 Abs. 2, 53, 52 StGB zum Nachteil der Mandantin auf 5 Jahre. Die weitere Vergewaltigung zum Nachteil der Mandantin gemäß §§ 177 Abs. 1 Nr. 1, Abs. 2 Nr. 1, 53 StGB bewertete sie mit 3 Jahren.

Aus den vorgenannten Freiheitsstrafen bildete die Kammer unter Erhöhung der verwirkten höchsten Einzelfreiheitsstrafe (5 Jahre) gem. § 54 StGB unter zusammenfassender Würdigung der Person des Angeklagten zu 2) und der von ihm begangenen Taten eine nach Ansicht der Kammer tat- und schuldangemessene Gesamtfreiheitsstrafe von 6 Jahren.

Angeklagter zu 3):
Die begangenen Straftaten zum Nachteil der Mandantin im Fall des §§ 180b Abs. 2 Nr. 2, 181 a Abs. 1 Nr. 1, 27, 52 StGB – Menschenhandel in Tateinheit mit Beihilfe zur Zuhälterei – wurde von der Kammer mit 1 Jahr und 2 Monaten bewertet. Auch bei dem Angeklagten zu 3) musste berücksichtigt werden, dass dem Urteil von diesem begangene Straftaten zum Nachteil der anderen beiden geschädigten Zeuginnen (s.o.) zu Grunde lagen. So beurteilte die Kammer hier ein gemeinschaftlich gewerbsmäßiges Einschleusen von Ausländern in Tateinheit mit gemeinschaftlicher Zuhälterei gemäß §§ 92a Abs. 1 Nr. 1, Abs. 2 Nr. 1 Ausländergesetz, in Verbindung mit §§ 181a Abs. 1 Nr. 1, 52, 25 Abs. 2 StGB, mit 1 Jahr und 10 Monaten.

Aus den vorgenannten Einzelfreiheitsstrafen hat die Kammer unter Erhöhung der verwirkten höchsten Einzelfreiheitsstrafe (1 Jahr 10 Monate) gem. § 54 StGB unter zusammenfassender Würdigung der Person des Angeklagten zu 3) und der von ihm begangenen Taten eine Gesamtfreiheitsstrafe von 2 Jahren und 4 Monaten gebildet.

Revision:
Gegen das Urteil vom 28. Mai 2000 legte der Angeklagte zu 2) die Revision ein. In der Revisionsrechtfertigung wurde die Verletzung formellen und materiellen Rechts gerügt. Die Sachrüge wurde in allgemeiner Form erhoben. Die Verfahrensrüge stützte sich auf die Verletzung der §§ 244 Abs. 5 Satz 2, 244 StPO. Unter Aufführung der Verfahrenstatsachen führte die Verteidigung des Angeklagten zu 2) aus, dass das Gericht zu Unrecht die Vernehmung eines Zeugen, den die Verteidigung beantragt hatte, mit der Begründung abgelehnt habe, dass dies zur Erforschung der Wahrheit nicht erforderlich, bzw. die unter Beweis gestellte Tatsache für die Entscheidung ohne Bedeutung gewesen sei.

Die Verteidigung vertrat die Auffassung, dass aber durch den Beweisantrag der einzige mögliche Tatzeuge als Entkräftigung zur Belastungszeugin/Mandantin in das Verfahren eingeführt worden wäre. Dieser Zeuge sei weder zu einem späteren Zeitpunkt im Verfahren gehört, noch sei seine Aussage in das Verfahren eingeführt worden. Es folgten umfassende Ausführung zur rechtlichen Würdigung durch die Verteidigung.

Am 17. Januar 2002 wurde die Revision des Angeklagten zu 2) gegen das Urteil des LG Duisburg vom 28. Mai 2001 durch Beschluss des Bundesgerichtshofs – 3. Strafsenat – einstimmig auf Antrag des Generalbundesanwalts und nach Anhörung des Beschwerdeführers als unbegründet verworfen, mit der Begründung, dass die Nachprüfung des Urteils auf Grund der Revisionsrechtfertigung keinen Rechtsfehler zum Nachteil des Angeklagten ergeben habe; jedoch wurde die Urteilsformel dahin geändert, dass der Angeklagte wegen Einschleusens von Ausländern, wegen Vergewaltigung und wegen sexueller Nötigung verurteilt wurde. Das Urteil war damit rechtskräftig.

5.3.1.5 Anwaltliche Arbeit mit der Mandantin

Das Ergebnis des hier dargestellten Strafverfahrens konnte erzielt werden, weil eine umfassende Interessenvertretung der Mandantin gegenüber allen am Verfahren Beteiligten Personen erfolgte. Dies wurde durch eine reibungslose Zusammenarbeit zwischen der ermittelnden Kriminalpolizei, der Betreuerin der eingeschalteten Schutzorganisation und mir, als ihrer Rechtsanwältin, ermöglicht. Ich erhielt den Kontakt zur Mandantin bereits drei Tage nach deren Aufgriff durch die zuständige Kriminalpolizei. Der Kontakt wurde durch Solwodi e. V. im Auftrag der Mandantin zu mir hergestellt. So konnte ich unmittelbar mit der Sammlung der ersten notwendigen Informationen beginnen und Rücksprache mit der zuständigen Kriminalpolizei und der zuständigen Staatsanwaltschaft halten. Mein Kontakt zur Mandantin erfolgte unverzüglich. Die Situation der Mandantin stellte sich so dar, dass sie sich illegal in Deutschland aufhielt und damit gegen geltendes Recht verstoßen hatte (Verstoß gegen das Ausländergesetz). Diesbezüglich war sie selber Beschuldigte und benötigte eine Verteidigung, Gegen sie wurde ein Ermittlungsverfahren eingeleitet. Andererseits war sie, zunächst erkennbar, Opfer der gegen sie verübten Straftaten sowohl des Menschenhandels, als auch des schweren Menschenhandels.

Die Mandantin war bereits von der Polizei vernommen worden, eine weitere polizeiliche Vernehmung war zum damaligen Zeitpunkt angekündigt. Da ich bereits zu diesem frühen Stadium mit dem Mandat betraut wurde, konnte ich die Mandantin zu der anstehenden polizeilichen Vernehmung begleiten. Auf Grund einer kollegialen Terminabsprache für die Vernehmung ergab sich der zeitliche Rahmen, dass die Mandantin bereits vor diesem Termin – in entspannter und ruhiger Atmosphäre und ohne zeitliches Limit – von mir vertraulich umfassend anwaltlich beraten werden konnte. Dazu gehörte eine besonders ausführliche Belehrung, in der sie nicht nur über ihre Rechte als Beschuldigte sowie über ihre Rechte und Pflichten als mögliche Zeugin aufgeklärt wurde, sondern auch die Möglichkeit hatte, Fragen zu stellen und ihre Ängste und Probleme zu formulieren. Eine erste Stabilisierung der Mandantin konnte dadurch stattfinden, dass ihr bewusst wurde, dass ich als ihre Rechtsanwältin allein als ihre Interessenvertreterin für sie arbeitete und sie meine Auftraggeberin war, egal für welchen Weg sie sich entscheiden würde. Als Opfer von schwerem Menschenhandel hatte sie das Recht, anwaltliche Beratung auf Staatskosten zu nutzen. Darüber hinaus wurde ihr bereits zu diesem Zeitpunkt die Bedeutung und die Vorgehensweise in einem deutschen Strafprozess erklärt.

Die Mandantin entschied sich dazu, für die weitere polizeiliche Vernehmung zur Verfügung zu stehen. Diese dauerte dann mehrere Stunden an. Die polizeiliche Nachvernehmung war notwendig geworden, weil die Klientin sich zwar zunächst für eine Aussage bei der Polizei entschieden, dort aber nur zögernd Teilgebiete des Gesamtgeschehens geschildert hatte. Während der nun anstehenden weiteren polizeilichen Vernehmung war es meine Aufgabe, regelmäßig zu unterbrechen, meine Mandantin in den Pausen immer wieder anwaltlich zu beraten und ihr die Möglichkeit zu eröffnen, dass sie zu jedem von ihr gewünschten Zeitpunkt ihre Meinung ändern und die Vernehmung auch abbrechen könne. Sie hatte so das Gefühl und die Sicherheit, dass sie zu jedem Zeitpunkt des Verfahrens selber entscheiden konnte, welche weiteren Schritte getätigt werden sollten.

Schnell bestätigten sich meine Befürchtungen, dass die Mandantin während ihres Martyriums auch Opfer von Vergewaltigungen geworden sein könnte. Es stellte sich heraus, dass es ihr, wie so vielen Opfern von Menschenhandel und schwerem Menschenhandel, die während ihrer Leidenszeit auch noch vergewaltigt wurden, unbegreiflich war, dass sie das von ihr Erlebte innerhalb ihrer Aussage noch einmal bis ins Detail schildern sollte. Es war meine Aufgabe, der Mandantin zu erklären, dass sie selber alleine entscheidet ob sie diese Vorfälle berichten will. Gleichzeitig musste ich ihr aber auch erklären, dass eine Verurteilung der Täter nach dem deutschen Recht nur erfolgen kann, wenn das Tatgeschehen konkret – möglichst bis ins Detail – dargelegt wird. Gleichwohl blieb die Entscheidung ob der Aussage allein in ihrem Machtbereich. Es war meine Aufgabe, dafür zu sorgen, dass sie zu jedem Zeitpunkt der Vernehmung Herrin ihrer eigenen Entscheidung war und dass diese von allen Beteiligten respektiert wurde.

Nachdem ihr das Prozedere klar war, entschloss sich die Mandantin zu einer umfassenden Aussage. Es war bewundernswert, mit welcher inneren Stärke sie nach der anwaltlichen Besprechung in das Vernehmungszimmer zurückkehrte und danach stundenlang, sehr konzentriert und detailreich die gegen sie verübten Taten zu Protokoll gab. Zuvor hatte sie noch den Wunsch geäußert, dass die Vernehmung allein durch die weibliche Kriminalbeamtin geführt werden sollte. Dies wurde unverzüglich mit Respekt und ohne Diskussion veranlasst. Die vernehmende Beamtin beherrschte eine sehr ruhige und einfühlsame Vernehmungstechnik. Die Mandantin konnte sich auf ihre Aussage konzentrieren. Sie sah sich keinen Anfeindungen ausgesetzt. Es fand ein höflicher und respektvoller Umgang zwischen allen Beteiligten statt, der sich auch beruhigend auf die Mandantin auswirkte.

Die Anklage stützte sich schlussendlich in weiten Bereichen allein auf die Aussage der Mandantin. Diese hatte sich entschieden, sich einem Strafverfahren gegen die Täter im Wege der Nebenklage anzuschließen. Auch hatte sie sich grundsätzlich entschieden, in einer strafrechtlichen Hauptverhandlung gegen ihre Peiniger als Zeugin zur Verfügung zu stehen. Bereits zu einem sehr frühen Zeitpunkt konnte ich in ihrem Namen den Antrag auf Zulassung der Nebenklage stellen. Darüber hinaus wurde der Antrag auf Akteneinsicht gestellt.

Als Nebenklägerin hatte die Mandantin das Recht, über mich Einsicht in die Ermittlungsakten zu nehmen. Hinzu kam eine sehr zeitintensive Vorbereitung der Mandantin auf den eigentlichen Prozess und ihre anstehende Vernehmung in der Hauptverhandlung.

Die Mandantin beherrschte die deutsche Sprache nur unzureichend. Darüber hinaus kannte sie sich nicht im deutschen Rechtssystem aus. Auf Grund der besonderen Situation der Mandantin in Deutschland (illegaler Aufenthalt), ihre durch die Taten erfolgte schwere Traumatisierung, die Sprachschwierigkeiten – alle Besprechungen mussten gedolmetscht werden–, die besondere Gefährdungslage (als Opfer von Taten, die dem Rotlichtmilieu zuzuordnen sind musste eine sichere Unterbringung erfolgen) wurde bereits das Vorverfahren – d. h. das Verfahren bis zum Eingang der Akten bei Gericht /Anklageerhebung – mit großem Zeitaufwand von mir geführt. Allein die Besprechungen und Beratungen mit der Mandantin in Vorbereitung auf den Prozess nahmen 12 Stunden in Anspruch. Hinzu kam das Aktenstudium von über 890 Seiten. Die polizeilichen Nachvernehmungen erforderten einen Arbeitsaufwand in Höhe von 11 Stunden. Das Vorverfahren ergab damit einen Stundenaufwand von mindestens 31 Stunden.

Bezüglich der wesentlichen Tatkomplexe, die den Angeklagten vorgeworfen wurden, war die Mandantin die einzige Zeugin. Die Nebenklage wurde ihrem Wunsch gemäß gegen alle drei Angeklagten geführt. Die Tatkomplexe überschnitten sich. Eine Einlassung zum Anklagevorwurf erfolgte nur durch einen Täter und dies auch nur in einem Teilbereich und sehr beschönigend. Die Verurteilung der Täter konnte in Bezug auf die zum Nachteil der Mandantin begangenen Taten aber im wesentlichen allein auf ihre Aussage vor Gericht gestützt werden. Auch die Verurteilung des Angeklagten zu 3), der seinen Tatbeitrag in Bezug auf seine Verteidigung lediglich im Bereich der Förderung der Prostitution bzw. Zuhälterei angesiedelt wissen wollte, konnte auf Grund des von der Mandantin geschilderten Sachverhaltes nachgewiesen werden.

Die Angeklagten zu 1) und zu 2) ließen sich im Hauptverfahren überhaupt nicht zur Sache ein. Ihre Verteidigung basierte auf einer Konfliktverteidigung. Der Beweis der Tatvorwürfe, die der Nebenklage zu Grunde lagen, mussten somit allein durch die Zeugenaussage der Mandantin von mir geführt werden. Am zweiten Verhandlungstag war die Mandantin für mehrere Stunden, mit kurzen Unterbrechungen, in der Zeit von 9.15 Uhr bis 15.00 Uhr im Zeugenstand. An den folgenden Tagen wurden weitere Zeugen gehört. Beweisanträge der Verteidigung mussten bearbeitet werden.

Für den Erfolg der Nebenklage war es von besonderem Vorteil, dass die Mandantin an weiteren zwei Hauptverhandlungstagen an der Sitzung teilnehmen konnte. Sie machte damit nicht nur von ihrem Anwesenheitsrecht als Nebenklägerin in der Hauptverhandlung Gebrauch, sondern konnte auch die Aussagen anderer am Verfahren beteiligter Personen auf ihren Wahrheitsgehalt hin kontrollieren. Ich konnte so unverzüglich über das Fragerecht in Rücksprache mit ihr reagieren. Die Mandantin erlebte damit den Strafprozess nicht nur als „personalifiziertes" Beweismittel, sondern durchlebte ihn als Partei, die nicht nur mit Pflichten als Zeugin sondern auch mit Rechten gegenüber den Angeklagten und den übrigen Beteiligten ausgestattet war.

Die anwaltliche Vertretung der Nebenklägerin dürfte schlussendlich insgesamt mindestens 83 Stunden in Anspruch genommen haben. In dieser Berechnung haben zeitaufwendige Rücksprachen, die in dieser Angelegenheit von mir im Namen der Mandantin mit dem zuständigen Ausländeramt, dem Landeskriminalamt in Düsseldorf, der zuständigen Staatsanwaltschaft und dem Innenministerium geführt werden mussten, keine Berücksichtigung gefunden.

5.3.2 LG Köln 105 – 4/01
(5. große Strafkammer, wegen Menschenhandels pp. Urteil vom 23. August 2001)

5.3.2.1 Gegenstand des Verfahrens

Vor dem Landgericht Köln wurde im Juli und August 2001 eine Strafsache gegen zwei türkische Zuhälter aus Köln verhandelt. Der Angeklagte zu 1) war zum Zeitpunkt des Urteils 24 Jahre alt, der Angeklagte zu 2) war zum Zeitpunkt des Urteils 25 Jahre alt. In dem Verfahren wurde eine Mandantin vertreten, die sich dem Verfahren gegen den Angeklagten zu 1) als Nebenklägerin anschloss und zwar als Geschädigte der zu ihrem Nachteil verübten Delikte des schweren Menschenhandels gem. § 181 Abs. 1 Nr. 1 und der Körperverletzungen gem. § 223 Abs. 1 StGB.

Der Anklagevorwurf gegen den Angeklagten zu 1) ging von dem Vorwurf des schweren Menschenhandels, der Förderung der Prostitution, Zuhälterei und dem Verstoß gegen das Ausländergesetz aus. Die Anklage führte insgesamt sieben geschädigte Frauen auf. In Bezug auf die Mandantin wurde dem Angeklagten zu 1) der Vorwurf gemacht, dass er diese durch Drohung mit einem empfindlichen Übel zur Fortsetzung der Prostitution bestimmt habe und tateinheitlich diese, da unter 21 Jahren, dazu gebracht habe, die Prostitution aufzunehmen bzw. fortzusetzen und ihr zur Ausübung der Prostitution Wohnung gewährt habe. Darüber hinaus hatte er auch auf die Mandantin eingeschlagen.

In dem Urteil der Strafkammer am 23. August 2001 wurde der Angeklagte zu 1) zu einer Gesamtfreiheitsstrafe von fünf Jahren und drei Monaten und der Angeklagte zu 2) zu einer Gesamtfreiheitsstrafe von zwei Jahren und drei Monaten verurteilt.

Der Ursprung der Ermittlungen gegen die Angeklagten zu 1) und 2) sowie zahlreiche weitere Personen war ein Ermittlungsverfahren aus dem Jahre 2000 gegen eine Zeugin gewesen, die im Rahmen einer polizeilichen Kontrolle in einem Bordell in K. angetroffen und vorläufig festgenommen worden war. Weiterhin wurde in diesem Bordell eine – ebenfalls zwischenzeitlich abgeschobene – ukrainische Zeugin angetroffen und vorläufig festgenommen. Auf Grund der umfangreichen Angaben dieser Zeuginnen ergab sich der Verdacht des schweren Menschenhandels und der Zuhälterei pp gegen eine Personengruppe um den Angeklagten zu 1). Dazu kam, dass sich im September 2000 ein gesondert verfolgter Zeuge an die Polizei in K. wandte und angab, vertrauliche Informationen über Personen aus dem Zuhältermilieu in K. und Umgebung geben zu können. Als Täter benannte auch er – neben anderen Personen – den Angeklagten zu 1).

Er – der Zeuge – habe eine tschechische Prostituierte als Freundin, die in einem Bordell der Prostitution nachgehe. Er und seine Freundin wollten aus dem Milieu heraus. Dieser Freundin – der späteren Mandantin – gelang schlussendlich im Oktober die Flucht aus dem Bordell des Angeklagten zu 1). Sie stellte sich der Polizei und machte umfassende Aussagen. Daraus ergab sich, dass sie zum Zeitpunkt der gegen sie verübten Taten erst 16 Jahre alt gewesen war. Sie hatte bereits kurze Zeit in Tschechien als Prostituierte gearbeitet bevor sie Anfang des Jahres 1999 mit ihrer Freundin nach Deutschland geschleust wurde. Sie sprach zu diesem Zeitpunkt kein Deutsch. Sie wurde von einem gesondert verfolgten Täter über die deutsch-tschechische Grenze nach K. geschleust, wo sie einem weiteren – gesondert verfolgten Täter -, einem Bekannten des Angeklagten zu 1), dem K., zugeführt wurde. Dieser brachte sie mit ihrer Freundin in einer Wohnung unter. Dort wurden ihnen unter dem Vorwand, neue Papiere besorgen zu wollen, die Pässe abgenommen. Darüber hinaus eröffnete man ihnen, dass sie in einem Club „Anschaffen" gehen müssten. Schlussendlich sah sich die Mandantin gezwungen, ab Anfang 1999 mit Unterbrechungen bis zu ihrer Flucht am 6.10.2000 der Prostitution nachzugehen, somit für nahezu 20 Monate und dies ab einem Alter von 16 Jahren.

Im Verlauf der Ermittlungen – insbesondere über erfolgte Telefonüberwachungen – konnten weitere Personen identifiziert werden, die an den Taten der Angeklagten zu 1) und 2) beteiligt waren. Der Angeklagte zu 2) hatte sich im Ermittlungsverfahren nicht eingelassen. Der Angeschuldigte zu 1) hatte über seinen Verteidiger lediglich einen Tatvorwurf des Verstoßes gegen das Waffen-Gesetz eingeräumt. Im übrigen vertrat er die Auffassung, dass allenfalls der Tatbestand der Förderung der Prostitution in Betracht kommen würde. Er habe zu keinem Zeitpunkt auf die hier in Rede stehende Mandantin eingewirkt, damit sie der Prostitution nachgehen solle. Er habe sie auch nicht geschlagen.

5.3.2.2 Dem Urteil zu Grunde gelegter Sachverhalt, die Mandantin betreffend

Der Angeklagte zu 1) lernte die Mandantin kurz nach ihrer Ankunft in der oben erwähnten Wohnung kennen. Ob er in ihre Anwerbung zur Prostitution verwickelt war, konnte in der Hauptverhandlung nicht geklärt werden. Fest stand jedoch, dass er seinen gesondert verfolgten Bekannten regelmäßig in die Wohnung begleitete, um die Frauen mit Essen zu versorgen. Die Mandantin und ihre Freundin hielten sich einige Tage in der Wohnung auf. Dann schaltete der Angeklagte zu 1) den anderweitig verfolgten N. aus, der die beiden Frauen nach Deutschland gebracht und versucht hatte, die beiden Frauen gewinnbringend anderweitig zu vermitteln. Der Angeklagte zu 1) verbrachte beide Frauen in eine heimlich angemietete Wohnung in K. und beschaffte ihnen mit Unterstützung seines bereits oben benannten anderweitig verfolgten Bekannten K. Arbeit als Prostituierte in einem Bordell. Man hatte der Mandantin eingeschärft, auf Fragen nach ihrem Alter zu behaupten, sie sei bereits 18 Jahre alt. Diese Lüge verfing jedoch nicht. Da sie keinen Ausweis vorlegte, musste sie das Bordell nach zwei Wochen auf Drängen des Geschäftsführers verlassen.

Anschließend kam sie – ohne dass sie den Grund für den Wechsel erfuhr – in ein Bordell nach E., in dem sie drei Monate verbleiben musste. Im Anschluss daran ging sie wieder zusammen mit ihrer Freundin in K. der Prostitution nach, und zwar vier Wochen lang in einem Wohnungsbordell, dann je zwei Wochen in zwei anderen Bordellen in K. und anschließend bis zum Oktober 1999 wieder in dem Bordell, in dem sie zuerst gearbeitet hatte.

Seit dem Sommer 1999 waren die beiden Frauen in der Wohnung des Angeklagten zu 2) untergebracht, die dieser dem anderweitig verfolgten Zeugen Y. – dem Freund der Mandantin – gegen Übernahme der Kosten überlassen hatte. Der Angeklagte zu 1) hatte dies nach dem Verlust der Wohnung in K. arrangiert.

Die Mandantin musste von Anfang an praktisch ihre gesamten Einnahmen aus der Prostitution abgeben. Von dem den Freiern abkassierten Geld erhielt das jeweilige Bordell ein so genanntes Hausgeld, und zwar in der Regel in Höhe von 50 % der Tageseinnahmen. Den Differenzbetrag musste die Zeugin bis auf ein Taschengeld, das lediglich ihre notwendigen Ausgaben für Essen deckte, abliefern. Das Abkassieren übernahmen bis zu ihrer Rückkehr aus E. der anderweitig verfolgte K. und der Angeklagte zu 1), danach jeweils derjenige, der sie und ihre Freundin bei Schichtende aus dem Bordell abholte. Dies waren der Angeklagte zu 1), der anderweitig verfolgte A. und der anderweitig verfolgte Zeuge Y, danach der anderweitig verfolgte

Zeuge Y. und der anderweitig verfolgte A. alleine. Der Zeuge Y. war mit der Mandantin seit ihrer Rückkehr aus E. liiert.

Der Angeklagte zu 1) hatte die Mandantin nach dem Umzug in die Wohnung in K. mit dem anderweitig verfolgten Zeugen Y. zusammengebracht, der seitdem zu der Wohnung mitging und anschließend den Angeklagten zu 1) und den anderweitig verfolgten K. mehrmals auf Fahrten nach E. begleitete. Nach der Rückkehr der Mandantin in die Wohnung in K. verliebte der Zeuge Y. sich in sie und begann, mit ihr Heiratspläne zu schmieden. Er hielt sich häufig bei ihr auf und fuhr sie und ihre Freundin zu den Bordellen. Der anderweitig verfolgte K. erschien zu dieser Zeit nicht mehr. Er schied mit der Rückkehr der Mandantin nach K. aus.

Wer – ob der Angeklagte zu 1), der anderweitig verfolgte A. oder möglicherweise der anderweitig verfolgte K. vor seinem Ausscheiden – die Einnahmen der Mandantin aus der Prostitution erhalten hat, konnte in der Hauptverhandlung nicht mit der erforderlichen Sicherheit geklärt werden. Die Kammer musste daher zugunsten des Angeklagten zu 1) davon ausgehen, dass diese Gelder ihm auch nicht teilweise zugeflossen sind. Insoweit wurde das Verfahren gemäß § 154a StPO auf die abgeurteilten Taten des Angeklagten zu 1) zum Nachteil der Mandantin während ihres Aufenthaltes in seinen Bordellen und die nachfolgend geschilderten Körperverletzungsdelikte beschränkt.

Während ihrer Tätigkeit in dem Wohnungsbordell in K. kehrte die Mandantin eines Tages vor Beendigung der Arbeitszeit zur Wohnung allein zurück, weil sie unter starken Bauchschmerzen litt. Zuvor hatte sie versucht, ihren Freund, den anderweitig verfolgten Zeugen Y. oder den Angeklagten zu 1) um Erlaubnis zu fragen, das Bordell vorzeitig verlassen zu können, konnte jedoch keinen von beiden erreichen. Als sie sich in der Wohnung bereits niedergelegt hatte, erschien der Angeklagte zu 1) in Begleitung ihres Freundes (des anderweitig verfolgten Y.) und machte ihr Vorhaltungen, weil sie sich eigenmächtig aus dem Bordell entfernt hatte. Er schlug ihr mit der Hand ins Gesicht. Durch den Schlag fügte er der Mandantin eine Wunde auf der Innenseite der Wange zu.

Ende Juli 1999 übernahm der Angeklagte zu 1) ein Bordell in F. zu einem Kaufpreis von 13.000 DM. Kurze Zeit darauf gelang es ihm, ein weiteres Objekt in K., das auch schon vorher als Bordell genutzt worden war, anzumieten. Am 1. September 1999 eröffnete er nach umfänglichen Renovierungen dort seinen zweiten Betrieb. Den nötigen finanziellen Spielraum für diese rasche geschäftliche Expansion verschaffte er sich durch anderweitige Aktivitäten im Rotlichtmilieu.

Die Mandantin kam Ende 1999 – nachdem in dem Bordell, in dem sie bis dahin arbeitete am 19.10.1999 eine Razzia durchgeführt worden war, – mit ihrer Freundin in das Bordell des Angeklagten nach F. und wurde dort von der Zeugin R. in die Abläufe im Bordell eingewiesen. Die Arbeitsbedingung der Prostituierten waren – und dies galt gleichermaßen für den Betrieb in F. als auch für den Betrieb in K. des Angeklagten zu 1) – streng reglementiert: In der Regel arbeiteten zwei bis drei Prostituierte in jedem Betrieb. Bei Bedarf – z. B. Arbeitskräftemangel – mussten sie auf Anordnung des Angeklagten zu 1) nach F. oder umgekehrt wechseln. Die Arbeitszeit ging von 11.00 Uhr vormittags bis 1.00 Uhr nachts. Die Prostituierten hatten so zeitig zur Arbeit zu erscheinen, dass sie um 11.Uhr fertig geschminkt in Reizwäsche gekleidet auf den Empfang von Freiern warteten. Kam ein Freier, mussten sie gemeinsam auf einem Bett posieren. Die Zeugin R. stellte sie ihm dann vor und handelte mit dem Freier das Entgelt aus. Die Preise und die Programme waren vorgegeben. Sie kosteten „Französisch" mit Verkehr, beides mit Gummischutz 100 DM, dasselbe Programm ohne Gummischutz 200 DM, die volle Stunde 300 DM und eine Stunde im Whirlpool 400 DM. Die Frauen mussten das Entgelt im Voraus kassieren und sodann unauffällig der Zeugin R. aushändigen. Diese achtete strikt darauf, dass die für jedes Programm vorgegebene Zeit nicht überzogen wurde. Sie zeichnete die Einnahmen aller Frauen auf und erstellte täglich bei Feierabend die Abrechnung.

Die Mandantin war abwechselnd in den Objekten in F. und K. als Prostituierte tätig. Weil sie – wie der Angeklagte zu 1) wusste – damals noch minderjährig war, ließ er sie auf Betreiben der Zeugin R. nur an Wochenenden und bei Engpässen arbeiten. An ihren freien Tagen hielt sich die Mandantin überwiegend in der Wohnung auf. Zeitweilig war sie auch über Nacht in dem Bordell in F. untergebracht. Sie konnte sich von Anfang an weder frei bewegen, noch auf ihre Arbeitsbedingungen Einfluss nehmen, sondern musste, wenn sie zur Arbeit eingeteilt wurde, zur Verfügung stehen. Der Angeklagte zu 1) hielt sich dabei im Hintergrund und schickte andere, etwa die Zeugin R, vor, soweit er nicht im Einzelfall dem gesondert verfolgten A. die Entscheidung überließ. Er wusste aber über den Umfang ihrer Arbeit genau Bescheid.

Die Mandantin musste ihre Einnahmen während ihrer gesamten Tätigkeit in den Bordellen des Angeklagten zu 1) komplett abgeben. Sie erhielt lediglich in kleinen Rationen Geld für Bekleidung und brauchte nichts für Unterkunft und Verpflegung zahlen. Sie wurde sogar im Vergleich mit anderen Zeuginnen, die ebenfalls für den Angeklagten arbeiteten, recht kurz gehalten. Wenn sie neue Sachen brauchte, wurde sie zunächst einmal vertröstet, bis sie sich das benötigte Kleidungsstück kaufen durfte.

Der Angeklagte zu 1) erhielt von der Mandantin zumindest den so genannten Hausanteil in Höhe von 50 % des von den Freiern kassierten Geldes. Ob er während ihrer Tätigkeit in seinen Bordellen auch die andere Hälfte des Verdienstes von Anfang an für sich einbehalten hat, konnte in der Hauptverhandlung nicht abschließend geklärt werden. Fest stand allerdings, dass der Zeuge Y. die Mandantin – wenn der Angeklagte zu 1) den an sich der Mandantin zustehenden Anteil teilweise an den Zeugen Y. ausgekehrt haben sollte – jedenfalls seit September 2000 nicht abkassiert hat. Soweit es die Zeit bis September 2000 betraf, wusste der Angeklagte zu 1) jedenfalls, dass die Mandantin im Ergebnis ihre Einnahmen komplett abliefern musste. Allein in der Zeit von Januar 2000 bis zum 9. April 2000 handelte es sich dabei um insgesamt 27.350 DM, die jedenfalls zur Hälfte dem Angeklagten zu 1) zugeflossen sind.

Etwa seit ihrem 18. Geburtstag im Juli 2000 musste die Mandantin auf Veranlassung des Angeklagten zu 1) täglich arbeiten. Ein Grund dafür war, dass in den Bordellen ein akuter Frauenmangel herrschte. Nach einer Razzia im April in dem Bordell in F. war die Freundin der Mandantin vorläufig festgenommen worden und später nach Tschechien ausgewiesen worden. Eine weitere Razzia erfolgte im Juli 2000 in dem Bordell in K. Da auch hier weitere Frauen, die für den Angeklagten zu 1) gearbeitet hatten, verhaftet worden waren, stand schlussendlich neben einer weiteren geschädigten Frau allein die Mandantin zur Verfügung, um den Bordellbetrieb in F. – der Club in K. blieb nach der Razzia eine zeitlang geschlossen – und anschließend ab Anfang September 2000 an in K. – das Bordell in F. löste der Angeklagte im August 2000 auf – unverändert aufrechtzuerhalten.

Die Mandantin sprach mittlerweile gut Deutsch. Sie war im Bordell eingearbeitet, und übernahm, als Anfang September 2000 weitere Frauen eintrafen, deren Einweisung in die betrieblichen Abläufe und machte seit der Wiedereröffnung des Bordells in K. auch die Abrechnung. Seitdem hielt sie sich ständig in K. auf. Sie hatte zwar einen Schlüssel zum Bordell, durfte es aber nur für kleine notwendige Besorgungen verlassen. Daran hielt sie sich, weil eine längere Abwesenheit bei Anrufen des Angeklagten zu 1), des anderweitig verfolgten A. oder des Angeklagten zu 2) sofort aufgefallen wäre. Letzterem hatte der Angeklagte zu 1) eine feste „Anstellung" in seinem Betrieb und einen BMW Z 3 in Aussicht gestellt.

Folge dieser Entwicklung war, dass die Mandantin kaum noch Zeit für den Zeugen Y. hatte, der sich damit nicht abfinden wollte. Er liebte die Zeugin und war – genauso wie sie – fest entschlossen, auf Dauer zusammen zu bleiben. Da die Heiratspläne den geschäftlichen Interessen des Angeklagten zu 1) zuwider liefen, versuchte er mit Unterstützung des anderweitig verfolgten A. und des Angeklagten zu 2) die Mandantin und ihren Freund zu trennen. Seit Anfang September 2000 durfte Y. die Mandantin nicht mehr sehen. Der Mandantin verboten sie umgekehrt jeglichen Kontakt zu Y.

Danach eskalierten die Ereignisse. Da Y. die Trennung nicht akzeptieren wollte, entschloss er sich, die Mandantin aus dem Bordell herauszuholen. Er nahm deshalb, wie bereits oben beschrieben, Kontakt zur Polizei auf. Um dieselbe Zeit dachte die Mandantin, schwanger zu sein. Als der Angeklagte zu 1) und der anderweitig verfolgte A. davon hörten, verlangten sie einen Schwangerschaftstest. Dies scheiterte nur daran, dass der Angeklagte zu 1) vergaß, das Testset mitzubringen. Anschließend kündigte er an, im Falle einer Schwangerschaft müsse die Mandantin nach Holland gehen, weil dort eine Abtreibung noch bis zum siebten Monat möglich und billig sei; anderenfalls trete er ihr zwei-oder dreimal in den Bauch, dann könne sie nach zwei bis drei Tagen Krankenhausaufenthalt wieder arbeiten.

Währenddessen hielt Y. zur Mandantin heimlich telefonischen Kontakt. Bei einem dieser Anrufe im Bordell wurden der Angeklagte zu 1), der anderweitig verfolgte A. und der Angeklagte zu 2) misstrauisch, weil der Telefonanschluss des Bordells – das so genannte Arbeitshandy – nach ihrem Besuch zum abendlichen Abkassieren fast eine Stunde lang besetzt war. Sie kehrten daraufhin spontan in das Bordell zurück. Der Angeklagte zu 1) stellte die Mandantin sofort zur Rede und wollte wissen, mit wem sie telefoniert habe.

Die Mandantin versuchte zwar zunächst auszuweichen, gestand aber dann auf Nachfragen, dass es ihr Freund, der anderweitig verfolgte Y., gewesen sei. Daraufhin schlug der Angeklagte zu 1) sie unvermittelt mit der Hand ins Gesicht. Danach forderte er sie auf, mit ihm, dem Angeklagten zu 2) und dem anderweitig verfolgten A. in den Keller zu gehen, da sie dort nicht gehört würden. Unten schrie er die Mandantin, die schon auf dem Gang in den Keller in Panik geraten war, an und versetzte ihr eine zweite Ohrfeige. Anschließend schwor er, sie nicht mehr zu schlagen, beschimpfte sie aber weiterhin heftig. Danach bedrohte der Angeklagte zu 2) die Mandantin und schlug auf eine andere Zeugin ein, die zwischenzeitlich in den Keller gekommen war, weil sie die Mandantin zu decken versuchte. Nach diesem Vorfall ließ der Angeklagte zu 1) die beiden Frauen gehen, als sei nichts geschehen.

Am 6. Oktober 2000 gelang der Mandantin die Flucht aus dem Bordell des Angeklagten zu 1). Sie verabredete sich telefonisch mit ihrem Freund, dem Zeugen Y., packte ihre Sachen und schmuggelte sie in einer Mülltonne aus dem Haus. Sie gab dann vor, eine Kleinigkeit einkaufen zu müssen. Damit ihre Abwesenheit nicht auffiel, nahm sie das „Arbeitshandy" mit. Unterwegs geriet sie in Panik, weil der anderweitig verfolgte Zeuge G. spontan seine Ankunft mit neuen tschechischen Prostituierten ankündigte.

Der Freund der Mandantin Y. kam aber rechtzeitig mit dem Auto zum vereinbarten Treffpunkt. Anschließend versteckte er sie bei seiner Schwester. Mit dem Gedanken an eine Flucht hatte sich die Mandantin schon vorher getragen. Sie hatte ihren Pass mittlerweile zurück erhalten. Diesen bewahrte der Y. auf, um auf Wunsch des Angeklagten zu 1) für die Mandantin eine Scheinehe mit einem Deutschen zu arrangieren. Die Flucht der Mandantin wurde etwa 1½ Stunden später entdeckt. Da der Angeklagte zu 1) befürchtete, dass die Mandantin oder ihr Freund Y. mit der Polizei in Verbindung stehen könnten, schloss er vorübergehend das Bordell. Es wurde aber bereits einige Tage später mit den tschechischen Prostituierten des anderweitig verfolgten G. fortgesetzt. Der Angeklagte zu 1), der Angeklagte zu 2) und der gesondert verfolgte A. versuchten im Folgenden die Mandantin aufzuspüren und zurückzuholen. Zu diesem Zweck riefen sie zunächst ständig bei Y. an, später auch bei dessen Bruder, wobei sie diesem gegenüber vorgaben, es gehe ihnen um das „Arbeitshandy".

5.3.2.3 Verurteilungen hinsichtlich der zum Nachteil der Mandantin begangenen Taten

Angeklagter zu 1):
Der Angeklagte zu 1) wurde der vorsätzlichen Körperverletzung gemäß § 223 Abs. 1 StGB verurteilt (Wohnungsbordell – Frühjahr 1999), der dirigistischen und ausbeuterischen Zuhälterei gemäß § 181a Abs. 1 Nr. 1 und Nr. 2 StGB (Bordelle in F. und K.), der vorsätzlichen Körperverletzung gemäß § 223 Abs. 1 StGB (nach dem heimlichen Telefonat der Mandantin mit dem Freund Y.) und ferner des Menschenhandels gemäß § 180b Abs. 2 Nr. 2 StGB begangen durch Veranlassung der Zeugin und Mandantin, gegen ihren Willen praktisch mit ihrem 18. Geburtstag die Prostitution auszuweiten. Die genannten Delikte standen in Tateinheit.

Strafzumessungserwägungen bezüglich der zum Nachteil der Mandantin durch den Angeklagten zu 1) begangenen Taten:
Bei der Strafzumessung bezüglich der Zuhältereidelikte zum Nachteil der Mandantin war nach Maßgabe der Vorschrift des § 180b Abs. 2 Nr. 2 StGB, der von den verwirklichten Straftatbeständen die schwerste Strafe androht, von einem Strafrahmen von 6 Monaten bis zu 10 Jahren Freiheitsstrafe auszugehen.

Zugunsten des Angeklagten berücksichtigte die Kammer, dass er zur Tatzeit noch jung war. Er war nicht vorbestraft, war infolgedessen so genannter Erstverbüßer und befand sich seit nahezu 10 Monaten erstmals in Untersuchungshaft. Die Kammer ging daher davon aus, dass ihn bereits die Erfahrung der Untersuchungshaft beeindruckt hat. Weiter ging die Kammer davon aus, dass der Angeklagte zu 1) über die Bestrafung hinaus – und dies fiel erheblich strafmildernd ins Gewicht – mit außerstrafrechtlichen Konsequenzen zu rechnen habe. So wurde angeführt, dass ihm eine Ausweisung in die Türkei drohe. Da er aber in Deutschland aufgewachsen sei, hier seinen Lebensmittelpunkt habe, insbesondere eine Ehefrau, und seine Eltern und Geschwister in Deutschland seit vielen Jahren wohnen, würde eine Ausweisung für ihn eine besondere Härte bedeuten. Weiterhin wurde mildernd sein Geständnis berücksichtigt, obschon es, einige Delikte – die Mandantin nicht tangierend – betreffend, relativ spät erfolgte.

Demgegenüber fand straferschwerend Berücksichtigung, dass sich seine Taten gegen zwei Geschädigte richteten und zahlreiche Straftatbestände mit ganz unterschiedlich hohem Unrechtsgehalt erfüllt wurden. Im Fall der Mandantin handelte es sich um ein unerfahrenes, im Ausland hilfloses Opfer. Für die Ahndung der vorsätzlichen Körperverletzung gemäß § 223 Abs. 1 StGB war ein Strafrahmen von Freiheitsstrafe bis zu 5 Jahren oder Geldstrafe vorgegeben.

Bei der Strafzumessung berücksichtigte die Kammer die oben aufgeführten Milderungsgründe und berücksichtigte zusätzlich, dass er diese Tat gestanden hatte und es sich bei ihr um den zeitlich am weitesten zurückliegenden Vorfall unter den zu beurteilenden Delikten handelte. Erschwerend wurde gewertet, dass die Mandantin zur Tatzeit sehr jung und unerfahren war. Zu Lasten des Angeklagten zu 1) wurde insbesondere der „Milieubezug" der Tat aufgezeigt. Ziel der Misshandlung war es, ein Exempel zu statuieren und die Mandantin – wenn auch im unterstellt fremden Interesse – dazu anzuhalten, in Zukunft die Arbeit im Bordell ohne ausdrückliche Erlaubnis nicht vor Feierabend zu beenden.

5.3.2.4 Verhängte Einzelfreiheitsstrafen und Gesamtfreiheitsstrafen
Begangene Straftaten zum Nachteil der Mandantin

Die Kammer hielt hinsichtlich der Körperverletzung eine Freiheitsstrafe von 6 Monaten für erforderlich und schuldangemessen. In Bezug auf den Menschenhandel gem. § 180b Abs. 2 Nr. 2 StGB hielt die Kammer die Verhängung einer Freiheitsstrafe von 2 Jahren und 6 Monaten für schuldangemessen.
Gesamtfreiheitsstrafe:
Insgesamt wurde der Angeklagte zu 1) in diesem Verfahren (auch andere Geschädigte betreffend) wegen Zuhälterei in vier tateinheitlich begangenen Fällen in Tateinheit mit Menschenhandel in zwei tateinheitlich begangenen

Fällen und mit Nötigung sowie vorsätzlicher Körperverletzung, sowie der vorsätzlichen Körperverletzung in einem weiteren Fall, der versuchten räuberischen Erpressung in Tateinheit mit versuchtem schwerem Menschenhandel und gefährlicher Körperverletzung, sowie eines Verstoßes gegen das Waffen Gesetz für schuldig befunden.

Der Angeklagte zu 1) wurde dafür zu einer Gesamtfreiheitsstrafe von 5 Jahren und 3 Monaten verurteilt. Der Angeklagte zu 1) legte das Rechtsmittel der Revision ein. Mit der Revisionsrechtfertigung wurde die Verletzung des materiellen Rechts gerügt. Die Revision des Angeklagten zu 1) gegen das Urteil des Landgerichts Köln vom 23. August 2001 wurde mit Beschluss des BGH vom 06. März 2002 als unbegründet verworfen, da die Nachprüfung des Urteils auf Grund der Revisionsrechtfertigung keinen Rechtsfehler zum Nachteil des Angeklagten ergeben hatte. Das Urteil war somit rechtskräftig.

5.3.2.5 Anwaltliche Arbeit mit der Mandantin

Der Kontakt zur Mandantin wurde auch hier über die Schutzorganisation zu mir hergestellt. Es war kurz nach dem Zeitpunkt, nach dem sie sich nach ihrer Flucht aus dem Bordell der Polizei offenbart hatte. Sie befand sich also noch in der polizeilichen Vernehmung. Diese dauerte mehrere Tage an. Auf Grund meiner Mandatierung bestand somit auch hier die Möglichkeit, die Interessen der Mandantin zu einem frühen Zeitpunkt gegenüber allen am Verfahren Beteiligten zu vertreten. Ich begleitete die Mandatin zu den noch anstehenden Vernehmungen. Gleichzeitig erfolgte unverzüglich die Anzeige der Interessenvertretung gegenüber der zuständigen Staatsanwaltschaft, verbunden mit dem Antrag auf Akteneinsicht, zumindest schon in die bisherigen Vernehmungsprotokolle, der bis dahin von meiner Mandantin getätigten Aussage. Diese lagen mir dann auch unverzüglich zur Einsichtnahme vor. Die Mandantin war fest entschlossen, in einem Strafverfahren gegen die Täter als Zeugin zur Verfügung zu stehen. Gleichwohl war sie auch Beschuldigte wegen eines Verstoßes gegen das Ausländergesetz, da sie sich auf Grund der Prostitutionstätigkeit illegal in Deutschland aufhielt. Auch gegen sie wurde ein Ermittlungsverfahren eingeleitet. Diesbezüglich musste sie verteidigt werden.

Die polizeilichen Vernehmungen zeichneten sich durch einen sehr ruhigen und sachlichen Vernehmungsstil aus. Zur Stabilisierung der Mandantin dürfte dabei auch beigetragen haben, dass die Vernehmungen sowohl von einem männlichen, als auch einer weiblichen Beamtin durchgeführt wurde. Diesen beiden gelang es, das Vernehmungsgespräch unter Wahrung einer eigenen persönlichen Neutralität, gleichwohl fürsorglich gegenüber der Mandantin zu führen. Besonderheiten ergaben sich in der anwaltlichen Beratung durch das junge Alter der Klientin. Sie war zum Zeitpunkt ihrer Einreise erst 16 Jahre alt und verbrachte nahezu 1¾ Jahre in Clubs und Bordellen, wo sie der Prostitution nachgehen musste. Dies erfolgte für sie zu einer Zeit, die für Jugendliche in diesem Alter besonders positiv prägend und erlebnisreich sein sollte. Sie wurde im wahrsten Sinne des Wortes durch die gegen sie verübten Taten ihrer Jugend beraubt.

Wegen ihres jugendlichen Alters und der erfolgten Traumatisierung fiel es der Mandantin besonders schwer, das Erlebte überhaupt in Worte fassen zu können. Besonders auffällig war, dass sie zunächst auf Grund ihrer langen Milieuzugehörigkeit nicht mehr gewöhnt war, die Sachverhalte frei und flüssig schildern zu können. Sie war so durch die erlebten Verhaltensweisen der einzelnen Tatbeteiligten eingeschüchtert und hatte deren willkürlich aufgestellte Regeln verinnerlicht, so dass ein erheblicher Teil unserer Besprechungen zunächst damit verbracht wurde, dass die Klientin in ruhiger Atmosphäre – frei von zeitlichen Beschränkungen – das Durchlebte erzählen konnte. Auch wurde deutlich, in welch ausweglose Situation sie sich über Monate befunden hatte und wie ihr das Äußern eigener Bedürfnisse und Wünsche systematisch von den Tätern abtrainiert worden war. Sie hatte nur noch funktioniert und als Geldquelle gedient.

Die Vorbereitung dieser Mandantin auf den Prozess und die von ihr gewählte Nebenklage nahm mehrere Besprechungstermine in Anspruch. Insgesamt ergab sich ein Stundenaufkommen von über 20 Stunden allein für die direkten, zwischen uns geführten Gespräche. Hierzu gehörte auch, wie bereits oben aufgeführt, die anwaltliche Beratung und Belehrung, die Erklärungen der einzelnen Abläufe während einer Gerichtsverhandlung und der Aufgabenverteilung der am Verfahren beteiligten Personen.

Auch in diesem Fall mussten in Vorbereitung auf die Gerichtsverhandlung mehrere Aktenbände der Verfahrensakten studiert werden. Erschwerend kam hinzu, dass das Gericht die Termine für die Gerichtsverhandlung und die Vernehmung der Mandantin vor Gericht in die Ferienzeit legte. Ich musste damit zur Absicherung des Verfahrens eine zweite Rechtsanwältin als Vertreterin der Nebenklage in den gesamten Prozessstoff einarbeiten. Dieses musste in enger Absprache mit der Klientin erfolgen. Die Aussage der Zeugin vor Gericht führte schlussendlich zu der oben ausgeurteilten Freiheitsstrafe. Die Feststellungen im Urteil beruhen zwar auch auf den geständigen Einlassungen der Angeklagten, unter Berücksichtigung der Tatsache, dass der Angeklagte zu 1) seinen Tatbeitrag im Ermittlungsverfahren aber noch sehr beschönigend darzustellen vermochte, war es um so

wichtiger, dass die Kammer die Mandantin in der Hauptverhandlung vernehmen konnte.
 Dies geschah während der Dauer von zwei Verhandlungstagen. Die Kammer konnte der Aussage der Mandantin folgen, da sich ihre Aussage nicht nur zum Teil mit der Aussage anderen Zeugen deckte oder ergänzte, sondern sie auch die Geschehnisse um ihren Freund, den anderweitig verfolgten Zeugen Y., nicht nur entlastend, sondern auch diesen belastend darstellte. Die Zeugin war auf Grund der Vorbereitung gefestigt und stabilisiert. Sie machte ihre Aussage ruhig und konzentriert, wenn ihr auch die Beantwortung so mancher Frage auf Grund der emotionalen Belastung schwer viel. Trotz des Drucks, dem sie nicht zuletzt auch durch die Befragung der Verteidigung ausgesetzt war, gelang es, dass ihre Glaubwürdigkeit nicht in Frage gestellt werden konnte.
 Vielleicht war dies schlussendlich auch die Veranlassung für den Angeklagten zu 1) – entgegen seinem Verhalten im Ermittlungsverfahren – in der Hauptverhandlung, nach mehreren Verhandlungstagen ein Geständnis abzulegen.

5.3.3 Landgericht Oldenburg 1 KLs 1/00
(Strafsache, 1. große Strafkammer, wegen Menschenhandels pp, Urteil vom 15. September 2000)

5.3.3.1 Gegenstand des Verfahrens

Vor dem Landgericht in Oldenburg wurde ab April 2000 gegen zwei Männer und eine Frau verhandelt. Bei den Angeklagten handelte es sich um eine deutsche Bordellbesitzerin, Angeklagte zu 1), und deren deutschen Ehemann, Angeklagter zu 2), sowie einen Ukrainer, Angeklagter zu 3). Die Anklage lautete jeweils auf Menschenhandel in Tateinheit mit Förderung der Prostitution, Zuhälterei, Beihilfe zu schwerem Menschenhandel und das gewerbs- und bandenmäßige Einschleusen von Ausländern Der Angeklagte zu 3) spielte in Bezug auf die hier in Rede stehende Mandantin im Prozess keine Rolle. Gleichwohl wird zur Veranschaulichung das Zusammenwirken der Beteiligten unten weiter aufgeführt.
 Die Anklage ging von insgesamt 40 geschädigten und geschleusten Frauen aus. Sie stammten mehrheitlich aus der Ukraine, neun kamen aus Russland, eine aus der Slowakei. Im Urteil fanden schlussendlich die Taten zum Nachteil von lediglich vier Frauen Berücksichtigung. Die hier in Rede stehende Mandantin gehörte zur Gruppe der Ukrainerinnen und war zum Zeitpunkt der gegen sie verübten Taten 22 Jahre alt. Der Tatzeitraum der

gegen sie verübten Taten wurde mit 12. Juni 1999 bis 21. Juni 1999 angegeben. Die Mandantin hatte in ihrem Heimatland als Verkäuferin gearbeitet und war dort nicht der Prostitution nachgegangen.
Verhandelt wurde in dieser Strafsache an insgesamt 18 Tagen. Die Dauer der Vernehmung der Mandantin, die sich dem Strafverfahren gegen die Angeklagte zu 1) und den Angeklagten zu 2) als Nebenklägerin angeschlossen hatte, in der Hauptverhandlung betrug einen Tag. Das Urteil, das am 15. September 2000 erging, lautete auf 4 Jahre und 6 Monate Gesamtfreiheitsstrafe für die damals 49-jährige Angeklagte zu 1) und auf 4 Jahre für den zum Zeitpunkt des Urteils 54-jährigen Angeklagten zu 2). Der Angeklagte zu 3) erhielt eine Freiheitsstrafe von 6 Jahren.

5.3.3.2 Dem Urteil zu Grunde gelegter Sachverhalt, die Mandantin betreffend

Ende 1988 verabredete der Angeklagte zu 1) mit dem gesondert verfolgten S., Frauen unter Ausnutzung der allgemeinen schlechten Lebensbedingungen in der Ukraine und benachbarten Ländern zur Einreise in die Bundesrepublik Deutschland und zur Aufnahme einer Tätigkeit als Prostituierte zu bewegen. S. hatte bereits vorher diverse Bars in der Bundesrepublik Deutschland mit Frauen „versorgt", so u. a. die von den Angeklagten zu 1) und 2) in A. geführte Bar. S. überredete die Frauen, indem er ihnen Monatseinkünfte von 5000 DM und mehr in Aussicht stellte. Dabei versprach er teilweise den Frauen, dass er ihnen in der Bundesrepublik Deutschland eine Tätigkeit als Tänzerin vermitteln könne. Teilweise wussten die Frauen auch, dass sie als Prostituierte arbeiten würden. S. kümmerte sich auch um die Beschaffung von Visa und, wenn nötig, um Reisepässe. Er organisierte die Einreise in die Bundesrepublik Deutschland. Der Angeklagte zu 3) übernahm die Frauen an vorher festgelegten Orten und brachte sie zu den verschiedenen Bars.
Erst in der Bundesrepublik Deutschland wurden die Frauen von dem Angeklagten zu 3) oder dem jeweiligen Bordellbetreiber darüber aufgeklärt, welche Beträge sie an ihre Zuhälter abzuführen hatten. Erst nach der Einreise wurde ihnen auch mitgeteilt, welche Summen sie für die Beschaffung der Papiere und den Transfer zu zahlen hatten. Wenn es organisatorische Probleme gab, war der Angeklagte zu 3) der zuständige Ansprechpartner. Dieser wusste auch, dass die Visa der Frauen mit unrichtigen Angaben erlangt und dass die Frauen unter Vorspiegelung enormer Verdienstmöglichkeiten in die Bundesrepublik Deutschland gelockt wurden. Der Angeklagte zu 3) übte seine Tätigkeit in der Bundesrepublik Deutschland weit-

gehend eigenständig aus, war aber, wenn Weisungen von S. kamen, verpflichtet, diese auszuführen. Der Angeklagte zu 3) sammelte die Gelder bei den Frauen in regelmäßigen Abständen ein. Von den so erlangten Geldern erhielt er entsprechend der mit S. getroffenen Abrede einen Anteil in unbekannter Höhe, von dem er – zumindest auch – seinen Lebensunterhalt bestritt.

Die Angeklagten zu 1) und 2) – Eheleute – gehörten zu den Hauptabnehmern von Frauen. Sie boten in ihren Geschäftsräumen durchgängig mindestens 12, manchmal bis zu 18 Frauen den Kunden zur Befriedigung ihres Geschlechtstriebes an. Die Frauen schliefen teilweise zu dritt in den Zimmern. Wenn eine Frau Kundenbesuch hatte, mussten die anderen Zimmerinsassinnen in einem anderen Zimmer oder in der Küche abwarten, bis der Kunde gegangen war. Die Prostituierten lebten in dem Betrieb nach strengen Regeln. Von 11.00 Uhr morgens bis mindestens nachts 2.00 Uhr hatten sie sich zur Verfügung zu halten. Wenn ein Gast kam, mussten sie auf ein Klingelzeichen aus dem Zimmer kommen und sich in Unterwäsche vor dem Gast postieren. Die gewählte Prostituierte hatte mit dem Gast auf das Zimmer zu gehen und ihm zur Befriedigung seines Geschlechtstriebes zur Verfügung zu stehen. Dabei wurde seitens der Angeklagten zu 1) und 2) erwartet, dass die Frauen Geschlechtsverkehr auch ohne Kondome betrieben und dass sie auch ungewöhnliche Sexualpraktiken ausübten.

Zur Durchsetzung ihrer Vorstellungen hatten die Angeklagten zu 1) und 2) ein System finanziellen Druckes entwickelt, das so genannte „Minus-Schreiben". Den Frauen wurden, wenn sie sich in irgendeiner Art und Weise nicht willfährig zeigten, willkürlich festgesetzte Geldstrafen auferlegt, so zum Beispiel, wenn sie mit einem Gast nicht die übliche Stunde, sondern kürzer oder länger auf dem Zimmer blieben, unerlaubt in einem Taxi fuhren oder zu spät zum „Dienstantritt" erschienen. Die Angeklagten zu 1) und 2) trafen teilweise auch eine Vorauswahl für die Freier, indem sie einzelnen Frauen aus Gründen der Bestrafung von Fall zu Fall untersagten, bei Erscheinen eines Gastes aus dem Zimmer zu kommen oder einem Gast die Vorzüge bestimmter Frauen anpriesen. Die Nichtauswahl durch einen Gast traf, wie das Minus-Schreiben, die Frauen hart, da sie genötigt waren, die von ihren Schleppern geforderten Geldbeträge zu verdienen. Durch ihr sehr autoritäres Auftreten, welches sie noch durch das Halten eines ca. 90 Kilogramm schweren Mastino unterstrichen, wirkten die Angeklagten zu 1) und 2) Bemühungen der Frauen, sich von der Tätigkeit zu lösen, entgegen. Die Angeklagte zu 1) ließ auch durchblicken, dass sie über außerordentlich gute Kontakte zu den örtlichen Polizeidienststellen verfügte, so dass die der deutschen Sprache unkundigen Frauen, die nicht einmal genau wussten, wo sie sich aufhielten, nicht auf die Idee kamen, sich an die Behörden zu wenden.

Die Angeklagten zu 1) und 2) teilten sich die Leitung des Bordells gewöhnlich in der Weise, dass von 11.00 Uhr bis 17.00 Uhr die Angeklagte zu 1), von 17.00 Uhr bis zur nächtlichen Schließung des Bordells der Angeklagte zu 2) die Leitung übernahm. Bei urlaubs- oder anders bedingten Abwesenheiten eines Ehepartners leitete der andere den Betrieb allein, wobei der nicht anwesende Ehepartner regelmäßig über die Betriebsabläufe informiert wurde und die Entscheidungen des anderen mittrug. Der Angeklagte zu 2) übernahm auch die Abrechnung mit den Frauen, die von seiner Ehefrau, der Angeklagten zu 1), kontrolliert wurde. Intern war klar, dass die Angeklagte zu 1) die wesentlichen Entscheidungen zu treffen hatte. Die aus dem Bordellbetrieb erlangten Mittel dienten als Einkommensquelle für beide Ehepartner.

Ein Freier hatte für eine Stunde auf dem Zimmer 200 DM, für eine Stunde im Whirlpool-Zimmer 300 DM zu zahlen, Getränke wurden extra berechnet. Von den Erlösen behielten die Angeklagten zu 1) und 2) zunächst die Hälfte, die Frauen mussten zudem noch ein Tagesgeld in Höhe von 15 DM entrichten. Das übriggebliebene Geld behielten die Angeklagten zu 1) und 2) zumindest bei den von S. und dem Angeklagten zu 3) gebrachten Frauen ein, um es an den Angeklagten zu 3) weiterzugeben. Die Frauen erhielten meist nur geringe Beträge, um sich zumindest das Allernötigste kaufen zu können. Von den ihnen zur Verfügung stehenden geringen Beträgen mussten die Frauen ihren gesamten Lebensunterhalt bestreiten und auch die bei der Arbeit verwendeten Kondome kaufen. Die Angeklagten wussten, dass die Frauen nur über Touristen- oder Geschäftsvisa verfügten und in der Bundesrepublik Deutschland keiner Erwerbstätigkeit nachgehen durften. Um den Kunden ständig neue Frauen anbieten zu können, verblieben die Frauen in der Regel maximal drei Monate in dem Bordell.

Die im Oktober 1976 geborene ukrainische Mandantin ließ sich auf Grund ihrer wirtschaftlichen Misere von einer Nachbarin (namentlich bekannt) dazu überreden, als Prostituierte in der Bundesrepublik Deutschland zu arbeiten. Diese vermittelte den Kontakt zu einem Mann V., der für die Mandantin ein Geschäftsvisum auf Grund der Einladung eines Münchner Professors besorgte. Nach diesem Geschäftsvisum war die Ausübung einer Erwerbstätigkeit nicht gestattet. Am 11. Juni 1999 wurde die Mandantin von einem Schlepper zu dem Bordell der Angeklagten in der Bundesrepublik Deutschland gebracht. Bis zur Durchsuchung am 23. Juni 1999 musste sie dort sie insgesamt 16 Freier bedienen. Nach Abzug ihrer Schulden für die Visumsbeschaffung und Transfer sowie der laufenden Zahlungen an den

Schlepper und die Angeklagten zu 1) und 2) verblieben ihr insgesamt 120 DM. Auch während der Anwesenheit der Mandantin wurden in dem Bordell Strafgelder durch die Angeklagten zu 1) und 2) verhängt. Auf Grund der Zahlungsverpflichtungen blieb auch der Mandantin nichts anderes übrig, als auch ohne Kondom zu arbeiten. Zudem sei ihr von den anderen Mädchen gesagt worden, dass sie den Gästen jeden Wunsch erfüllen müsse, sonst drohe eine Bestrafung durch die Angeklagten zu 1) und 2). Ein Mädchen hatte beim „Haare färben" eine Tür verschmutzt und dafür eine Strafe in Höhe von 500 DM erhalten. Man habe weder die Fenster noch die Jalousien öffnen dürfen. Alle Mädchen hätten Angst gehabt vor dem Hund der Angeklagten, der sofort aggressiv geworden sei, wenn der Angeklagte zu 2) die Stimme gehoben habe.

5.3.3.3 Erfolgte Verurteilungen hinsichtlich der zum Nachteil der Mandantin begangenen Taten

Angeklagte zu 1) und 2)
Die Angeklagten zu 1) und 2) wurden wegen des Menschenhandels gemäß § 180b Absatz 1 Satz 1, Absatz 2 Nr. 1 StGB, jeweils tateinheitlich begangen mit Förderung der Prostitution gemäß § 180a Absatz 1 und Absatz 2 StGB, der Zuhälterei gemäß § 181a Absatz 1 Nr. 1 und Nr. 2 StGB sowie der Beihilfe zum schweren Menschenhandel gemäß den §§ 181a Absatz 1 Nr. 1 und Nr. 2, 27 Absatz 1 StGB und des gewerbs- und bandenmäßigen Einschleusens von Ausländern gemäß den §§ 92a Abs. 1 Nr. 1 und Nr. 2, Absatz 2 Nr. 1 und Nr. 2, 92b Absatz 1 und Absatz 3 Ausländergesetz verurteilt.

Strafrahmen:
Sowohl der Tatbestand des § 181 StGB wie auch der des § 92b AuslG sieht für jede der nachgewiesenen schweren Menschenhandels- und Schleusertaten eine Freiheitsstrafe von einem Jahr bis zu zehn Jahren vor.

Strafzumessungserwägungen bezüglich der zum Nachteil der Mandantin begangenen Taten:
  Die den Angeklagten zur Last gelegten Taten waren von erheblichem Gewicht. Die Straftaten hatten gravierende Auswirkungen auf die Opfer. Die Angeklagten haben mit großer Professionalität, routiniert, gefühlskalt und von einem übersteigerten Erwerbssinn bestimmt gehandelt. Sie haben dadurch einen enormen wirtschaftlichen Ertrag erzielt. Strafmildernd wirkte sich bei allen Angeklagten aus, dass sie zumindest teilweise geständig wa-

ren, wenn dabei auch zu berücksichtigen war, dass sie nur dasjenige eingeräumt haben, was auf Grund der vorliegenden Ermittlungen ohnehin auf der Hand lag. Die Kammer berücksichtigte auch, dass es alle Angeklagten in ihrer bisherigen Entwicklung nicht leicht gehabt haben. Bei der Angeklagten zu 1) berücksichtigte das Gericht, dass sie selbst als Prostituierte ausgebeutet worden war. Bei beiden Angeklagten zu 1) und 2) war zu berücksichtigen, dass sie keine offene Gewalt gegenüber den Frauen ausgeübt haben. Zudem hatten sie eine hohe Steuerverpflichtung zu erfüllen. Der weitere Betrieb des Bordells ermöglichte ihnen neben der Finanzierung ihres Lebensunterhaltes auch die Rückzahlung ihrer Steuerschulden. Das Gericht legte weiter zu Grunde, dass beim Finanzamt nicht unbekannt war, aus welcher Quelle die Steuerschulden getilgt wurden.

Strafverschärfend musste allerdings Berücksichtigung finden, dass den Angeklagten die Belange der Prostituierten völlig egal waren. Sie haben dadurch, dass sie von den Frauen erwartet haben, dass sie jeglichem Kundenwunsch nachgehen, die gesundheitliche Bedrohung der Frauen, welcher sie als Prostituierte ohnehin ausgesetzt sind, durch ihr Verhalten gesteigert. Zu berücksichtigen war bei den Angeklagten zu 1) und 2) auch, dass beide vorbestraft waren.

Die Angeklagte zu 1) stand zur Tatzeit unter Bewährung. Der Angeklagte zu 2) war einschlägig vorbestraft. Zudem hat sich gezeigt, dass er sich auch nach der Durchsuchung und den polizeilichen Ermittlungen nicht vom Milieu gelöst hat. Der Angeklagte zu 2) hat in diesem Zusammenhang eingeräumt, dass er die Bar nach der Schließung in Folge der Durchsuchungsmaßnahmen an eine andere Person verpachtet hat, die darin wiederum einen Bordellbetrieb aufgenommen habe. Er habe die Einkünfte aus der Verpachtung zur Abzahlung der Bankkredite, die für den Umbau des Hauses aufgenommen worden seien, benötigt. Darin zeigt sich, dass der Angeklagte zu 2) durch die Einleitung des Strafverfahrens und die in diesem Verfahren erhobenen Vorwürfe sich kaum beeindrucken ließ, so dass auch zukünftig die Gefahr besteht, dass er aus finanziellen Interessen wieder in das Milieu abrutschen wird. Andererseits war im Verhältnis der Angeklagten zu 1) und 2) zu berücksichtigen, dass die wesentlichen Entscheidungen im Zusammenhang mit dem Betrieb von der Angeklagten zu 1) getroffen wurden. Insgesamt erschienen der Kammer unter Abwägung der genannten Gesichtspunkte Einsatzstrafen von jeweils 24 Monate als angemessenen und gerade noch ausreichend, ihnen das Unrecht ihres Tuns mit der gebotenen Deutlichkeit vor Augen zu führen.

5.3.3.4 Verhängte Einzelfreiheitsstrafen sowie Gesamtfreiheitsstrafen

Unter Berücksichtigung der oben aufgeführten Strafzumessungserwägungen verhängte die Kammer Einzelfreiheitsstrafen der zum Nachteil der Mandantin begangenen Taten von jeweils 24 Monaten.

Gesamtfreiheitsstrafe:
In Anbetracht der Tatsache, dass alle von den Angeklagten zu 1) und 2) begangenen Straftaten (auch die anderen geschädigten Frauen betreffend) in einem engen sachlichen Zusammenhang standen und als einzelne Ausführungshandlungen eines umfassenden Tatplanes zu werten waren, erschien der Kammer bei der Angeklagten zu 1) eine Gesamtfreiheitsstrafe von 4 Jahren und 6 Monaten als tat- und schuldangemessen. Bei dem Angeklagten zu 2) hielt die Kammer eine Gesamtfreiheitsstrafe von 4 Jahren für tat- und schuldangemessen.

5.3.3.5 Anwaltliche Arbeit mit der Mandantin

Die Verurteilung der Täter konnte in Bezug auf die zum Nachteil der Mandantin begangenen Taten auf ihre Aussage gestützt werden. Die Mandantin hatte sich dem Verfahren gegen die Angeklagten zu 1) und 2) als Nebenklägerin angeschlossen. Die Angeklagten zu 1) und zu 2) haben sich im Verfahren nur soweit zur Sache eingelassen, als dies durch die Aussagen der vorhandenen Zeuginnen im Prozess und die Ermittlungsergebnisse sich nicht vermeiden ließ. Die Mandantin war allein einen Tag im Zeugenstand und musste nicht nur der Kammer, deren Vorsitzender Richter sich durch einen sehr menschenwürdigen Fragestil auszeichnete, Rede und Antwort stehen, sondern auch den vier Verteidigern, die die Angeklagten vertraten.
    Der Prozess verlief über fünf Monate. Insgesamt fanden 18 Hauptverhandlungstage statt. Durch die intensive und ausführliche Vorbereitung der Zeugin, die während der Dauer ihres Aufenthaltes an einem geschützten Ort untergebracht war, gelang es, diese überhaupt erst einmal – nachdem von ihr durchlebten Martyrium – für die Verhandlung zu stabilisieren. Dazu gehörten die ausführliche Beratung über ihre Rechte und Pflichten als Zeugin in einem deutschen Strafprozess, die Erklärungen über den Ablauf eines Gerichtsverfahrens und die unterschiedliche Rollenverteilung der am Verfahren beteiligten Personen.
    Da die Angeklagte zu 1) gegenüber den geschädigten Frauen auch mit ihren Polizeikontakten geprahlt hatte, mussten der Mandantin besonders auch die Pflichten und Aufgaben aller Verfahrensbeteiligten erklärt werden.

Unbedingt erforderlich war es darüber hinaus, mit der Mandantin noch einmal deren ausweglose Situation im Heimatland herauszuarbeiten. Die Mandantin war erfüllt von großer Scham und überzog sich mit Selbstvorwürfen. Sie hatte sich als alleinerziehende Mutter eines kleinen Kindes in der Ukraine nicht mehr über Wasser halten können, zumal sie auch noch die bei ihr lebende Schwester unterstützen musste. Als Verkäuferin konnte sie nur gerade mal den notwendigen Lebensunterhalt bestreiten. Für Miete und Nebenkosten habe es allerdings nicht mehr gereicht, weswegen man ihr zwei Tage vor der Abreise sogar den Strom abstellte. Sie war in ihrer Heimat jeglicher Perspektiven für die Zukunft beraubt. Gerade diese Notsituation war aber ihren Schleppern und Anwerbern bekannt und wurde von diesen rücksichtslos für eigene Zwecke ausgenutzt.

Besonders war, dass sich die Mandantin auf Grund dieser Notsituation gezwungen sah, auf den Vorschlag einzugehen, in der Bundesrepublik Deutschland als Prostituierte zu arbeiten. Dies, obwohl sie vorher nicht als Prostituierte gearbeitet hatte und über die wahren Verhältnisse und Arbeitsbedingungen in Unkenntnis gelassen wurde. Sie wusste somit bereits bei ihrer Einreise nach Deutschland, dass sie der Prostitution nachgehen würde und hatte dies als letzten Ausweg akzeptiert. Man hatte ihr in Aussicht gestellt, dass sie in der Bundesrepublik sehr gut würde verdienen können. Die Mandantin, der dieser Entschluss sehr nahe gegangen war, erlebte dann einen Schock, da man ihr nicht gesagt hatte, dass hier dieses, wie sie es nannte, „Grenzenlose" passieren würde. Insbesondere hatte man ihr verschwiegen, dass in dem Club auch „unnormale" Männer verkehrten und dass sie gezwungen sein würde, ohne Kondome zu arbeiten. Die Freier konnten selbst über die sexuellen Praktiken und über die Benutzung der Kondome bestimmen. Man hatte es ihr so geschildert, dass sie dort in erster Linie nur herumsitzen und schön aussehen müsste, der Rest ginge wie von selbst. Auch hatte man ihr versichert, dass in dem angepriesenen Bordell gar kein Risiko bestünde, da dort grundsätzlich Kondome verwendet würden. Beeindruckt von den Schilderungen und verzweifelt ob ihrer Notsituation hatte sie sich schlussendlich dazu entschlossen, das Angebot anzunehmen.

Dank der Aussage der Mandantin vor Gericht und den Aussagen von drei weiteren Zeuginnen konnte das Gericht den Ablauf in dem Bordell der Angeklagten zu 1) und 2) rekonstruieren. Das Gericht hielt die Aussage der Mandantin für zutreffend. Auf Grund der vorangegangenen Stabilisierung konnte sie in sich widerspruchsfrei, folgerichtig und insgesamt glaubhaft die Abläufe in dem Bordell schildern. Für die Richtigkeit der Aussage sprach auch, dass sie den äußeren Ablauf, den von den Angeklagten ausgeübten Druck und die Zwangslage, in der sie steckte, eindringlich und nachvollziehbar schildern konnte. Das Gericht machte in seinem Urteil schlussendlich keinen Hehl aus dem von der Mandantin gewonnenen Eindruck. Auf Grund ihres zurückhaltenden Wesens erkannte die Kammer, dass ihr während ihrer Aussage die Schilderung der von ihr durchlebten Begebenheiten größte Pein bereitete. Ähnlich auch wie andere Zeuginnen wirkte sie im höchsten Maße verstört. Sie stand auch während der Hauptverhandlung erkennbar für alle Prozessbeteiligten nach wie vor unter dem Eindruck der Ereignisse und war kaum in der Lage, den Sachverhalt darzustellen. Sie schämte sich zutiefst über das Geschehene.

Es gelang gleichwohl, für die Kammer erkennbar, das unterschiedliche Wesen der einzelnen Zeuginnen herauszuarbeiten und dadurch zu verdeutlichen, wie unterschiedlich die Angeklagten zu 1) und 2) auf die bei ihnen arbeitenden Frauen eingewirkt haben. So ordnete sich die Mandantin unter, ohne sich aufzulehnen und nahm sogar große gesundheitliche Risiken auf sich, wie den Geschlechtsverkehr ohne Kondom. Bei ihr reichte der Druck aus, der durch die Erzählungen der übrigen in dem Bordell tätigen Frauen ausgeübt wurde, so dass von Seiten der Angeklagten kein „weiterer Handlungsbedarf" bestand.

Die Besonderheit des Verfahrens bestand auch darin, dass die polizeilichen Ermittlungen 40 geschädigte Frauen herausgearbeitet hatten und die zu ihrem Nachteil verübten Straftaten auch Gegenstand der Anklage waren. Gleichwohl waren aber in Hauptverhandlung lediglich vier Zeuginnen für die Kammer erreichbar. Zwar standen die Aussagen der auch richterlich vernommenen Zeuginnen, die für das Gericht nicht erreichbar waren, dem Beweisergebnis nicht entgegen, so die Auffassung der Kammer im Urteil, doch eine Verurteilung hinsichtlich dieser anderen Fälle erfolgte nicht. Von 40 geschädigten Frauen konnten so lediglich die Taten zum Nachteil von vier Zeuginnen in der Hauptverhandlung nachgewiesen und verurteilt werden. Es ist davon auszugehen, dass die Nichterreichbarkeit von Zeuginnen – auch wenn sie richterlich vernommen wurden – zu keiner Verurteilung in einer Hauptverhandlung führt und damit zu keiner Sanktionierung. Die Vertretung der Mandantin und Nebenklägerin erfolgte zu allen 18 Hauptverhandlungstagen in enger, kollegialer Zusammenarbeit mit den Rechtsanwältinnen der anderen, ebenfalls die Nebenklage führenden Zeuginnen.

5.3.4 Zusammenfassende Wertung

Die hier aufgeführten Urteile wurden von mir ausgewählt, weil sie zeigen, dass gerade auch Frauen, die sich bereits in der Prostitution befinden oder für eine Prostitutionsausübung in Deutschland entschieden haben, gleichwohl Opfer von Menschenhandel bzw. schwerem Menschenhandel werden können. Leider ist dieses bis heute vielen beteiligten Juristen nicht klar. So wurde zum Beispiel in dem Prozess in Duisburg zwischen den beteiligten Juristen zunächst diskutiert, ob die Klientin, die bereits auf Grund größter Not im Heimatland als Prostituierte gearbeitet hatte, überhaupt ein Opfer von Menschenhandel in Deutschland werden konnte. Dies ist aber grundsätzlich möglich.

Anschließend wurde diskutiert, ob der Angeklagte zu 3) sich wegen Menschenhandels schuldig gemacht haben könnte, da er ja der Mandantin, die noch nicht einmal mehr Geld hatte, um sich etwas zu Essen kaufen zu können, einen Teil ihres Dirnenlohns zurückgegeben hatte. Es wird immer wieder übersehen, dass es bei dem Delikt Menschenhandel gemäß § 180b II Nr. 2 StGB, bei dem auf eine Frau im Alter unter 21 Jahren eingewirkt wird, um diese zur Aufnahme oder Fortsetzung der Prostitution zu bestimmen, überhaupt nicht auf einen Vermögensvorteil beim Täter ankommt. Allein das Alter, das Einwirken und Bestimmen gegenüber dem Opfer sind hier von strafrechtlicher Relevanz. So sind auch Verurteilungen wegen Menschenhandels möglich, auch wenn die Frauen nicht durch eine auslandsspezifische Hilflosigkeit betroffen sind, sondern zum Beispiel Deutsche sind.

Anhand der Urteile wird auch deutlich, auf welche Art die Opfer in die Prostitution verstrickt werden und welche Auswirkungen dieses für ihre Befindlichkeit hat. Die hier ausgewählten Sachverhalte machen deutlich, dass die beiden Mandantinnen, die wussten, dass sie in Deutschland der Prostitution nachgehen sollten, überhaupt nicht abschätzen konnten, was sie hier in Deutschland tatsächlich im Milieu erwartete. Die Frauen wurden wie Ware zwischen den einzelnen Schleppern und Bordellbesitzern verschachert. Deren Aktivitäten dienten allein der Vermarktung der Frauenkörper zu ihren Zwecken. Sie wurden als reine Geldquelle ausgebeutet. Dazu wurden sie von einem Bordell zum anderen verschoben, mussten sich zu mehreren die Betten teilen. Sie lebten, schliefen, aßen und arbeiteten im Puff. Jegliche Entscheidungsmöglichkeiten wurde ihnen genommen. Sie verlernten ihren natürlichen Lebensrhythmus und waren der absoluten Willkür ihrer Bewacher hilflos ausgeliefert. Durch fehlende finanzielle Mittel, fehlende Sprachkenntnisse und die erfolgten Einschüchterungen war es für sie undenkbar – oder wie im Kölner Beispiel erst nach 20 Monaten möglich – aus diesem Milieu zu flüchten. Wohin hätte diese Flucht aus Sicht der Mandantinnen auch erfolgen sollen?

Durch für sie nicht nachvollziehbare Regeln, die ihre Zuhälter und Bordell-Chefs für sie aufstellen, werden ihnen Schulden aufgeschrieben. Dies erfolgt für die unglaublichsten Dinge. Diese Schulden werden zur festgeschriebenen Größe, und den Tätern gelingt es damit, die Frauen in einer Schuldenfalle zu halten. Die Schulden werden immer höher und die Opfer haben überhaupt nicht die Möglichkeit, selbst wenn sie geringfügig an dem Dirnenlohn beteiligt werden, diese Schulden abzuarbeiten. Für die Frauen kommt damit zu der Notsituation im Ausgangsland die Schuldensituation gegenüber den Bordellbesitzern und Schleppern. Es darf auch nicht übersehen werden, dass die Schlepper nicht selten als Pfand für das gefügige Verhalten der Frauen im Heimatland die Zugriffsmöglichkeit auf deren kleine Kinder und Familien haben. Die Verstrickung in die Prostitution erfolgt sehr subtil und für die Frauen nicht vorhersehbar.

Bei den Opfern von Menschenhandel, die ich in den letzten neun Jahren im Wege der Nebenklage vertreten durfte, handelte es sich meistens um ausländische Frauen, die zum Teil unter Vorspiegelung falscher Versprechungen nach Deutschland gelockt oder geschleust wurden, um hier der Prostitution zugeführt zu werden. Für diese meist jungen Frauen begann mit ihrer Reise nach Deutschland ein Martyrium, welches bereits in einer Notsituation im jeweiligen Heimatland wurzelte. In Deutschland angekommen, fanden sie sich alle unmittelbar in der Prostitution wieder, in der sie dann mit den unterschiedlichsten Methoden durch die Täter gehalten wurden. Eine Rettung aus dieser Situation erfolgte in der Regel nur, weil die deutsche Polizei durch Razzien die Frauen aus den Clubs befreien konnte. Nur in Ausnahmefällen, wie in dem Kölner Verfahren dargelegt, gelang es einer meiner Mandantinnen, von den Menschenhändlern zu flüchten und diese dann bei der Polizei anzuzeigen. Dabei wird deutlich, dass Menschenhandel ein Kontrolldelikt ist, das heißt, nur wenn die Polizei und die Behörden kontrollieren, kommt das Schicksal dieser Frauen überhaupt erst ans Licht. Viele meiner Mandantinnen berichteten mir, dass sie sich in einer derart schlimmen und ausweglosen Situation befunden hätten, dass sie zum Schluss fast täglich auf eine Razzia durch die Polizei gehofft hätten. Eine Mandantin – Kölner Fall – verpasste eine Razzia. Die Hilflosigkeit und Verzweiflung, die sich daraus für sie ergab, vermochte sie kaum in Worte zu fassen.

Wer aber wird in Zukunft die Kontrollen in den Clubs und Bordellen durchführen? Von vielen Ermittlern höre ich, dass es nach Änderung des § 180a StGB kaum noch Ansatzpunkte für Razzien und Kontrollen in den Bordellen gibt. Es ist zu befürchten, dass die Frauen, die illegal in Deutschland sind und hier gegen ihren Willen der Prostitution nachgehen müssen, egal ob sie vorher bereits als Prostituierte tätig waren und wussten, dass es hier in Deutschland um Prostitutionsausübung gehen würde, damit noch tiefer ins Milieu verstrickt werden. Die Hilfe von außen verschließt sich ihnen. Im Rückblick hätte der größte Anteil meiner Mandantinnen somit keine Chance auf Rettung und Befreiung gehabt.

Nicht selten äußern sich Angeklagte in den Gerichtsverhandlungen, dass sie auf ausländische Frauen hätten zurückgreifen müssen, um den bestehenden Frauenmangel in ihren Bordellen zu decken. Bei Nachfragen ergibt sich dann, dass die ausländischen Frauen nicht so viele Ansprüche stellen und besser zu „händeln" seien. Dies dürfte wohl daran liegen, dass sie sich ihrer Illegalität bewusst sind und sie auf Grund entsprechender Einschüchterungen durch die Zuhälter und Schlepper (Protzen mit Polizeikontakten und anderer Kundschaft, Vergleiche zur Polizei im Heimatland) auch zunächst kein Vertrauen in die deutschen Behörden haben. Was wird also in Zukunft aus den Opfern, wenn sie auf ihre Befreiung durch deutsche Behörden nicht mehr hoffen können? Wird der Handel mit illegalen Frauen dadurch nicht noch einfacher für die Täter?

Nach dem Aufgreifen stellt sich für jede Frau die Frage, ob sie bereit ist, das von ihr Erlebte in einem Strafverfahren gegen die Täter in Deutschland vor Gericht auszusagen, oder – nach einer entsprechenden Überlegungsfrist – aus Deutschland auszureisen. Die Mandantinnen, die sich entschließen, als Zeuginnen für einen Strafprozess zur Verfügung zu stehen, nehmen gleichwohl eine große Bürde auf sich. Mit ihrer Zeugentätigkeit korrespondiert keine Gegenleistung dergestalt, dass sie dafür ein unbefristetes Bleiberecht in Deutschland erhalten. Gleichwohl versuchen Verteidiger nicht selten in den Verhandlungen das Gericht davon zu überzeugen, dass eine Zeugin die Opfer von Menschenhandel geworden ist, nur deshalb eine Aussage vor einem deutschen Gericht macht, weil sie dafür „Wohltaten" vom Staat erhalte, wie zum Beispiel einen gesicherten Aufenthaltsstatus. Als Gegenleistung für ihre Aussage erfolge die Deckung ihres täglichen Lebensbedarfs auf Kosten der Bundesrepublik Deutschland.

Es ist beschämend, in welcher Art und Weise dabei zum Teil argumentiert wird. Bei den Frauen handelt es sich um Opfer von Straftaten – bei schwerem Menschenhandel sogar um Verbrechensopfer –, gleichwohl wird versucht, sie als Täterinnen zu stilisieren. Gerne wird von den Verteidigern auch eine Motivationslage für eine Falschaussage der Mandantin dadurch kreiert, dass sie Schutzmaßnahmen nach dem Gesetz zur Harmonisierung des Schutzes gefährdeter Zeugen vom 11. Dezember 2001 erfährt, so zum Beispiel, wenn ihr für die Dauer des Strafprozesses ein Aufenthaltsstatus in Deutschland gewährt wird, oder sie andere Schutzmaßnahmen wie Beratung, Begleitung und Bewachung während der Gerichtsverhandlung, sowie Unterbringung an geschützten Orten nutzt.

Dabei wird übersehen, dass die Umsetzung der Gesetzesvorgaben nicht automatisch die Falschaussage einer Zeugin nach sich zieht. Es ist unglaublich, um nicht zu sagen menschenverachtend, wenn ein traumatisiertes Opfer, das den Menschenhandel „überlebt" hat, sich derartigen Angriffen aussetzen muss. Die ausgewerteten Urteile zeigen, dass allein die Umsetzung von Schutzmaßnahmen die Glaubwürdigkeit einer Zeugin nicht zu erschüttern vermag. Es ist zu wünschen, dass alle am Verfahren beteiligten Personen die Geschehnisse auch aus der Opferperspektive sehen. Die Mandantin ist Opfer – und dies nicht erst mit der Verurteilung des Täters.

Die Entscheidung, in einem Strafverfahren als Zeugin auszusagen, ist kein Zuckerschlecken. Wochenlang ist nicht klar, wann der Prozess terminiert wird. Selbst wenn eine Terminierung erfolgt, kann den Mandantinnen nicht garantiert werden, dass die Termine zur Vernehmung eingehalten werden. Bis die Zeugin im Zeugenstand ist, staut sich viel Angst und Nervosität auf. Oft müssen die Mandantinnen in mehreren Strafprozessen gegen verschiedene Täter aussagen. Bis alle Verfahren rechtskräftig sind, können oft Jahre vergehen. In dieser Zeit ist die Mandantin jeglicher Perspektiven beraubt, da sie bis zum Abschluss des Strafverfahrens keine feste Pläne schmieden kann. Oft sind Mandantinnen gezwungen, den Aufenthaltsort zu wechseln. Sie befinden sich dann auf der „Flucht". Gerade aber wenn eine Zeugin sich entschließt, in einem Strafverfahren auszusagen, ist es wichtig, dass dieser Zeugin für die Dauer ihres Aufenthaltes in Deutschland der größtmögliche Schutz gewährt wird. Der Opferschutz muss in angemessener Form gewährleistet werden.

Menschenhandel und schwerer Menschenhandel sind Delikte, die dem Rotlichtmilieu zuzurechnen sind. In der Regel handelt es sich auch immer um organisierte Kriminalität. Selbst wenn einige Täter sich bereits im Gefängnis befinden, verfügt diese Krake organisierte Kriminalität immer noch über Helfer und Helfershelfer, die alle nur ein Interesse haben, nämlich das, dass die Zeugin in einem Strafprozess nicht gegen die Täter aussagt. Wie die oben exemplarisch aufgeführten Urteile zeigen, kommt es oft nur zu einer Verurteilung wegen der Taten, die durch Vernehmung der Zeugin in der Hauptverhandlung dem Täter bewiesen werden können. Dem Anklagepunkt zum Nachteil einer Zeugin, die in einer Hauptverhandlung nicht zur Verfügung steht, droht die Einstellung. Dies, obwohl davon ausgegangen werden muss, dass die Ermittlungen auch hinsichtlich dieser Anklagevorwürfe mit großem Aufwand an Personal und Kosten betrieben worden sind.

Besonders deutlich wurde das in dem Strafverfahren vor dem Landgericht in Oldenburg (s.o.), bei dem die Ermittlungen mit einem erheblichen Personal- und Sachaufwand geführt worden sein dürften. So wies die Anklage Taten zum Nachteil von insgesamt 40 geschädigten Frauen auf, die während des Ermittlungsverfahrens zum größten Teil vernommen worden waren. Gleichwohl war es lediglich möglich, vier Zeuginnen im Gericht zu präsentieren. Die anderen Zeuginnen waren nicht mehr erreichbar. Und genau auch nur das Geschehen um diese vier Zeuginnen fand im Urteil eine Bewertung. Der Rest blieb so genanntes „Einstellungsfutter" für die Hauptverhandlung. Damit wird man dem strafbaren Verhalten der Täter nicht gerecht. Die Straftaten zum Nachteil der restlichen 36 Frauen konnten den Angeklagten nicht nachgewiesen werden. Es stellt sich die Frage, wie viele Frauen tatsächlich in dem Bordell gehalten wurden (ohne Beachtung gesundheitlicher und hygienischer Standards) und ein ähnliches Schicksal erfahren haben wie meine Mandantin (und das mit Wissen und Duldung durch das Finanzamt?).

Für die Mandantinnen war in allen drei von mir beschriebenen Fällen nicht nachvollziehbar, warum das Strafmaß für den Menschenhandel so niedrig ausfiel. Gemessen an dem, was die Frauen durchlebt haben, was ihnen genommen wurde und welche Auswirkungen es auf ihr späteres Leben haben wird, stellte sich für sie bei allen drei Verfahren das Strafmaß – in Bezug auf die ausgeurteilten Einzelstrafen – als zu niedrig dar. Den Tätern muss das Gefühl genommen werden, dass es sich hier um Kavaliersdelikte handelt.

Die Erfahrung zeigt, dass eher mit geständigen Einlassungen der Angeklagten gerechnet werden kann, wenn die Zeuginnen in der Verhandlung anwesend sind. Erfahrene Strafverteidiger haben längst erkannt, dass gut gesicherte Zeugenaussagen bei in der Hauptverhandlung präsenten Zeuginnen nicht mehr wegverhandelt werden können. Hinzu kommt, dass sich Geständnisse für das Strafmaß positiv auswirken. Die Verteidigung kommt an Zeuginnen nicht mehr vorbei, die sorgfältig und umfassend vernommen wurden und die keiner Beeinflussung ausgesetzt waren. Es ist daher auch Aufgabe der Nebenklagevertreterin, auf die neutrale Vorgehensweise aller am Verfahren beteiligten Personen gegenüber der Mandantin hinzuwirken. Es muss gewährleistet sein, dass im Extremfall die Verteidigung alle Personen, die im Rahmen auch der Opferbetreuung Kontakt zur Zeugin hatten, in der Hauptverhandlung hören kann. Probleme lassen sich von vornherein ausschalten, wenn jeder sich auf seine originäre Aufgabe konzentriert und jedwede Beeinflussung der Mandantin vermieden wird. Als Beispiel hierfür kann auf die Vernehmungen der Mandantinnen in den oben aufgeführten Fällen Duisburg und Köln verwiesen werden.

In den oben aufgeführten Strafverfahren war ich als Nebenklagevertreterin für meine Mandantinnen tätig. Alle drei Frauen hatten sich entschlossen, gegen ihre Peiniger die Nebenklage zu führen. Als Nebenklagevertreterin vertrete ich im Strafprozess gegen die Täter allein die Interessen meiner Mandantin gegenüber allen am Verfahren beteiligten Personen. Während einer Hauptverhandlung ist dabei die wichtigste Aufgabe, darauf zu achten, dass die Zeugenrechte von allen am Verfahren beteiligten gegenüber der Mandantin gewahrt werden. Dies ist um so wichtiger, als dass sich die Mandantinnen nicht selten einer Übermacht von Strafverteidigern gegenüber sehen, die allein die Interessen der Täter vertreten und von ihren Auftraggebern die Aufgabe gestellt bekommen haben, Zweifel an der Glaubwürdigkeit der Zeuginnen zu wecken und einseitig Sachverhaltsschilderungen im Sinne der Täter herauszuarbeiten. Demgegenüber muss die Nebenklagevertretung die spezifische Situation der Mandantin im Heimatland und in Deutschland herausarbeiten und den Verfahrensbeteiligten verständlich machen.

Die Nebenklagevertretung versteht sich damit als Gegengewicht zur Strafverteidigung. Bereits vor Prozessbeginn sollte die Mandantin zu polizeilichen und/oder richterlichen Vernehmungen anwaltlich begleitet werden. Dafür ist es günstig, wenn der Kontakt zur Mandantin bereits in einem frühen Stadium hergestellt werden kann. Die frühe anwaltliche Vertretung dient gerade auch der Stabilisierung der Mandantin. Darüber hinaus bedürfen Prozesse im Bereich des Menschenhandels einer ausgiebigen Prozessvorbereitung. Die Verfahrensakten müssen eingesehen werden. Bevor die Mandantin einen Gerichtssaal betritt, sollte sie sowohl über ihre Rechte als auch über ihre Pflichten umfassend belehrt worden sein. Sie sollte wissen, wie ein deutscher Strafprozess abläuft und sie sollte die Funktionen der am Verfahren beteiligten Personen kennen. Gemäß dem Recht der Nebenklage, am gesamten Verlauf der Hauptverhandlung teilzunehmen, muss je nach Verfahrensstand, insbesondere bei wichtigen Zeugenaussagen oder Einlassungen der Täter in Absprache mit der Mandantin überlegt werden, ob sie zusätzlich zu den Tagen, an denen sie selber geladen ist, an der Hauptverhandlung teilnehmen kann. Dies geschieht auch oft unter dem Gesichtspunkt, dass es sich in Anwesenheit des Opfers nicht so leicht lügen lässt. Darüber hinaus vertrete ich die Auffassung, dass die Nebenklagevertretung möglichst an allen anberaumten Hauptverhandlungstagen anwesend sein sollte, um die Rechte des Opfers zu vertreten. Auch besteht die Gefahr, dass allzu gerne so genannte „deals" zwischen den anwesenden Prozessbeteiligten geführt werden, die zwar die Verfahrensdauer verkürzen sollen, die aber oft genug der Genugtuungsfunktion für die Opfer nicht gerecht werden. Wichtig ist es auch, hier noch einmal die Sichtweise des Opfers gegenüber Verteidigung, Staatsanwaltschaft und Gericht herauszuarbeiten.

Eine besondere Schwierigkeit der Nebenklagevertretung liegt darin, dass die Richter bei der Terminierung keine Rücksicht auf die Nebenklagevertretung nehmen müssen. Wird ohne Rücksprache terminiert, muss die Nebenklagevertretung sich danach richten. Dies führt oft zu großen Problemen und Terminkollisionen, die sich noch besonders verstärken, wenn für diese Tage die Zeugin geladen wird. In einem Abschlussvortrag – dem so genannten Plädoyer – ist es eine weitere Aufgabe der Nebenklagevertretung, die Geschehnisse noch einmal aus der Sicht des Opfers darzustellen und eine eigene rechtliche Wertung vorzunehmen. Die Mandantin, die hinter der Fallakte steht, muss herausgearbeitet werden. Die Mandantinnen erhalten durch die anwaltliche Vertretung unabhängige Beratungsgespräche. In diesen Beratungsgesprächen wird der Sachverhalt nach rechtlichen Gesichtspunkten und Tatbestandsmerkmalen sondiert und aufgearbeitet. Die Mandantinnen werden damit nicht nur in die Zeugenpflichten genommen, sondern gerade durch die juristische Beratung, Unterstützung und Vertretung vor und während eines Strafprozesses gegen ihre Peiniger findet ein wichtiger Beitrag zu ihrer Stabilisierung statt.

Die sachgerechte und verantwortungsvolle Führung eines Nebenklagemandates – insbesondere in Fällen des Menschenhandels – erfordert eine sehr zeitaufwendige Vorbereitung. Bei den Mandantinnen handelt es sich in der Regel um extrem traumatisierte Frauen. Die Besprechungen dauern häufig mehrere Stunden und müssen regelmäßig gedolmetscht werden. Sie bedürfen einer grundlegenden Vor- und Nachbereitung. Korrespondierend dazu erfolgt die Akteneinsicht. Akteneinsicht, gerade in den Verfahren der organisierten Kriminalität, beschränkt sich selten auf einzelne Aktenstücke. In der Regel müssen mehrere Bände, teilweise sogar der Inhalt ganzer Schrankwände eingesehen werden. Hinzu kommen Gespräche mit Staatsanwaltschaften, ermittelnden Beamten und Richtern und, in zahlreichen Fällen, die Begleitung der Mandantin, wie oben beschrieben, zu polizeilichen und/oder richterlichen Vernehmungen. Diese dauern immer mehrere Stunden an. Die ausführliche juristische Beratung der Mandantin und die prozessrechtliche Vorbereitung bedarf weiterer ausführlicher Besprechungstermine. Demgegenüber sieht die Bundesrechtsanwaltsgebührenordnung (BRAGO) für die Vertretung der Nebenklägerin im Vorverfahren eine Pauschalvergütung für die anwaltliche Tätigkeit in Höhe von 240 DM bzw. 120 Euro vor. Das führt am Beispiel der Mandantin im Verfahren vor dem Landgericht in Duisburg zu einem Stundenlohn in Höhe von 7,74 DM bzw. 3,96 Euro.

Noch schlimmer wird der Fall, wenn eine Mandantin nicht nebenklageberechtigt ist, aber für die Dauer ihrer Vernehmung um anwaltlichen Beistand bittet. Es besteht zwar dann die Möglichkeit der Beiordnung auf Staatskosten gemäß § 68b StPO für die Dauer ihrer Aussage. Der Rechtsanwältin stehen für diese Tätigkeit aber lediglich die Hälfte der Gebühren der Nebenklagevertretung für diesen Tag zur Verfügung (§§ 95, 97 BRAGO). Damit stellt sich die Frage, ob von Seiten der Politik eine Vertretung der Opfer und Zeugen in Menschenhandelsfällen überhaupt gewünscht wird. Eine Änderung der Gebührenordnung und eine dabei zu berücksichtigende besondere Aufwertung der Nebenklagevertretung in Fällen des Menschenhandels ist dringend erforderlich.

Die Nebenklagevertretung ist Opferfürsorge. Darüber hinaus führt nur eine fundierte und gewissenhafte Vorbereitung der Mandantin im Rahmen der anwaltlichen Begleitung zu einer stabilen Plattform für die erfolgreiche Durchführung der Nebenklagevertretung in der Hauptverhandlung und somit zu einer adäquaten Verurteilung der Täter. Die Überführung von Straftätern aus dem Bereich der organisierten Kriminalität ist zum Nulltarif nicht durchführbar.

Menschenhandel ist Sklavenhandel. Es wird Zeit, dass dieser Art von Kriminalität „Null-Toleranz" entgegengebracht wird.

6. Opferzeuginnenbetreuung bei Solwodi e. V.

Barbara Koelges

6.1 Bedeutung der Opferzeuginnenbetreuung

Die professionelle Betreuung der Opferzeuginnen ist nach Meinung von Fachleuten wesentlich, um eine brauchbare Aussage der Opferzeugin und so auch eine effektive Strafverfolgung der Täter zu erreichen. Das neueste Lagebild Menschenhandel dokumentiert den Zusammenhang zwischen der Betreuung durch Fachberatungsstellen und der Anzahl der Duldungen für die Frauen. Bei 749 Frauen lagen für das Jahr 2000 Angaben zur Betreuung vor, davon wurden 132 (17,6 %) durch Fachberatungsstellen betreut. Von den 132 Opfern erhielten 65 (49,2 %) eine Duldung. Von den 617 Opfern, die nicht betreut wurden, erhielten nur 32 (5,2 %) eine Duldung. „Die Betreuung durch Fachberatungsstellen hat im Hinblick auf den Verbleib der Opfer nach wie vor eine signifikante Bedeutung. Demnach erhalten betreute Opfer eine deutlich höhere Anzahl von Duldungen und stehen somit den Strafverfolgungsbehörden als Zeuginnen zur Verfügung."[80] Die psychosoziale Beratung und Betreuung von Opferzeuginnen in Menschenhandelsprozessen ist äußerst aufwendig und komplex und stellt hohe Anforderungen an die Betreuerinnen, die mit ihrer Arbeit für die Opferzeugin immer zwischen der Justiz, den Behörden und der Klientin mit ihren jeweils eigenen Interessen vermitteln müssen.

Im Folgenden sollen die wichtigsten Aspekte der Opferzeuginnenbetreuung in diesem Spannungsfeld aufgezeigt werden.

6.2 Opferzeuginnenbetreuung aus der Sicht der Beraterinnen[81]

6.2.1 Kooperationskonzepte und andere rechtliche Grundlagen

Da es sich bei den Solwodi-Beratungsstellen, deren Mitarbeiterinnen interviewt wurden, um Stellen in verschiedenen Bundesländern (Rheinland-

---

[80] Lagebild Menschenhandel. 2000, S. 17.
[81] Methodik und Grundlage dieses Kapitels siehe Kapitel 1.3.

Pfalz, Nordrhein-Westfalen und Niedersachsen) handelt, die jeweils unterschiedliche Rechtsgrundlagen für ihre Arbeit haben, war dieser Punkt ein Hauptschwerpunkt der Leitfadeninterviews. Das Kooperationskonzept Rheinland-Pfalz wurde an anderer Stelle schon vorgestellt[82].
In Nordrhein-Westfalen gibt es kein Kooperationskonzept. Die Grundlage der Arbeit ist ein innenministerieller Erlass von 1994.[83] Die Frauen, die bereit sind als Zeuginnen in Menschenhandelsverfahren auszusagen, werden nicht ausgewiesen, sondern erhalten eine Duldung nach § 55 Abs. 3 AuslG. Sie haben vier Wochen Zeit, sich zu entscheiden, ob sie als Zeuginnen aussagen oder ausreisen wollen. In dieser Frist können sie ihre freiwillige Ausreise organisieren und persönliche Angelegenheiten erledigen. Es ist ihnen freigestellt, ob sie sich an eine Beratungsstelle wenden oder nicht. Die Beratungsstelle ist in Nordrhein-Westfalen zuständig für die Ämterkontakte wie z. B. Beschaffung der Duldung, Arbeitserlaubnis, Unterbringung und psychosoziale Betreuung. Dies bedeutet für die Betreuerinnen eine umfangreiche Betreuungsarbeit und ständige Kontakte und Verhandlungen mit verschiedenen Ämtern und Behörden. In Nordrhein-Westfalen wird die Unterkunft der Opferzeuginnen vom Land mit finanziert. Jede Beratungsstelle ist mit 1,5 Fachkräften ausgestattet und 85 % dieser Stellen sind ebenfalls vom Land mit finanziert.

Auch in Niedersachsen existiert kein Kooperationskonzept im engeren Sinne, jedoch haben die gültigen Erlasse die gleiche Funktion wie ein solches Konzept. Die Rechtsgrundlage ergibt sich aus zwei Runderlassen des Innenministeriums. Der erste vom 16. April 1997 regelt mehr die ordnungsrechtliche Seite: „Es besteht ein erhebliches öffentliches Interesse, Prostitutionstourismus und Frauenhandel wirksam zu bekämpfen. Dies ist nur möglich, wenn Frauen als Zeuginnen zur Verfügung stehen."[84] Frauen, die als Zeuginnen zur Verfügung stehen, ist nach § 55 Abs. 3 AuslG eine Duldung zu erteilen. Sollte aus Gründen des Zeugenschutzes ein Daueraufenthalt im Bundesgebiet geboten sein, so ist eine Duldung bzw. wenn die weiteren Voraussetzungen vorliegen, eine Aufenthaltsbefugnis zu erteilen. Wenn konkrete Anzeichen dafür sprechen, dass Menschenhandel vorliegt, soll der Frau eine Frist von vier Wochen gegeben werden, um zu überlegen, ob sie aussagen will, persönliche Angelegenheiten zu erledigen oder auch ihre freiwillige Rückreise zu organisieren. Die Behörden sollen auf das Angebot der Fachberatungsstellen im Land hinweisen.

---

[82] Siehe Kapitel 3.1.3.1.
[83] RdErl. des Innenministeriums vom 11.4.1994. In: Ministerialblatt für das Land Nordrhein-Westfalen, Nr. 13 vom 17.6.1994, S. 26.
[84] RdErl.des MI vom 16.4.1997. In: NdsMBl, Nr. 21, 1997, S. 778.

In einem zweiten Erlass vom 10. Oktober 2001[85] wird die Zusammenarbeit zwischen Polizei (Zeugenschützern) und den Beratungsstellen festgelegt. „Die Polizei unterrichtet die Fachberatungsstelle frühestmöglich über den Aufgriff von Menschenhandelsopfern. In geeigneten Fällen bindet sie die Fachberatungsstelle bereits in die Einsatzermittlungen mit ein."[86] Aufgabe der Fachberatungsstelle ist demnach die Unterbringung der Opferzeuginnen in geeigneten Einrichtungen oder Wohnungen in Abstimmung mit der Polizei und die psychosoziale Betreuung der Frauen. Die Zeugenschützer regeln die erforderlichen Formalitäten mit den Behörden wie Klärung des ausländerrechtlichen Status, Einrichtung oder Aufhebung von Sperrvermerken und die Kostenregelung. Diese Praxis lehnt sich an das Kooperationskonzept der Bundesarbeitsgemeinschaft Frauenhandel, das noch nicht verabschiedet wurde, an. Auch die Empfehlung für die Träger der Sozialhilfe, die die Bundesarbeitsgemeinschaft erarbeitet hat, soll übernommen werden. Dazu gibt es bisher aber keinen Erlass.

6.2.2 Kontaktaufnahme

Im optimalen Fall verständigen die Polizeidienststellen Solwodi e. V. schon vor einer geplanten Razzia. So kann eine Solwodi-Mitarbeiterin bereits bei der Razzia dabei sein, ihre Funktion im Gegensatz zu der der Ermittlungsbeamten erklären und den Frauen ihre Hilfe und Beratung anbieten. Oft wird aber auch erst nach einer polizeilichen Vernehmung Solwodi e. V. von der Polizei hinzugezogen, wenn begründeter Verdacht auf Menschenhandel besteht und die Frau bereit ist, als Zeugin auszusagen. Die Zeugenschützer setzen sich dann direkt mit Solwodi e. V. in Verbindung. Wesentlich seltener ist es, dass sich die Frauen selbst bei Solwodi e. V. melden oder durch einen Helfer oder Freier Kontakt zur Beratungsstelle bekommen. Die Frauen sind den Machenschaften von Schleusern und Zuhältern zum Opfer gefallen und wurden finanziell, psychisch und gesundheitlich ausgebeutet. Deshalb ist es wichtig, beim ersten Kontakt zu betonen, dass sich die Razzia und das anschließende Verfahren trotz ihres ausländerrechtlichen Verstoßes nicht gegen die Frauen sondern ausschließlich gegen die Täter richten.

In einem Erstgespräch soll eine Vertrauensbeziehung aufgebaut werden. Hierbei ist es wichtig, die potentiellen Zeuginnen über ihre Perspektiven und das vorhandene Beratungsangebot frei von jeglicher Beeinflussung zu informieren. Die Beraterinnen nehmen zu den Razzien Informationsmaterial

---

[85] GemäßRdErl. des MI, des MfAS und des MJ. In: NdsMBl, Nr. 37, 2001, S. 804.
[86] Ebd., S. 804.

wie z. B. Listen mit Adressen osteuropäischer Beratungsstellen und eine russischsprachige Informationsbroschüre über Solwodi e. V. mit.

6.2.3 Psychosoziale Betreuung

Die Beraterinnen von Solwodi e. V. leisten individuelle Einzelfallhilfe, d. h. die Frau steht mit ihrer persönlichen Lebensgeschichte im Mittelpunkt. Ziel der psychosozialen Betreuung ist es, die Klientin zu stabilisieren, zu motivieren und mit ihr zusammen zukunftsgerichtete Perspektiven zu entwickeln. Der erste Schritt in der Betreuungsarbeit heißt: zurück zum Wesentlichen. Es müssen die Rahmenbedingungen geschaffen werden, die zur Normalisierung des Alltags der Frauen beitragen. Die Beraterinnen gehen auf die Bedürfnisse der Klientinnen ein. Wenn die Frauen Abstand von ihren Erlebnissen brauchen, wird das respektiert, wenn sie sich jedoch aussprechen wollen, finden sie Gehör. Zurück zum Wesentlichen meint: Sorge für den täglichen Bedarf, Essen, Trinken, Kleidung, Einkaufen und Vermittlung von medizinischer Betreuung.

Gleich zu Beginn der Betreuungsarbeit wird eine medizinische Untersuchung und Erstversorgung organisiert, um eine eventuelle Schwangerschaft, Geschlechts- und Infektionskrankheiten abzuklären und auch Verletzungen während der Prostitutionstätigkeit zu behandeln. Ziel der psychosozialen Betreuung ist die psychische Stabilisierung der Frau. Ihr Selbstwertgefühl soll gestärkt und ihre Eigenverantwortlichkeit gefördert werden. Zunächst ist es wichtig, eine Vertrauensbeziehung durch Gespräche im geschützten Rahmen aufzubauen. Die Erlebnisse stellen für die Frauen Sozialisationsbrüche dar, daher sind sie oft orientierungslos, traumatisiert, haben Schuldgefühle und Angst. Die Zukunft bleibt für sie lange unberechenbar. Ihre Situation ist geprägt von Angst: Angst vor Abschiebung, Angst vor dem Strafverfahren und Angst vor der Rache der Täter. Dies muss in Gesprächen immer wieder aufgearbeitet werden.

Viele Frauen haben Heimweh, besonders wenn sie Kinder in der Heimat zurückgelassen haben. Hier ist der Aufbau von Kontakten zur Familie über eine Schutzadresse wichtig. Komplizierter wird die emotionale Situation noch bei Frauen, die in einen der Täter verliebt sind, was gar nicht selten vorkommt, weil die Täter oft bewusst mit den Gefühlen der Frauen spielen, um sie gefügig zu machen für die Arbeit in der Prostitution. Der kulturelle Hintergrund der Frauen, die Situation in ihren Herkunftsländern muss von der Beraterin mit beachtet werden. Wie ist das Männer- und Frauenbild? Wird Gewalt gegen Frauen als normal empfunden? Die Frauen sind kulturell ganz anders geprägt als westliche Frauen.

Die betroffenen Frauen sind häufig stark traumatisiert und müssen erst wieder Vertrauen in andere Menschen fassen. Die Schäden, die durch sexualisierte Gewalt entstehen, können die Frauen bis zur Lebensunfähigkeit lähmen. Häufig werden die erlebten Gewalterfahrungen zunächst verdrängt. Schlaflosigkeit, Phobien, psychosomatische Erkrankungen (Magen-, Darm-, Herz-, Kreislaufbeschwerden) und suizidale Tendenzen sind Symptome der schlechten Verfassung der Frauen. Die Arbeit mit traumatisierten Menschen ist problematisch. „Ihr Verhalten erscheint oft unlogisch, widersprüchlich und destruktiv. Was oft aussieht wie Widerstand gegen die Betreuung, mangelnde Kooperation oder sogar wie Verrat an der angebotenen Hilfe, ist häufig ein Symptom einer extremen emotionalen Abhängigkeit."[87]

Durch Psychologen und Ärzte muss eine psychische und physische Regeneration gesichert werden. Manche Frauen brauchen neben der Beratung psychotherapeutische Unterstützung. Hier ist die Kostenübernahme ein Problem, ebenso aber auch die Sprachschwierigkeiten. Die Kosten können nur über Spendengelder abgedeckt werden. Oft sind die Frauen aber erst nach dem Prozess in der Lage, ihre Probleme psychotherapeutisch aufzuarbeiten. „Ansonsten liegt der Schwerpunkt der psychosozialen Beratung hauptsächlich darauf, gegen Demotivation und Depression immer wieder zu intervenieren. Speziell die Motivationsarbeit im Beratungsprozess kann dann sehr zermürbend werden, wenn die Erwartungen der Klientin auf konkrete Hilfen nicht erfüllt werden können. Die psychische Instabilität der Klientin führt insbesondere bei langen Wartezeiten bis zur Hauptverhandlung – vor allem, wenn ihre Gesamtsituation bis dahin nicht zu klären ist – immer wieder zu heftigen Krisen, so dass häufige Kriseninterventionen erforderlich werden. Solche Momente verlangen von der Mitarbeiterin dann auch den Einsatz in der Nacht oder am Wochenende."[88]

6.2.4 Fragen der Unterbringung

Die Frage der Unterbringung steht am Anfang der Betreuungsarbeit. Die Beraterin kümmert sich um einen freien Platz in einer anonymen Zufluchtswohnung, d. h. einer Schutzwohnung oder einem Frauenhaus. Dies geschieht in Zusammenarbeit mit den Zeugenschützern, die über die Tatorte informiert sind und so entscheiden können, in welcher Region die Frau sicher ist. Zunächst kommen die Frauen in Frauenhäuser, da sie dort angemessene Betreuung durch eine feste Bezugsperson haben. Die Integration in

---

[87] Zwischenbericht Elfriede Jakobi, S. 23.
[88] Ebd., S. 24.

die Hausgemeinschaft ist wichtig für die Frauen und sie erhalten Hilfen zur Bewältigung des Alltags. Die Unterbringung im Frauenhaus dient auch dazu, dass die Klientinnen soziale Kontakte knüpfen. Die Unterbringungsmöglichkeiten sind allerdings eingeschränkt. Es gibt z. B. in Rheinland-Pfalz ca. 18 Frauenhäuser, davon kooperiert die Hälfte mit Solwodi e. V. Die kooperationsbereiten Häuser nehmen aus Platzmangel meist aber nur je eine Zeugin auf, da sie in erster Linie für Frauen zur Verfügung stehen, die von häuslicher Gewalt betroffen sind. Die Mitarbeiterinnen dort sind mit der spezifischen Problematik der Opferzeuginnen nicht vertraut und selten in der Lage, die Frauen so intensiv zu betreuen wie nötig wäre.

Bei einer Unterbringung im Frauenhaus ist ein Vorgespräch mit den Frauenhaus-Mitarbeiterinnen nötig. Die Solwodi-Mitarbeiterin gibt in diesem Gespräch Informationen über Menschenhandel und die rechtliche Situation der Opferzeugin, ihre Gefährdungslage und notwendige Schutzmaßnahmen. Die Aufgabenteilung zwischen Frauenhaus und Solwodi e. V. muss festgelegt werden, da die Trennung für die Klientin durchschaubar und akzeptabel sein muss. Sie sollte eine Vertrauensbeziehung zu beiden Beraterinnen aufbauen können. Die Mitarbeiterinnen der Frauenhäuser helfen den Zeuginnen bei der Integration in die Hausgemeinschaft, unterstützen sie bei Schwierigkeiten in der Bewältigung des Alltags und sind Ansprechpartnerinnen in Krisensituationen. Auch Termine vor Ort nehmen sie mit den Frauen wahr, z. B. wird die medizinische Versorgung der Frauen teilweise durch die Frauenhaus-Mitarbeiterinnen organisiert.

Die Solwodi-Betreuerin ist darüber hinaus die Ansprechpartnerin für die Strafverfolgungsbehörden und andere Behördenvertreter. Sie arbeitet eng mit der Nebenklagevertreterin zusammen und hat die Verantwortung für die Planung und Koordinierung von Schutz-, Betreuungs- und Bildungsmaßnahmen, die regelmäßig mit der Aufnahmeeinrichtung und den Ermittlungsbehörden abzustimmen sind. Auch bei wechselnden Aufenthaltsorten der Zeugin gewährleistet sie die kontinuierliche Betreuung. Im Zusammenhang mit der Unterbringung ist die existentielle Absicherung zu sehen. Dazu gehören die Anmeldung beim Einwohnermeldeamt, Kontakte zum Ausländeramt und zum Sozialamt wegen Lebensunterhalt und Miete, das Besorgen von Dokumenten wie Pass oder Zeugnis. Diese Aufgaben nehmen, je nach Stand der Kooperationsbeziehungen im jeweiligen Bundesland, die Zeugenschützer oder die Solwodi-Mitarbeiterinnen wahr.

Solwodi e. V. selbst unterhält bundesweit ca. 37 Plätze in eigenen Frauenhäusern in Rheinland-Pfalz, Niedersachsen, Nordrhein-Westfalen und Bayern. Es werden aber auch Frauen dezentral untergebracht. In Nordrhein-Westfalen gibt es eine von der Mitternachtsmission erarbeitete Expertise zur Unterbringung, die besagt, dass die Frauen aus Sicherheitsgründen und um gegenseitiger Beeinflussung vorzubeugen besser dezentral untergebracht werden sollen.[89] Für die Beraterinnen hat das Nachteile. Die Betreuungsarbeit ist durch die Entfernung zwischen Beratungsstelle und Wohnort der Klientin wesentlich zeitaufwendiger. Aus Sicht der Beraterinnen kann auch der Schutz nicht so gut gewährleistet werden wie bei einer Unterbringung im Frauenhaus. Je länger sich die Frauen hier aufhalten, je mehr verlieren sie das Gefühl für ihre Gefährdung. Dadurch besteht die Gefahr, dass sie ihre Wohnadresse preisgeben. In Rheinland-Pfalz erfolgt die Unterbringung in Absprache mit den Zeugenschützern. Die Frage, in welcher Region der Aufenthalt für die Frau ungefährlich ist, steht im Vordergrund.

Adäquate Unterbringung heißt aber auch, eine Frau nicht jahrelang im Frauenhaus zu lassen. Spätestens wenn sie eine Arbeitsstelle hat, ist es sinnvoll, das Leben in einer eigenen Wohnung zu beginnen. Manche Frauen sind allerdings psychisch nicht in der Lage, alleine zu leben und benötigen daher längerfristige Betreuung im Frauenhaus. Die Beraterinnen sprechen auch von Problemen beim Zusammenleben im Frauenhaus wie z. B. aggressives Verhalten als Provokation, Ausspielen der Bezugsperson, Regelverstöße, Alkoholkonsum, etc. Diese Verhaltensweisen sind zum Teil Folgen des traumatisierten Zustandes, in dem sich die Frauen befinden. Aber auch gruppendynamische Prozesse, die sich aus der Besonderheit der Wohnsituation ergeben, spielen hier eine Rolle.

Dass bei der Unterbringung von Zeuginnen einerseits die Zuständigkeit des Sozialamts des Aufgriffsorts wegen der Kostenübernahme, andererseits die Distanz zum Tatort wegen der Gefährdung der Klientin beachtet werden muss, führt häufig zu Schwierigkeiten. Besonders gravierend wird das, wenn eine Frau z. B. in einem Frauenhaus in Rheinland-Pfalz untergebracht wird, deren Aufgriffsort in Nordrhein-Westfalen liegt. Hier müssen die Zeugenschützer mit der Polizei vor Ort und mit der Ausländerbehörde Kontakt aufnehmen, sonst bekommt die Frau kein Aufenthaltsrecht und keine Leistungen nach Asylbewerberleistungsgesetz. Die Duldungen sind örtlich begrenzt, und eine Erweiterung auf ein anderes Bundesland wird von den Behörden nicht immer gewährt. Hier müssten länderübergreifende Regelungen gefunden werden.

---

[89] Bekämpfung von Menschenhandel. 1996. Anhang: Projektbericht der Dortmunder Mitternachtsmission.

6.2.5 Berufliche Perspektiven

Realistische Perspektiven für die Frauen können nur bis zum Ende des Prozesses entwickelt werden, da der weitere Verbleib der Frauen unsicher ist. Diese zeitliche Begrenzung bringt eine inhaltliche Begrenzung mit sich: Deutschkurse, Freizeitgestaltung und Arbeitsbeschäftigung in einem stark eingeschränkten Rahmen. Möglichst bald wird der Besuch eines Deutschkurses für die Frauen organisiert. Dies hilft aus der Isolation und gibt den Frauen ein festes Ziel und auch eine Tagesstruktur. Durch die Arbeit in der Prostitution ist ihr Tag-Nacht-Rhythmus verschoben, da sie einen völlig anderen Lebensrhythmus hatten. Die Frauen sind darauf eingestellt, länger im Land zu bleiben, denn die Dauer von Ermittlungsverfahren und Prozess beträgt durchschnittlich zwei bis drei Jahre. Sie haben daher ein starkes Interessen daran, ihre Kommunikationsfähigkeit zu verbessern, um neue Kontakte zu knüpfen, sich frei bewegen zu können und Arbeit zu finden. In Nordrhein-Westfalen ist die finanzielle Seite so geregelt, dass bei Sprachkursen, die vom Arbeitsamt gefördert werden, von Solwodi e. V. betreute Frauen einen Gasthörerinnenstatus genießen, das heißt sie müssen keine Kurse bezahlen. Die meisten Frauen sind hoch motiviert; das bestätigen auch die Lehrkräfte.

Viele Frauen arbeiten, allerdings der größte Teil in niedrig qualifizierten, unbeliebten Tätigkeitsbereichen wie Putzfrau, Zimmermädchen, bei Fast-Food-Unternehmen etc. Die Beraterinnen versuchen, die Zeugnisse der Frauen aus der Heimat zu erhalten und in Deutschland anerkennen zu lassen, damit die Frauen die Chance haben, in ihrem erlernten Beruf zu arbeiten. Dies stärkt das Selbstbewusstsein der Frauen. Frauen, die keinen Schulabschluss haben, werden von den Beraterinnen motiviert und unterstützt, damit sie während ihres Aufenthaltes in der Bundesrepublik einen Schulabschluss nachmachen und so bessere Zukunftsperspektiven haben.

In Nordrhein-Westfalen durften die Opferzeuginnen bis Sommer 2001 keine Arbeit aufnehmen. Das hat zu großen Problemen geführt, weil die Frauen mit ihrer Zeit nichts Sinnvolles anfangen konnten. Im Mai 2001 gab es einen Bundeserlass, der besagt, dass anerkannte Opferzeuginnen eine Arbeitserlaubnis erhalten sollen.[90] Seither gilt auch für Nordrhein-Westfalen, dass die Frauen, die als Zeuginnen hier sind, eine Arbeitserlaubnis erhalten. Es werden gerade die ersten Erfahrungen mit diesem Modell gemacht. Noch gibt es allerdings Probleme in der Abstimmung zwischen

---

[90] Bundesministerium für Arbeit und Sozialordnung: Zulassung von ausländischen Arbeitnehmern zum Arbeitsmarkt im Rahmen von Zeugenschutzprogrammen der Länder vom 29. Mai 2001.

Arbeitsamt und Ausländeramt. Die Arbeitserlaubnis wird nur solange erteilt, wie die Duldung oder Befugnis gültig ist. Bei einer Duldung von vier Wochen ist es ein großer Aufwand, immer wieder den Antrag auf Arbeitserlaubnis zu stellen, aber selbst bei der üblichen Frist von drei Monaten ist es schwierig. In Rheinland-Pfalz erhalten anerkannte Opferzeuginnen auf Grund des erarbeiteten Kooperationskonzeptes eine Arbeitserlaubnis. Die Aufnahme einer Arbeit trägt erfahrungsgemäß viel zur psychischen Stabilisierung der Frauen bei.

Ausbildung und Arbeit sind für die Frauen wichtig zur Motivation und Prävention, denn ohne tragbare Alternativen bleiben sie anfällig für die Angebote des „scheinbar schnellen Geldes". Viele Frauen sind hoch motiviert zu arbeiten, weil sie finanzielle Unabhängigkeit anstreben und ihre Familien im Herkunftsland unterstützen wollen. Gleichzeitig wirkt sich die Erwerbstätigkeit positiv auf ihr Selbstvertrauen aus und gibt ihnen die Möglichkeit, neue soziale Kontakte zu knüpfen. Da insbesondere die Maßnahmen zur beruflichen Integration und Qualifizierung eine gewisse Infrastruktur erfordern, ist es wichtig, dies auch bei der Frage der Unterbringung der Klientinnen mit zu beachten.

6.2.6 Der Prozess und seine Rolle in der Beratungsarbeit

Für die Frauen steht vom ersten Tag an der Prozess im Mittelpunkt des Interesses. Sie tragen das Bild in sich, selbst schuld zu sein. In der Betreuungsarbeit muss klargestellt werden, dass die Frauen Opfer sind, dass sie nicht allein gelassen werden und dass man sie ernst nimmt. Bei der Solwodi-Beraterin laufen die Fäden zusammen. Sie hat den Kontakt zur Aufnahmeeinrichtung, zu den Arbeitgebern bzw. der Schule, zu den Zeugenschützern, zur Rechtsanwältin. Sie stellt auf Wunsch der Klientin den Kontakt zur Rechtsanwältin her, arbeitet eng mit ihr zusammen und begleitet die Frauen in Absprache mit ihr zu Nachvernehmungen, Tatortbesichtigungen und auch Anwaltsterminen.

Aufgabe der Rechtsanwältin ist es, die Frauen inhaltlich auf den Prozess vorzubereiten. Sie hat Akteneinsicht und sie bespricht die kritischen Punkte mit den Frauen. Die Prozessvorbereitung der Solwodi-Beraterin beschränkt sich auf formale Dinge: die Erklärung des Ablaufes einer Hauptverhandlung, die Rollen, Rechte und Pflichten der verschiedenen Prozessbeteiligten oder die Sitzordnung im Gerichtssaal. Dies ist wichtig, weil die Frauen einen Prozessablauf oft gar nicht kennen und nicht einschätzen können. Es kann sinnvoll sein, dass die Beraterin gemeinsam mit der Opferzeugin vor der Hauptverhandlung einen Gerichtssaal besichtigt oder eine Hauptverhandlung beobachtet. Die Beraterin regelt auch die organisatorischen Aspekte im Zusammenhang mit der Hauptverhandlung wie Anreise oder Polizeischutz. Die Zeugin wird von der Solwodi-Beraterin und den Zeugenschützern zum Prozess begleitet. Es wird auch dafür gesorgt, dass ein Zimmer für die Pausen zur Verfügung steht, wohin sich die Zeugin mit der Beraterin zurückziehen kann. Während des Prozesses bedürfen die Opferzeuginnen des besonderen Schutzes. Die Beraterin bemüht sich, sie zu stabilisieren und zu motivieren und ihnen bei der Angstbewältigung zu helfen. Ohne gute juristische Betreuung ist ein Prozess für sie nur schwer durchzustehen. Die Situation, vor den Angeklagten auszusagen, die Erlebnisse detailliert erinnern und wiedergeben zu müssen und sich den zum Teil unverschämten Fragen der Verteidigung zu stellen – all das ist eine enorme Belastung für die Frauen.

Dazu ein Beispiel: Bei einem Prozess in Köln brach eine Zeugin in Tränen aus, als sie immer wieder nach dem Vorgehen der Täter bei der Vergewaltigung befragt wurde und die intimsten Details beschreiben sollte. Der Richter machte die Bemerkung, ob sie damit Mitleid erregen wolle. Sie konnte kaum reden und ihre Rechtsanwältin bat um ein Glas Wasser. Ein Verteidiger äußerte laut: „Puffsekt". Er wurde nicht zur Ordnung gerufen. Eine andere Zeugin und Nebenklägerin war von der Rechtsanwältin vorbereitet worden, sich zu beherrschen und ja nicht zu weinen. Daraufhin bemerkte der Richter, für ihr jugendliches Alter von 16 Jahren sei sie doch schon sehr abgebrüht.

Die Plädoyers der Nebenklage und die Urteilsbegründungen der Richter helfen den Frauen bei der Verarbeitung des Geschehenen und können eine unterstützende und bestätigende Wirkung für die Beratungsarbeit haben. Dagegen können milde Urteile, Bewährungsstrafen etc. die Frauen irritieren und zu einer Retraumatisierung führen. Nach dem Prozess wird die Zeugin von der Solwodi-Beraterin gemeinsam mit den Zeugenschützern in ihre Unterkunft zurückgebracht. Eine Nachbereitung der Verhandlung zur psychischen Entlastung schließt sich meist an. Der Prozess bringt oft eine Art Retraumatisierung mit sich. Die erlebte Gewalt ist wieder präsent. Es ist wichtig, dass die Beraterin zum Gespräch zur Verfügung steht und die Zeugin unterstützen und trösten kann.

6.2.7 Entwicklung von Zukunftsperspektiven

Der Entwicklung von Perspektiven nach dem Prozess ist durch den Gesetzgeber eine Grenze gesetzt. Nach Ablauf des Verfahrens erlischt in der Regel die Duldung und die Zeugin wird in ihr Heimatland ausgewiesen. Viele

Frauen streben selbst eine Rückkehr ins Heimatland an. In diesen Fällen leistet Solwodi e. V. Rückkehrhilfe. Kontakte zu Frauenberatungsstellen im Herkunftsland der Frau werden hergestellt, die Reiseformalitäten erledigt. Wo der Kontakt zur Familie abgebrochen war, wird gemeinsam mit der Frau versucht, diesen wieder aufzubauen.

Bis Ende 2002 läuft bei Solwodi e. V. ein über den World University Service (WUS) im Auftrag der Zentralstelle für Arbeitsvermittlung aus Mitteln des Bundesministeriums für wirtschaftliche Zusammenarbeit und Entwicklung (BMZ) finanziertes Rückkehrerinnen-Projekt. Durch dieses Projekt kann ein Zuschuss zu Flug- und Frachtkosten für besonders bedürftige Frauen gewährt werden, ebenso ein Zuschuss zum Lebensunterhalt für die ersten drei Monate nach der Rückkehr. Berufliche Aus- und Weiterbildung wird bis zu einem Jahr gefördert. Die Förderung von Existenzgründungsprojekten wie z. B. Imbissstube, Kleiderhandel, Waschsalon erfolgt in Kooperation mit einer einheimischen NGO durch Vergabe eines Kredits. Dieses Projekt gilt allerdings gezielt für Frauen aus Entwicklungsländern. Von den mittel- und osteuropäischen Ländern werden nur Albanien und Rumänien gefördert; befristet gab es 2001 Mittel für die Balkanländer. Die Hauptherkunftsländer der Opfer von Menschenhandel fallen also nicht in dieses Projekt. Solwodi e. V. legt jedoch bei Rückkehrerinnen nach Mittelosteuropa die gleichen Kriterien an und versucht den Frauen ebenso zu helfen. Hier sind allerdings finanzielle Grenzen gesetzt, da es dafür keine Fördergelder gibt und Solwodi e. V. selbst diese Hilfe finanzieren muss. Es gibt aber auch viele Frauen, die sich Hoffnungen auf eine Lebensperspektive in der Bundesrepublik machen. Dies kann zu keinem Zeitpunkt versprochen werden.

Oft sind die Frauen bei einer Rückkehr in ihr Heimatland gefährdet. Die Täter gehören organisierten Banden an und bedrohen nicht selten die gesamte Familie der Zeugin. Wenn die Polizei die Einschätzung der Gefährdung der Zeugin teilt, muss das Bundeskriminalamt eine Gefährdungsanalyse erstellen. So kann eine Aufenthaltsbefugnis erwirkt werden. In Fällen, in denen nicht wegen Menschenhandel verurteilt wurde, ist es schwierig, eine Grundlage zu finden, warum die Frau hier bleiben sollte. Oft kann eine weitere Duldung und später eine Befugnis erreicht werden, wenn gewichtige Gründe vorliegen, die eine sofortige Rückkehr ins Heimatland unzumutbar werden lassen wie z. B. die Notwendigkeit der Fortführung einer begonnenen Psychotherapie oder die Beendigung einer Ausbildung.

In dem Bewusstsein, dass sie nach Abschluss des Verfahrens ausgewiesen werden, versuchen viele Frauen sich eine neue Beziehung zu suchen, die unter Umständen in Heirat mündet und ihnen so ein Bleiberecht verschafft. Das erschwert die Betreuungsarbeit, denn die Frauen sollen ja eine eigenständige Lebensperspektive entwickeln. So kommen sie oft in neue, problembehaftete Beziehungen. Die neue Beziehung ist oft auch eine Art Flucht, eine Verdrängung.

6.2.8 Kosten der Opferzeuginnenbetreuung

Immer wieder taucht in der politischen Diskussion die Frage nach den tatsächlichen Kosten der Opferzeuginnenbetreuung und des Opferzeuginnenaufenthalts auf. In der Tabelle 24 im Anhang findet sich eine genaue Auflistung der Kosten für die in diese Studie einbezogenen 91 Frauen für die Jahre von 1999 bis 2001. Diese Tabelle gibt erstmals am Beispiel dieser Frauen ein genaues Bild der notwendigen Aufwendungen. Die Kosten teilen sich auf in:
– Lebensunterhalt
– Unterbringung
– medizinische Versorgung (Psychotherapie, Zahnbehandlung, gynäkologische Behandlung, Schwangerschaftsabbruch, Entbindung, Drogenentzug etc.)
– Ausbildung (Sprachkurs, Schule)
– Rechtsanwaltskosten
– Dolmetscherkosten
– Fahrtkosten (zur Schule bzw. Arbeitsplatz, zur Beratungsstelle etc.)
– Verwaltungskosten (z. B. Pässe, Beglaubigungen etc.)
– Rückreisekosten.

Die Gehälter der Mitarbeiterinnen der Fachberatungsstelle und die von ihnen aufgewendete Zeit bei Begleitungen der Zeuginnen z. B. zum Sozialamt, zu Vernehmungen, zur Ärztin oder Rechtsanwältin wurden nicht erfasst. Um zu illustrieren, wie viel Zeitaufwand die Betreuerinnen haben, hier ein Beispiel: In den Monaten Juni und Juli 2002 hatte eine Betreuerin von Solwodi Koblenz wegen der Prozessbegleitung einer einzigen Opferzeugin an 19 Tagen Außentermine in ca. zwei Autostunden entfernten Städten.

Lebensunterhalt:
Die anerkannten Opferzeuginnen erhalten in der Regel Sozialhilfe nach Asylbewerberleistungsgesetz, oder nach Bundessozialhilfegesetz, und zwar den niedrigsten Satz, je nach Alter auch Jugendhilfe. Solwodi e. V. stockt dieses Geld in der Höhe der normalen Sozialhilfe für die Frauen auf. Zuständig ist das Sozialamt am Aufgriffsort. Die Polizei muss das Sozialamt sofort über den Aufgriff der Zeugin in Kenntnis setzen und eine Kosten-

zusage für den weiteren Aufenthalt in Deutschland einholen. Hier gibt es in der Praxis oft Probleme, besonders wenn der Unterbringungsort in einem anderen Bundesland liegt als der Aufgriffsort. Die Frauen, die eine Arbeitsstelle haben, verdienen ihren Lebensunterhalt selbst. Sie benötigen höchstens, je nach Höhe des Gehalts, einen Zuschuss von Solwodi e. V.

Unterkunft
Wohnt die Klientin in einer eigenen Wohnung oder in einem externen Frauenhaus, wurde die Miete in der Kostentabelle aufgeführt. Bei einer Unterbringung in einem Solwodi-Frauenhaus wurde ein Tagessatz von 15 DM berechnet. Solwodi e. V. tritt in Vorleistung und erhält Rückzahlungen durch verschiedene Behörden. Diese werden in der Tabelle 25 im Anhang pauschal aufgeführt. Es handelt sich um die Sozialhilfe, um Rückzahlungen des BKA oder LKA bei anerkannten Zeuginnen, um Erstattung der Rückreisekosten der Frauen über das IOM (International Organization of Migration), um Erstattung der Rechtsanwaltskosten durch die Gerichte. Bei nebenklagefähigen Delikten erhalten die Opferzeuginnen Prozesskostenhilfe vom Staat nach § 397a Abs. 1, 2 StPO. Bei nicht nebenklagefähigen Delikten trägt Solwodi e. V. die Rechtsanwaltskosten. Die nicht offiziell gedeckten Auslagen muss Solwodi e. V. mit Spendengeldern finanzieren.

Bei überdurchschnittlich hohen Kosten oder Härtefällen kann es zu Problemen bei der Kostentragung kommen, was für die Beraterinnen von Solwodi e. V. lange Diskussionen mit den zuständigen Ämtern, umfangreichen Schriftwechsel und oftmals die Kostentragung durch Solwodi e. V. zur Folge hat. Zur Illustration werden im Folgenden die Beispiele dreier Frauen erläutert.

Beispiel: Kosten der Psychotherapie
N.N. stammt aus Ungarn und kam 2001 als 25-jährige nach Deutschland. Sie arbeitete in der Prostitution zunächst in Deutschland, später in der Schweiz. Der Zuhälter kam täglich und holte sein Geld ab. Die Zeiten wurden genau kontrolliert. Sie durfte nicht länger als eine halbe Stunde aus dem Haus, hatte keinen freien Tag. Der Zuhälter machte sexuelle Annäherungsversuche, übte aber keine Gewalt aus.

Sie wurde in einem Solwodi-eigenen Frauenhaus untergebracht. Wegen ihrer Angstkrankheit nahm sie verschiedene Psychopharmaka. Behandlung durch Neurologen und Medikamentenumstellung waren nötig, ebenso die Begleitung zu Arztbesuchen durch eine Solwodi-Betreuerin. Nachdem sich ihr Zustand verschlechterte, wurde die Einlieferung in eine psychiatrische Klinik notwendig. Der Besuch von Sprachkursen, einer Schule und auch ein Praktikum bzw. die Arbeitsaufnahme sind schwierig wegen ihren immer wiederkehrenden Panikattacken. Die Klientin hat eine Reisekrankenversicherung, über die aber nur neu auftretende Beschwerden abgerechnet werden können. Solwodi e. V. legte die Kosten für die psychiatrische Behandlung vor. Bei der Kostenübernahme gab es Probleme: die Kripo am Aufgriffsort will für Lebensunterhalt und Arzt nicht bezahlen, da der Aufenthalt der Zeugin jetzt in einem anderen Bundesland ist.

Beispiel: Kosten der Ausbildung
Im Mai 1997 reiste N.N. auf Wunsch der Polizei in Deutschland ein, um als Zeugin in einem Menschenhandelsprozess auszusagen. Solwodi e. V. wurde mit der Beratung und Betreuung der Zeugin beauftragt, „für eine Woche", wie es zunächst hieß. Solwodi e. V. schaltete dann eine Rechtsanwältin als Nebenklagevertreterin ein. Die Zeugin sagte in fünf Prozessen aus. Ihre Aussagen waren sehr umfangreich und trugen dazu bei, dass acht Täter mit teilweise hohen Freiheitsstrafen verurteilt wurden.

1998 begann N.N. an einer Berufsbildenden Schule den zweijährigen höheren Bildungsgang Betriebswirtschaft, den sie erfolgreich abschloss. Diese Ausbildung wird in Verbindung mit einer zweijährigen Berufsausbildung oder Praktika als Fachhochschulreife anerkannt. Solwodi e. V. beantragte beim zuständigen Ausländeramt die Verlängerung des Aufenthaltsstatus und die Arbeitserlaubnis. Nach Abschluss der Prozesse erhielt N.N. keinerlei öffentliche Mittel. Solwodi e. V. hat sich verpflichtet alle Kosten, die durch ihren Aufenthalt entstanden sind (Wohnung, Lebensunterhalt, Fahrt- und Schulkosten) zu tragen und sich nicht an ein Sozialamt zu wenden. Auf Grund dieser Verpflichtungserklärung erhielt die Zeugin eine Aufenthaltsbefugnis und eine Arbeitserlaubnis für die Lehrstelle. Ab 1. August 2000 begann sie eine Lehre als Speditionskauffrau für zwei Jahre, die sie voraussichtlich 2002 abschließen wird.

Beispiel: Kosten der Schwangerschaft
Die Zeugin N.N. hatte eine wochenlange Odyssee durch Bordelle und Wohnungen in der Bundesrepublik hinter sich, als sie über die Kripo Kontakt zu Solwodi e. V. erhielt. Sie war damals im zweiten Monat schwanger von einem Freier. Sie wollte zunächst abtreiben, entschied sich aber nach einem Beratungsgespräch, das Kind zu behalten. Ihr Sohn kam mit einem schweren Herzfehler auf die Welt. Er wurde im August 1999 von deutschen Eltern adoptiert. Vor der Adoption gab es Probleme mit der Kostentragung. Am 16. März 1999 kam die Nachricht, dass das zuständige Sozialamt nicht weiter zahlen würde, im Juli wurde erneut angekündigt, die Zahlungen einzustellen, besonders wegen der teueren ärztlichen Betreuung des Sohnes. Es war geplant, die Zeugin so schnell wie möglich auszuweisen, und dafür

das Verfahren zu beschleunigen. Nach der Adoption musste das Sozialamt nur noch für die Zeugin aufkommen und zahlte weiter.

Auf Grund der Beispiele wird deutlich, dass es immer wieder zu Problemen bei der Kostentragung kommt, was die Arbeit der Fachberatungsstellen sehr behindert. Weiter oben wurde gezeigt, dass die erarbeiteten Kooperationskonzepte noch keine rechtliche Gültigkeit erlangt haben, weil keine Einigung bezüglich der Kostenfrage erzielt werden kann. Hier besteht dringender politischer Regelungs- und Handlungsbedarf.

6.2.9 Anregungen der Beraterinnen

Eine Beraterin äußerte sich zum Thema Zukunftsperspektiven folgendermaßen: „Der Staat geht in die Strafverfolgung, weil die Frauen durch Gewalt missbraucht wurden. Er benutzt die Frauen für die Aussagen und anschließend können sie nach Hause gehen. Das hat etwas miteinander zu tun. Ich wünschte mir, dass wir Gesetzgeber überzeugen können, dass nicht alle Frauen hier bleiben wollen, dass es da aber einen größeren Spielraum geben muss."[91] Im gleichen Sinne äußert sich die Projektleiterin Elfriede Jakobi im Zwischenbericht zum Projekt „Psychosoziale Beratung und Begleitung von Opferzeuginnen in Menschenhandelsverfahren": „Eine echte Perspektivenentwicklung für die meist noch sehr jungen Frauen ist nur dann sinnvoll möglich, wenn der Zeugin ausreichend Zeit in der Bundesrepublik gewährt wird, um eine Schul- und Berufsausbildung zu absolvieren. [...] Durch die zur Zeit begrenzten Möglichkeiten einer Perspektiventwicklung auf Grund gesetzlicher Rahmenbedingungen entsteht ein krasses Ungleichgewicht zwischen der Verwirklichung der Interessen des Staates einerseits, der die Frauen zur Bekämpfung von Menschenhandel braucht und den Interessen der Opfer, die teilweise ein großes persönliches Risiko mit ihrer Aussage eingehen. Die Interessen der Opfer – selbst die elementarsten – werden nicht verwirklicht. [...] Es muss verhindert werden, dass die Frauen – durch den Staat – ein zweites Mal ausgebeutet werden."[92]

Alle Beraterinnen weisen auf die Problematik der länderübergreifende Fälle hin. Hier sollte bundesweit eine einheitliche Lösung gefunden werden. Bei Frauen, die zu ihrem Schutz aus anderen Bundesländern von Solwodi e. V. z. B. in Rheinland-Pfalz aufgenommen werden, gibt es immer wieder Probleme in Bezug auf die Kostenübernahme für die Unterkunft, Lebenshaltung und Betreuung. Die Kosten sollten – wie dies der Entwurf des

---

[91] Leoni Beving im Gespräch am 28.11.2001.
[92] Jakobi, Elfriede: Zwischenbericht, S. 32-33.

Kooperationskonzepts Rheinland-Pfalz vorsieht – von der Kommune des Aufgriffsortes übernommen werden, damit die Gemeinden, in denen sich Schutzwohnungen befinden, nicht überdurchschnittlich belastet werden. In Bezug auf die Unterkunft wünschen sich die Beraterinnen mehr spezifische Frauenhaus-Plätze, die gezielt mit Menschenhandels-Opfern und Opferzeuginnen arbeiten, da diese auf Grund des Deliktes eine andere Situation und Problemlage haben als Opfer häuslicher Gewalt.

7. Ergebnis und Ausblick

Barbara Koelges

Die Studie hat gezeigt, dass es durchaus Erfolge im Bereich Strafverfolgung von Menschenhandel gibt, wenn die Bedingungen „professionelle Opferzeuginnenbetreuung und damit Stabilisierung der Zeugin" und „engagierte Nebenklagevertretung" gegeben sind. Die Beispiele und die Ausführungen zur Nebenklage verdeutlichen, dass professionelle Beratung und Betreuung große Bedeutung für die Stabilisierung der Opfer und somit für die Qualität der Aussage haben. Dennoch ist dokumentiert worden, dass bei den Strafen selten das Höchstmaß vergeben wird und kaum die Einziehung der Gewinne der Täter erfolgt. Hier muss eine härtere Bestrafung der Täter und vermehrte Nutzung der Möglichkeit der Gewinnabschöpfung gefordert werden.

Die Prozesse verlaufen umso erfolgreicher, je gestärkter und sicherer die Zeuginnen auftreten. Zu ihrer Stabilisierung ist eine professionelle Betreuung und Beratung notwendig. Daher sollte es aus dem Interesse an einer effektiven Strafverfolgung heraus das Ziel sein, die Bedingungen für aussagewillige Opfer von Menschenhandel zu verbessern und zwar im rechtlichen, materiellen und psycho-sozialen Bereich. Das heißt im Einzelnen:

Eine einheitliche bundesweite Regelung bezüglich eines Abschiebestopps oder einer befristeten Aufenthaltserlaubnis für Opferzeuginnen sollte gefunden werden. In den einzelnen Bundesländern gibt es die unterschiedlichsten Regelungen. Nur wenn die Opfer des Menschenhandels nicht sofort abgeschoben werden, haben sie die Möglichkeit als Zeuginnen auszusagen und zur Verurteilung der Täter beizutragen.

Für Opferzeuginnen besteht die Möglichkeit, eine Duldung für die Dauer des Verfahrens zu erhalten. Diese Duldung wird in der Regel für drei Monate ausgestellt und muss ständig verlängert werden, was einen enormen Zeit- und Kraftaufwand für alle Beteiligten – auch für die Behörden – mit sich bringt. Längerfristige Duldungen bzw. Aufenthaltsbefugnisse von mindestens sechs Monaten, möglichst aber bis Prozessende, sind sinnvoll. Dies würde eine erhebliche Arbeitserleichterung für Polizei, Fachberatungsstellen, Ausländer-, Arbeits- und Sozialämter bedeuten und auch den Frauen, die als Zeuginnen in Menschenhandelsverfahren zur Verfügung stehen, bessere Perspektiven bieten.

Bezüglich der Finanzierung des Opferzeuginnenaufenthalts gibt es in Deutschland inzwischen zwar Vorschriften zum Ausländergesetz und entsprechende Erlasse einzelner Bundesländer, die die Stellung der Opfer verbessern. Sie werden allerdings den in Art. 4 des UN-Zusatzprotokolls Menschenhandel zur OK-Konvention der UN genannten Anforderungen in einigen Teilen noch nicht gerecht. So werden die Kosten für die Opfer überwiegend aus dem Asylbewerberleistungsgesetz finanziert. Dies reicht in der Regel nicht für eine umfassende medizinische und psychologische Betreuung, insbesondere bei traumatisierten Opfern.

In der Studie wurden die tatsächlichen Kosten, die eine Opferzeuginnenbetreuung für die Fachberatungsstellen und auch für die öffentliche Hand mit sich bringt, erstmals am Beispiel von 91 Frauen detailliert aufgezeigt. Das große finanzielle Engagement der Fachberatungsstellen konnte nachgewiesen werden. Hier ist eine stärkere finanzielle Unterstützung der Fachberatungsstellen erforderlich. Die effektive Verbrechensbekämpfung im Bereich Menschenhandel und die Wiederherstellung der Würde der betroffenen Frauen sind von größtem öffentlichem Interesse.

In diesem Zusammenhang ist auch eine bundeseinheitliche Regelung der Kostenübernahme anzumahnen. Gerade bei länderübergreifenden Fällen, z. B. wenn der Aufgriffsort der Frau in einem anderen Bundesland liegt als der Unterbringungsort während des Verfahrens, was aus Schutzgründen oder auch Kapazitätsgründen vorkommt, ist die Regelung der Finanzierung für die Fachberatungsstellen oft schwierig und unbefriedigend. Besondere Bundesfonds zur Finanzierung des Opferzeuginnenaufenthalts sind der Finanzierung über Asylbewerberleistungsgesetz vorzuziehen, weil damit auch die Diskussionen zwischen den verschiedenen betroffenen Kommunen und Trägern ein Ende finden würden.

Die in Artikel 4 des UN-Zusatzprotokolls ausgeführten Beschäftigungs-, Bildungs- und Ausbildungsmöglichkeiten für Opfer des Menschenhandels sind nur teilweise realisiert. Es besteht rechtlich die Möglichkeit zur Arbeitsaufnahme für Opferzeuginnen. Bildungs- und Ausbildungsmaßnahmen für die Frauen müssen jedoch in der Regel von den Beratungsstellen finanziert werden. Diese Maßnahmen bilden eine wichtige Grundlage für verbesserte Zukunftsperspektiven nach dem Prozess.

In Bezug auf die Zeit nach Prozessende wurde gezeigt, dass viele Zeuginnen in die Heimat zurückkehren wollen. Andere streben aber eine Perspektive in Deutschland an, befinden sich bei Prozessende in einer Ausbildung etc. Die Beratungsstellen beklagen sehr, dass die Möglichkeiten einer weiteren Aufenthaltsberechtigung, z. B. zum Abschluss einer Ausbildung bzw. Therapie, begrenzt sind und daher ihre Bemühungen um die Frauen nach dem Prozess ins Leere laufen. Oft ist ein weiterer Aufenthalt abhängig vom persönlichen Engagement der Zeugenschützer für die Zeugin oder auch einem guten Verhältnis zwischen Beratungsstelle und der zuständigen Ausländerbehörde. Hier sollten großzügigere gesetzliche Regelungen geschaffen werden. Bei einer drohenden Gefahr für die Frauen in ihrer Heimat muss es die Möglichkeit geben, dauerhaft in Deutschland zu bleiben.

Dass die Bekämpfung des Menschenhandels sich sehr schwierig gestaltet, liegt u. a. daran, dass viele verschiedene Ressorts und Behörden involviert sind, deren Arbeit es zu koordinieren gilt. Die Zusammenarbeit der verschiedenen Stellen auf nationaler und internationaler Ebene muss gefördert und intensiviert werden. Da Menschenhandel zur organisierten Kriminalität gehört, ist internationale Zusammenarbeit unerlässlich. Die Stärkung des Mandats von Europol ist ein wichtiger Schritt. Ebenso wichtig sind Projekte, wie das von Solwodi e. V. durchgeführte Daphne-Projekt für die Verbesserung der länderübergreifenden Kooperation aller beteiligten Stellen. Insbesondere muss die Kooperation der Strafverfolgungsbehörden mit den Beratungsstellen ausgebaut und durch Richtlinien und Handreichungen für die Behörden institutionalisiert werden. Zur Zeit bleibt es häufig dem persönlichen Engagement und Interesse der Ermittlungsbeamten überlassen, ob Kontakte zu einer Beratungsstelle aufgebaut werden. Da die Kontakte zwischen Opfer und Beratungsstelle in der Regel durch die Ermittlungs- und Strafverfolgungsbehörden hergestellt werden, müssen diese zur Kontaktaufnahme und Kooperation angewiesen werden.

Die Einrichtung Runder Tische zum Thema Menschenhandel – regional ebenso wie auf Landes- und Bundesebene – ist eine gute Möglichkeit, Kontakte herzustellen und die jeweils eigenen Arbeitsschwerpunkte und Ziele sichtbar zu machen. In einigen Bundesländern wurden damit gute Erfahrungen gemacht. Gerade die lokalen Polizeibehörden haben oft Probleme beim Erkennen von Menschenhandel. Hier kann durch die verstärkte Teilnahme an Fortbildungs- und Qualifizierungsmaßnahmen eine Sensibilisierung für den Problembereich erfolgen.

Eine Hinwendung zum Aspekt der Nachfrage und des Kundenverhaltens kann neue Bekämpfungsansätze mit sich bringen. Die Frage der Legalität und der Freiwilligkeit der Arbeit der Frauen spielt für deren Kunden in der Regel keine Rolle. Derartiges menschenverachtendes Konsumverhalten bildet die Grundlage für das Delikt Menschenhandel. Dies muss in der öffentlichen Diskussion stärker zum Thema gemacht werden. Auch könnten Straftatbestände festgelegt werden, wenn deutlich wird, dass eine Frau unter Zwang der Prostitution nachgeht und sie keine Hilfe von den Freiern erfährt, um so auch die Kunden belangen zu können. Ohne Nachfrage kein Markt!

Es wurde in der Studie deutlich, wie wichtig neben der professionellen Beratung die engagierte Nebenklagevertretung ist. Die Nebenklagevertretung bildet das Gegengewicht zur Strafverteidigung. Sie achtet darauf, dass die Rechte der Zeugin gewahrt werden und hat im Plädoyer die Möglichkeit, das Geschehene aus der Sicht des Opfers darzustellen und eine eigene rechtliche Wertung zu geben. In Fällen des Menschenhandels muss die Nebenklagevertretung aufgewertet und die BRAGO dahingehend geändert werden.

Menschenhandel ist ein Verbrechen gegen die Menschenrechte und die Menschenwürde. Es ist wichtig, dass sich alle engagierten Kräfte zusammenschließen und ihre Anstrengungen bündeln im Kampf um die Würde der Frauen.

8. Quellen- und Literaturverzeichnis

8.1 Quellen

8.1.1. Gedruckte Quellen

Allgemeine Verwaltungsvorschrift zum Ausländergesetz (AuslG-VwV) vom 28.6.2000. In: Bundesanzeiger, 2000, Jg. 52, Nr. 188a.

Bundesministerium für Arbeit und Sozialordnung: Zulassung von ausländischen Arbeitnehmern zum Arbeitsmarkt im Rahmen von Zeugenschutzprogrammen der Länder vom 29. Mai 2001.

Gemeinsamer Runderlass des Ministeriums des Innern, des Ministeriums für Arbeit und Sozialordnung und des Ministeriums für Justiz. In: NdsMBl, Nr. 37, 2001, S. 804.

Runderlass des Ministeriums des Innern vom 16.4.1997. In: NdsMBl, Nr. 21, 1997, S. 778.

Runderlass des Innenministeriums vom 11.4.1994. In: Ministerialblatt für das Land Nordrhein-Westfalen, Nr. 37 vom 17. 6. 1994, S. 26.

Handreichung für die Träger des Asylbewerberleistungsgesetzes und der Sozialhilfe bei der Bewilligung von Hilfeleistungen an Opfer von Menschenhandel. Bundesarbeitsgemeinschaft Frauenhandel. Bonn 2001.

Kooperationskonzept zwischen Fachberatungsstelle und Polizei für den Schutz von Opferzeugen/innen von Menschenhandel. Bundesarbeitsgemeinschaft Frauenhandel. 2001.

Kooperationskonzept zwischen Strafverfolgungsbehörden, anderen Behörden, Fachberatungsstellen und anderen mit betreuenden Einrichtungen zur Verbesserung des Schutzes von gefährdeten Zeuginnen und Zeugen und der Strafverfolgung in Fällen von Menschenhandel. Entwurf. Mainz 2001.

Jakobi, Elfriede: Zwischenbericht zum Projekt „Psychosoziale Beratung und Begleitung von Opferzeuginnen in Menschenhandelsverfahren". Träger: Solwodi e. V. Boppard 2002.

Schaab, Eva: Strukturelle Verbesserungen in den Bereichen Strafverfolgung von Menschenhandel und Opferschutz. Modellprojekt des Ministeriums für Kultur, Jugend, Familie und Frauen. Mainz 1998.

8.1.2 Ungedruckte Quellen

Gerichtsurteile folgender Verfahren:

AG Almelo 4478/98
AG Aschaffenburg 4 Ls 108 Js 1170/00
AG Bad Schwalbach 8 Js 185023/98
AG Bremen 90 (73) Ls 310 Js 13907/00

AG Iserlohn 5 Ls 591 Js 438/99
AG Kleve 13 Ls 23 Js 700/00
AG Mainz 305 Js 3745/97 – 20 Ls
AG Naumburg Ls 503 Js 20139/01
AG Marburg 4 Js 4115/99
AG Osnabrück 3 Ls 13 Js 14261/99
AG Siegburg 100 Js 934/99
AG Siegburg 22 Ls 2/00
AG Tettnang 1 Ls 34 Js 17660/99

LG Bonn 23 N1/97
LG Bonn 23R 3/97
LG Bonn 21 J 1/97
LG Bonn 21 A 4/97
LG Bonn 21 L 2/97
LG Bremen 27 Kls 300 Js 9486/2000
LG Dortmund Kls 76 Js 543/97
LG Dortmund Kls 76 Js 146/00
LG Duisburg 32 Kls 205 Js 1589/00
LG Hagen 42s 591 Js 259/99
LG Halle 23 Kls 31/2001
LG Hanau 1 Js 15290/97
LG Hanau 1 Js 13.369/99
LG Hanau 16/490/99 Kls
LG Karlsruhe 3 KLs 74 Js 18569 – 1 Kls
LG Kalsruhe Ns 2 Ls 21 Js 5308/97
LG Koblenz 2080 Js 29.746/989 – 1 Kls
LG Koblenz 2101 Js 54.636/97 – 9 Kls
LG Koblenz 2020 Js 60249/99
LG Köln 195 4/01
LG Köln 113 45/00a
LG Köln 113 – 21/01
LG Mainz 305 Js 14726/07 6 Ns
LG Mainz 3753 Js 12005/97 Ns
LG Nürnberg-Fürth 7 KLS 801 Js 24588/00
LG Oldenburg 1 Kls 1/00
LG Oldenburg 3 Kls 7/00

Interviews mit:
Eva Schaab, Solwodi Mainz, am 11.12.2001
Regine Noll, Solwodi Koblenz, am 21.11.2001
Leoni Beving, Solwodi Duisburg, am 28.11.2001
Anna Mayrhofer, Solwodi Osnabrück, am 24.1.2002
Eva Doffiné, Solwodi Boppard, am 4.6.2001
Elfriede Jakobi, Solwodi Boppard, am 4.6.2001
Gabriele Welter-Kaschub, Rechtsanwältin, am 4.9.2001

8.2 Literatur

Ackermann, Lea; Heine-Wiedemann, Dagmar: Umfeld und Ausmaß des Menschenhandels mit ausländischen Mädchen und Frauen. Unveränd. Nachdr. Stuttgart 1998 (Schriftenreihe des Bundesministeriums für Familie, Senioren, Frauen und Jugend; 164).

Bade, Klaus J.: Europa in Bewegung. Migration vom späten 18. Jahrhundert bis zur Gegenwart. München 2000.

Bekämpfung von Menschenhandel. Konzeption zur sicheren Unterbringung der von Menschenhandel betroffenen Frauen. Hrsg. vom Ministerium für die Gleichstellung von Frauen und Männern Nordrhein-Westfalen. 1996.

Blaschke, Jochen (Hrsg.): Frauenhandel und Prostitution: Erfahrungen und politische Gegenmaßnahmen. Berlin 2001 (Berliner Gesprächsforen zur Migrationspolitik; 7).

Bode, Andrea; Niesner, Elvira: Konzeption zur Einrichtung einer Versorgungsstruktur für Opfer von Menschenhandel. Unterkunft, Betreuung und Beratung in Mecklenburg-Vorpommern. Frankfurt/M. 1999.

Boeker, Marion: Frauen handeln. In: Europa gegen Menschenhandel. Beiträge zur Informationsveranstaltung zur OSZE-Konferenz zur Bekämpfung des Menschenhandels, 15.-16.10.2001. S. 29 ff.

Chew-Lap, Liu; Wijers, Marjan: Trafficking in Women: forced labour and slavery-like practices in marriage, domestic labour and prostitution. Utrecht 1997.

Dern, Harald: Menschenhandel, Gesellschaft und Polizei. In: Monatszeitschrift für Kriminologie und Strafrechtsreform, Heft 6, 1991, S. 329-338.

Dietrich, Helmut: Flüchtlinge, Migration und Integration. Zürich 1999 (Widerspruch, Heft 37, Jg. 19).

Europäische Strategien zur Prävention und Bekämpfung des Frauenhandels. Dokumentation der Internationalen Konferenz am 25. und 26. November 1998 in Berlin. Berlin: Senatsverwaltung für Arbeit, Berufliche Bildung und Frauen. 1999.

Expertinnengespräch Menschenhandel: Fachhochschule Frankfurt am Main, 7. März 1997. Organisation: Elvira Niesner. Frankfurt 1999.

Fassmann, Heinz u. a. (Hrsg.): Ost-West-Wanderung in Europa. Wien 2000.

Feher, Lenke: Frauenhandel. Wien 1996 (SWA-Studienarbeit; 111).

Fischer, Dorothee von: Junge Frauen als Opfer des Menschenhandels aus osteuropäischen Staaten. In: Bewährungshilfe 1999, Heft 4, S. 387-393.

Fischer, Thomas (Bearb.): Strafgesetzbuch und Nebengesetze. 50., neu bearb. Aufl. des von Herbert Tröndle in der 38.-49. Aufl. bearb. Werkes. München 2001.

Franke, Ulrich: Zeugenschutz versus Aufklärungspflicht – Aufklärung durch Zeugenschutz. In: Strafverteidiger-Forum, Heft 9, 2000, S. 295-299.

Die Frauen der Welt 2000: Trends und Statistiken. Hrsg.: Vereinte Nationen. New York 2000 (Sozialstatistiken und Indikatoren; Serie K, Nr. 16).

Frauen in Mittel- und Osteuropa: ein Portrait. Hrsg. vom Europäischen Parlament. Brüssel 1996 (Reihe Rechte der Frau, W 8, 6/1996).

Frauenhandel in Baden-Württemberg: Problemaufriß und Handlungsmöglichkeiten, Bericht und Empfehlungen. Hrsg. vom Sozialministerium Baden-Württemberg. 2. Aufl. Stuttgart 1998.

Frauenhandel mit dem Ziel der sexuellen Ausbeutung: Mitteilung der Kommission an den Rat und das Europäische Parlament. Luxemburg. 1996.

Frauenhandel und Prostitutionstourismus. Eine Bestandsaufnahme zu Prostitutionstourismus, Heiratsvermittlung und Menschenhandel mit ausländischen Mädchen und Frauen. Hrsg.: agisra (Arbeitsgemeinschaft gegen internationale und rassistische Ausbeutung). München 1990.

Frauenhandeln in Deutschland: Frauenprojekte in Deutschland zur Problematik Frauenhandel. eine Dokumentation. Hrsg.: KOK. Berlin o. J.

Füllsack, Manfred: Von der vollbeschäftigten zur arbeitslosen Gesellschaft? In: Osteuropa, Heft 11/12, 1999, S. 1197-1209.

Glatzer, Wolfgang (Hrsg.): Lebensverhältnisse in Osteuropa. Prekäre Entwicklungen und neue Konturen. Frankfurt u. a. 1996.

Han, Petrus: Soziologie der Migration: Erklärungsmodelle, Fakten, politische Konsequenzen, Perspektiven. Stuttgart 2000.

Handlexikon der Europäischen Union. Hrsg v. Wolfgang W. Michel. 2. überarb. Aufl. Köln 1998.

Hausinger, Brigitte; Seidel, Annette: Möglichkeiten des Zugangs zu psychosozialen Einrichtungen für von Gewalt betroffene Migrantinnen, schwarze Mädchen und Frauen und Frauen und Mädchen, die sich auf Grund von Menschenhandel in den Staaten der EU befinden. Regensburg 1999.

Helwes, Frauke: Migration, Prostitution, Frauenhandel In: Prokla, Jg. 28, 1998, H. 2111 (Globalisierung und Gender), S. 249-269.

Henning, Detlef: Lettlands Weg von der sowjetischen Vergangenheit in die europäische Zukunft. In: Aus Politik und Zeitgeschichte B 37/1998, S. 27-34.

Hillmann, Felicitas: Jenseits der Kontinente: Migrationsstrategien von Frauen nach Europa. Pfaffenweiler 1996.

Hummel, Diana: Frauenhandel und Europa 1993. In: Das unsichtbare Geschlecht der Europa / Elke Biester u. a. (Hrsg.). Stuttgart 1994, S. 128-140.

Hummel, Diana: Lohnende Geschäfte: Frauenhandel mit Osteuropäerinnen und der EG-Binnenmarkt. In: Beiträge zur feministischen Theorie und Praxis. Jg. 16, 1993, Heft 34, S. 59-68.

Karls, Udo: Kooperationskonzept beschreitet neue Wege im Kampf gegen Menschenhandel. In: Deutsche Polizei, Heft 3, 2001, S. 6-12.

Kartusch, Angelika; Knaus, Katharina; Reiter, Gabriele: Bekämpfung des Frauenhandels nach internationalem und österreichischen Recht. Wien 2000.

Kirchhoff, Sabine: Sexueller Mißbrauch vor Gericht. Bd. 1 u. 2. Opladen 1994. Zugl.: Dortmund, Univ., Diss., 1994.

Kleinknecht, Theodor; Meyer, Karlheinz: Strafprozessordnung. 42. Ausg. München 1995.

Kloesel, Arno; Christ, Rudolf; Häußer, Otto: Deutsches Ausländerrecht. Kommentar zum Ausländergesetz und zu den wichtigsten ausländerrechtlichen Vorschriften. Stuttgart o. J. Loseblattausgabe.

Kreuzer, Christine: Initiativen zur Bekämpfung des Menschenhandels. In: ZAR, Heft 5, 2001, S. 220-226.

Lagebild Menschenhandel 1999. Hrsg. vom Bundeskriminalamt. Wiesbaden 2000.

Lagebild Menschenhandel 2000. Hrsg. vom Bundeskriminalamt. Wiesbaden 2001.

Launer, Ekkehard (Hrsg.): Frauenhandel. Via Air Male. Göttingen 1991.

Lenz, Ilse; Ramil-Weiss, Norma; Thiemann, Heidi: Internationaler Frauenhandel. Eine Untersuchung über Prostitution und Heiratshandel in Nordrhein-Westfalen und die Interventionsmöglichkeiten von Institutionen und Frauengruppen. Düsseldorf 1993 (Dokumente und Berichte / Ministerium für die Gleichstellung von Mann und Frau des Landes Nordrhein-Westfalen; 25).

Maier, Konrad: Estland: Tiger im Baltikum? In: Aus Politik und Zeitgeschichte B 37/1998, S. 17-26.

Mentz, Ulrike: Frauenhandel als migrationsrechtliches Problem. Frankfurt am Main u. a. 2001 (Europäische Hochschulschriften, Reihe 2: Rechtswissenschaft; 3150). Zugl.: Hamburg, Univ., Diss., 2000.

Münz, Rainer: Woher – wohin? Massenmigration im Europa des 20. Jahrhunderts. In: Pries, Ludger (Hrsg.): Transnationale Migration. Baden-Baden 1997 (Soziale Welt, Sonderbd. 12), S. 221-243.

Niesner, Elvira; Jones-Pauly, Christina: Frauenhandel in Europa: Strafverfolgung und Opferschutz im europäischen Vergleich. Bielefeld 2001.

Niesner, Elvira: Frauenhandel und Menschenhandel: Prozeßbeobachtung. In: Das Recht und die Fremden. Baden-Baden 1994, S. 85-96.

Niesner, Elvira u. a.: Ein Traum vom besseren Leben: Migrantinnenerfahrungen, soziale Unterstützung und neue Strategien gegen Frauenhandel. Opladen 1997.

Niesner, Elvira; Anonuevo, Estrella; Aparicio, Marta; Songsiengchai-Fenzl, Petchara: Die Würde der Frau ist unantastbar: Verfahren gegen Frauenhandel – Beobachtungen. Frankfurt/M. 1991.

Nuscheler, Franz: Internationale Migration. Flucht und Asyl. Opladen 1995.

Oberlies, Dagmar: Tötungsdelikte zwischen Männern und Frauen. Pfaffenweiler 1995. Zugl.: Bremen, Univ., Diss., 1994 (Frauen im Recht; 1).

Osteuropas verkaufte Frauen. Wege zur effektiven Bekämpfung des Menschenhandels. Hrsg: Faerber-Husemann, Renate. Bonn: Friedrich-Ebert-Stiftung. 1999.

Polizeiliche Kriminalstatistik 1999 Bundesrepublik Deutschland. Hrsg. vom Bundeskriminalamt. Wiesbaden 2000.

Polizeiliche Kriminalstatistik 2000 Bundesrepublik Deutschland. Hrsg. vom Bundeskriminalamt. Wiesbaden 2001.

Pries, Ludger (Hrsg.): Transnationale Migration. Baden-Baden 1997 (Soziale Welt, Sonderbd.; 12).

Renschler, Regula u. a.: Ware Liebe. Sextourismus, Prostitution, Frauenhandel. Wuppertal 1987.

Renzikowski, Joachim: Frauenhandel: Freiheit für die Täter, Abschiebung für die Opfer? In: Zeitschrift für Rechtspolitik, Heft 2, 1999, S 53-59.

Richmond, Anthony H.: Immigration and ethnic conflict. Basingstoke 1988.

Riecker, Joachim: Ware Lust. Wirtschaftsfaktor Prostitution. Frankfurt/Main 1995.

Rieger-Nopirakowsky, Maria (Red.): Frauenhandel, Zwangsprostitution. Ein Wirtschaftszweig, der boomt. Trier 1999.

Sassen, Saskia: Migranten, Siedler, Flüchtlinge. Von der Massenauswanderung zur Festung Europa. Frankfurt 1996.

Schneider, Joachim: Der gegenwärtige Stand der kriminologischen Opferforschung. In: Monatsschrift für Kriminologie und Strafrechtsreform, 81. Jg., Heft 5, 1998, S. 316-344.

Schöttes, Martina; Treibel, Annette: Frauen – Flucht – Migration. Wanderungsmotive von Frauen und Aufnahmesituation in Deutschland. In: Pries, Ludger (Hrsg.): Transnationale Migration. Baden-Baden 1997. (Soziale Welt, Sonderbd.; 12), S. 85-117.

Seager, Joni: Der Fischer Frauen-Atlas. Daten, Fakten, Informationen. Frankfurt a.M. 1998.

Sieber, Ulrich: Logistik der organisierten Kriminalität. Wiesbaden 1993.

Skrobanek, Siriporn; Boonpakdee, Nataya; Jantateero, Chutima: The traffic in women: human realities of the international sex trade. London u. a. 1997.

Solwodi e. V.: Jahresbericht. Boppard. 1997-2001.

Solwodi e. V.: Rundbrief. Boppard. 1997-2001.

Streiber, Petra: Internationaler Frauenhandel: Funktionsweisen, soziale und ökonomische Ursachen, Gegenmaßnahmen. Berlin 1998 (Diskusionspapiere / Freie Universität Berlin, Fachbereich Wirtschaftswissenschaft, Fachgebiet Volkswirtschaft des Vorderen Orients; 59).

Tauber, Joachim: Der schwere Weg nach Westen: Litauen 1990-1998. In: Aus Politik und Zeitgeschichte B 37/1998, S. 35-45.

Topan, Angelina: Transformationspozeß in Osteuropa und organisierte Kriminalität am Beispiel des Frauen- und Mädchenhandels. Lösungsvorschläge der Ökonomischen Theorie der Kriminalität und praktische Lösungswege der EU. Hamburg 2000.

Vandenmeulebroeke O.; Gazan, F.: Menschenhandel – sexuelle Ausbeutung und Missbrauch. In: Fachzeitschrift für das Strafrecht und für Kriminologie. Justizministerium. Bd. 75. Brüssel 1995.

Williams, Phil (Hrsg.): Illegal immigration and commercial sex. The new slave trade. London 1999.

9. Anhang

9.1 Tabelle 24: Kosten der Opferzeuginnenbetreuung

Nr.	Konto-Nr.	Fahrt-kosten	Aus-bildung	Kosten RAin, Dolmetscher, Verwaltung	Medizinische Kosten	Lebens-unterhalt	Miete, Nebenkosten	Summe	Zuschuss
1/1999	3095	167,00	1.120,00	565,00		504,50		2.356,50	BKA
2000		920,00	90,00	427,99		1.225,26		2.663,25	BKA
2001	3208	1.196,70	1.190,00	2.769,13		611,90		5.767,73	BKA
2/1999	3034			58,30				58,30	
3/2000	3038	3,10				545,80	525,00	1.073,90	
2001	3005	274,50	0,00	739,76	30,00	5.663,01	5.475,00	12.182,27	SH/LVR
4/2000	3018	146,60	1.260,48	421,40	1.432,98	5.425,79	3.025,80	11.713,05	SH
2001	3106	298,44	191,80	214,00	6,95	3.713,14	1.350,00	5.774,33	SH
5/1999	3104	236,80			9,20	3.638,00	2.954,00	6.838,00	SH
2000		33,25	155,00			6.181,88	5.110,00	11.480,13	SH
2001	3406	36,50	120,00	86,00	109,60	7.151,58	3.402,00	10.905,68	SH
6/1999	3096	1.065,33	1177,74	1.101,40	131,60	997,96	1.542,00	6.016,03	SH
2000		183,90	326,00	3.143,70	80,92	406,14	235,69	4.376,35	SH
2001	3217	93,60		636,30	50,90	946,44	534,00	2.261,24	
7/1999	3130	1.060,30	474,45	59,35		904,88		2.498,98	
2000		494,50	101,48			539,68	802,80	1.938,46	
2001	3218	874,10		629,49		67,68		1.571,27	
8/1999	3035	386,80	606,20		1.156,53	3.131,54	1.450,00	6.731,07	
2000		1.166,40	255,00	8,00		292,97		1.722,37	
9/1999	3063	241,60	165,62			39,95		447,17	
2000				838,26				838,26	
10/99	3064	914,00		580,00	151,45	1.315,10	945,00	3.905,55	
11/00	3029	1.238,90	1.144,40	3.808,04	96,07	6.417,97	4.590,00	17.295,38	SH
2001	3201	1.552,94	1.625,90	227,50	52,41	2.254,94	5.475,00	11.188,69	SH
12								0,00	
13/99	3084			3.465,03				3.465,03	
14/01	3432					1.782,53	1.288,00	3.070,53	SH
15/01	3424	229,60		37,20		178,24		445,04	
16/00	3050	54,00	11,83	14,95	10,75	885,56	570,00	1.547,09	SH/LVR
2001	3107/3026	677,90	3.651,20	1.944,53	172,84	4.895,35	6.678,00	18.019,82	SH/LVR
17									
18/99	3079	1.189,20	816,25		108,00	136,20		2.249,65	BKA
2000		279,70		733,69		740,80		1.754,19	BKA
2001	3209	76,70		3.554,76		58,60		3.690,06	
19/99	3097	1.277,20	755,00	495,00		908,57		3.435,77	BKA
2000		1.058,30		492,98	98,00	579,85	500,00	2.729,13	BKA
2001	3214	467,90		2.290,32		74,61		2.832,83	
20/99							645,00	645,00	
2000	3185	356,92	473,60	313,20	62,80	6.723,46	5.385,00	13.314,98	SH/LVR
2001	3108/3025	530,75		455,75	100,00	1.597,34	2.541,00	5.224,84	SH/LVR
21/99	3123	446,40	1.122,20	35,00			5.168,00	6.771,60	SH
2000	3009	8,90					6.512,00	6.520,90	LVR
2001	3016						8.030,00	8.030,00	LVR
22/01	3426	25,50				2.804,43	2.352,00	5.181,93	SH
23								0,00	
24/99	3126	199,40	640,00	200,00		749,87		1.789,27	
2000		196,30	90,00	300,00		159,40		745,70	
2001	3232					200,00		200,00	
25								0,00	
26/00	3204		100,00	108,00		2.086,61	1.722,00	4.016,61	SH
2001	3423	63,03				420,22	500,00	983,25	

Nr.	Konto-Nr.	Fahrtkosten	Ausbildung	Kosten RAin, Dolmetscher, Verwaltung	Medizinische Kosten	Lebensunterhalt	Miete, Nebenkosten	Summe	Zuschuss
27/99		213,50	39,90	337,23		454,67		1.045,30	
2000	3011	29,50		427,10				456,60	
2001	3020	336,60	40,00	4,10		436,59		817,29	
28/99	3037	87,00	3.636,90	40,00		6.988,99		10.752,89	
2000			37.756,00			785,00	10.290,00	48.831,00	
2001	3118	1.512,34	30.439,90	12,50		600,00	8.294,20	40.858,94	
29/99	3067	1.031,10	803,00	361,89	423,36	100,00		2.719,35	
2000		1.218,10		1.677,48		1.353,55		4.249,13	
2001	3221	74,80		517,48		250,00		842,28	
30/99		38,60				2.802,94	2.370,00	5.211,54	
2000	3010	1.308,64				12.337,54		13.646,18	
31/99	3068/3082	979,40	1.963,80	227,60	446,48	5.760,00	3.420,00	12.797,28	SH
2000	3068/3082	337,90				842,90		1.180,80	IOM
32/99	3100	66,00		794,07		100,00	48,00	1.008,07	
2000		225,40	1.514,00	647,50		12,10		2.399,00	
2001	3226	7,00		87,00				94,00	
33/99	3112	388,60			58,86	2.441,01	1.526,00	4.414,47	SH
2000		176,00	276,00			8.988,97	5.110,00	14.550,97	SH
2001	3408		338,40	40,00	6,34	3.387,65	527,00	4.299,39	
34/99	3006	1.422,79	1.688,40		171,22	4.626,78	5.475,00	13.384,19	LKA
2000		102,00				24,90	1.000,00	1.126,90	SH
35/01	3015/3123	704,80	655,33	277,04	111,23	5.398,71	10.119,50	17.266,61	SH
36/00	3151		115,00			1.996,59	1.708,00	3.819,59	SH
2001	3401/3304	309,00	680,00		10,70	6.667,00	5.110,00	12.776,70	SH
37								0,00	
38/99	3039	185,80	364,70	47,00	700,62	5.790,89	5.584,64	12.673,65	
2000		23,60	285,81	197,37	198,16	5.256,60	3.550,37	9.511,91	
2001	3117	4,80				3.925,37		3.930,17	INT
39								0,00	
40								0,00	
41/99		6,95				1.320,00	1.050,00	2.376,95	SH/LVR
2000	3004	740,86				5.605,62	4.380,00	10.726,48	SH/LVR
2001	3014					406,65		406,65	
42/99	3015	89,00				79,90		168,90	
2000						12,99		12,99	
43/01	3029/3127	479,60	54,93	1.408,71	26,95	8.338,59	5.290,00	15.643,78	SH/LVR
44/99	3069	961,20	1.298,00		1.044,99	5.830,40	3.420,00	12.554,59	SH
2000		337,90				834,90		1.172,80	IOM
45/99	3131	270,40	814,90			750,00		1.835,30	BKA
2000		123,30	49,90	147,99		256,95		578,14	BKA
2001	3016	75,78						75,78	
46/99	3019	261,68	1.143,80		1.357,26	3.165,74	2.657,50	8.585,98	LKA
47/99	3137	43,00				334,86		377,86	
48/01	3028/3130	1.028,67	356,54	25,00	1.802,46	4.364,74	3.474,00	11.051,41	
49/99	3159	50,00				250,00		300,00	IOM
50/99	3018	141,00	2.220,00	2.772,70		2.454,07	1.695,00	9.282,77	SH
51								0,00	
52/00	3030	633,70				5.005,15	4.245,00	9.883,85	SH/LVR
2001	3007	260,20	2.711,00		830,00	5.028,12	4.095,00	12.924,32	SH/LVR
53/99	3049	1.036,30	116,15	13,00	696,05	1.182,26		3.043,76	SH
2000		578,30	50,00	155,00		940,49	100,00	1.823,79	
2001	3203	638,15		441,85	170,00	2.768,40	3.544,00	7.562,40	SH
54/99	3040	248,40	864,30	1.202,50	29,99	1.575,61		3.920,80	SH
2000		1.316,50	145,80	866,05	351,92	1.210,62	547,98	4.438,87	SH
2001	3207	906,30		364,30	35,00	1.477,51	771,40	3.554,51	
55/99		23,60				11.223,15		11.246,75	LVR
2000	3020			394,40				394,40	
56/99	3133	278,20		200,00		600,00		1.078,20	
2001	3230			788,80				788,80	
57/01	3043	794,95	795,00	154,00	501,20	2.353,75	1.901,00	6.499,50	SH
58/99	3042	72,20					458,00	530,20	
2000		72,70				24,80		97,50	
2001	3222	18,50						18,50	

Nr.	Konto-Nr.	Fahrt-kosten	Aus-bildung	Kosten RAin, Dolmetscher, Verwaltung	Medizinische Kosten	Lebens-unterhalt	Miete, Nebenkosten	Summe	Zu-schuss
59/99	3107	345,10	58,98	230,00	459,73	816,93	469,00	2.379,74	
2000		811,30				267,86	456,00	1.535,16	
2001	3204	268,30			68,00	232,64	146,50	715,44	
60/99	3174					100,00		100,00	
2000		376,16		712,24	35,61			1.124,01	
2001	3225	129,10						129,10	
61/99		1.092,60		177,88		10.217,78		11.488,26	SH/LVR
62/99		1.230,60		35,00	2,87	9.890,67		11.159,14	SH/LVR
63/00	3205	103,00				39,95		142,95	
64/99	3043	878,22		133,40		1.353,94		2.365,56	BKA
2000				246,85		2.000,00		2.246,85	GR
65/00	3033	453,44				3.681,52	2.970,00	7.104,96	SH/LVR
2001	3006	409,76	280,00	254,27		5.225,52	4.952,50	11.122,05	SH/LVR
66/99	3022	97,20		12,00		4.018,92	4.797,45	8.925,57	
2000		52,20		3.323,70		752,99		4.128,89	GR
2001	3211	30,00		156,60				186,60	
67/00	3199	1.485,20	1.427,50	629,47	66,45	741,85		4.350,47	BKA
2001	3215	565,15	345,90	996,02	116,92	1.241,90		3.265,89	SH
68/00	3009	849,50	75,00	890,43	41,96	173,90		2.030,79	
2001	3216	459,10	250,00	485,98		1.083,36		2.278,44	
69/00	3039	64,50				751,80		816,30	
2001	3004	553,01		1.346,72		5.120,00	4.560,00	11.579,73	SH/LVR
70/00	3040	64,50				911,70	570,00	1.546,20	SH
2001	3002	428,01	35,00	1.218,97	600,00	3.102,78	3.856,00	9.240,76	SH/LV
2001	3035/3133	485,97	810,00			834,29		2.130,26	GR
71/99	3047	794,90	841,20		100,00	1.847,50	1.313,00	4.896,60	
2000		312,50				700,00		1.012,50	
2001	3202	493,90		200,45		6.221,00	1.200,00	8.115,35	
72/00	3035	111,20				227,85	120,00	459,05	SH
73/01	3005	688,04	797,00	867,44		287,50		2.639,98	
74/01	3013	633,80			830,00	5.788,78	5.475,00	12.727,58	SH/LVR
75/01	3030/3427	181,00				2.592,11	2.669,50	5.442,61	SH/LVR/GR
76/00	3002					1.690,54		1.690,54	
2001	3015	27,00	47,30	754,00		513,19	5.736,94	7.078,43	LVR
77/01	3411	8,50				3.990,20	3.318,00	7.316,70	SH
78/00	3105			14,98		691,53	560,00	1.266,51	SH
2001	3402	117,50	145,00			4.250,73	511.000,00	9.623,23	SH
79/99						1.140,57	795,00	1.935,57	SH/LVR
2000	3007	123,00				1.020,00	585,00	1.728,00	SH/LVR
80/99						985,00	795,00	1.780,00	SH/LVR
2000	3006	123,00				1.320,00	585,00	2.028,00	SH/LVR
81/99	3111					121,00	84,00	205,00	SH
82/00	3044	292,34		225,00			3.522,83	4.040,17	LVR
2001	3001	179,91	35,00	3.985,50		840,00	1.358,40	6.398,81	SH
83/99	3110	358,95	120,00			1.096,00	390,00	1.964,95	SH
2000		1.713,20	2.392,90	290,00		137,50		4.533,60	
2001	3210	250,40		316,65		444,43	194,00	1.205,48	
84/99	3105	221,22	24,00			1.491,80	1.386,00	3.123,02	SH
85/99	3028	88,30	49,80	200,00	681,99	2.544,69		3.564,78	
2000				436,36	2.669,92	17,14		3.123,42	
2001	3115	10,00		776,80	1.230,05	43,89		2.060,74	
86/99						830,00	645,00	1.475,00	SH/LVR
2000	3005	586,10		46,40		9.399,50	4.095,00	14.127,00	SH/LVR
2001	3012	106,20		174,00		2.350,00		2.630,20	
87/01	3019	451,50	27,95	22,90	20,00	6.217,98	486.000,00	11.600,33	SH/LVR
88/99		350,00				4.375,88	3.600,00	8.325,88	SH/LVR
2000	3019					950,00		950,00	
89								0,00	
90/00	3036	32,00				1.399,80	975,00	2.406,80	SH
2001	3010	607,71	145,00	3.200,79	30,00	6.000,59	5.250,00	15.234,09	SH/LVR
91									
		62.087,66	116.789,14	67.744,49	19.787,29	349.813,37	258.469,00	874.690,95	

9.2 Tabelle 25: Rückzahlungen durch Behörden und Institutionen (1999-2001)

Behörde/Institution	Gesamtbetrag
Sozialhilfe	210.559,94
LVR	96.478,73
Regierungskasse	54.496,88
BKA	9.797,25
LKA	7.425,37
Gerichte	5.448,00
IOM	975,80
Integrationsprojekt	7.150,00

Erläuterungen zu den Tabellen:
Alle Beträge sind in DM aufgelistet.
Die Tabelle 24 zeigt die Kosten der Opferzeuginnenbetreuung für die Jahre 1999-2001. Die einzelnen Klientinnen sind mit Ziffern von 1 bis 91 und dem betreffenden Haushaltsjahr bezeichnet (Spalte 1). Für Klientinnen, die vor dieser Zeit in Betreuung waren, sind die Kosten nicht genannt, z. B. Nr. 17, 25, 91.
In der letzten Spalte ist die betreffende Organisation bzw. Behörde aufgeführt, die Zuschüsse an Solwodi e. V. gezahlt hat. Die Rückzahlungen sind allerdings nicht einzeln aufgelistet, sondern in Tabelle 25 mit Gesamtbeträgen.

Die Autorinnen

Dr. Barbara Koelges
Sozialwissenschaftlerin und Bibliothekarin. Arbeitsschwerpunkte: Organisierte Interessen, Verbändeforschung, Frauenforschung, Migrationsforschung. Fachreferentin an der Rheinischen Landesbibliothek Koblenz, Wissenschaftliche Mitarbeiterin bei Solwodi e. V.

Prof. Dr. Birgit Thoma
Juristin. Lehr- und Forschungsschwerpunkte: Recht in der sozialen Arbeit, Sozial(-hilfe)recht, Gender und Recht, Kriminologie, Sexualstrafrecht, Frauenhandel, (Kinder-)Sextourismus. Professorin an der Fachhochschule Koblenz, Fachbereich Sozialwesen.

Gabriele Welter-Kaschub
Juristin. Seit 1993 Rechtsanwältin in Sankt Augustin, zugelassen beim Landgericht Bonn. Schwerpunkt: Nebenklagevertretung für Opfer von Menschenhandel und schwerem Menschenhandel.